GRAMMAIRE

FLAMANDE.

NOUVELLE GRAMMAIRE

POUR APPRENDRE

LE FLAMAND,

AVEC

VOCABULAIRE, DIALOGUES, ET LETTRES
EN FRANÇAIS ET EN FLAMAND.

Nouvelle Édition, revue et corrigée.

Par M.ʳ DES ROCHES.

BRUXELLES;
CHEZ AD. STAPLEAUX, IMPRIMEUR-LIBRAIRE,
MARCHÉ-AUX-HERBES.

1821.

GRAMMAIRE FLAMANDE.

DE LA PRONONCIATION.

Du Nombre et de la Division des Lettres.

La Grammaire est l'art de parler et d'écrire purement et correctement; elle se divise en sept parties principales, qui sont : la *Prononciation*, l'*Ortographe*, l'*Étymologie*, les *Déclinaisons des Noms*, les *Conjugaisons des Verbes*; les *autres parties de l'Oraison* et la *Syntaxe*.

La bonne prononciation est nécessaire pour apprendre parfaitement une langue étrangère; c'est à quoi un Français doit principalement s'appliquer; et cela avec d'autant plus de soin que la prononciation flamande lui est très-difficile, parce qu'elle est tout-à-fait différente de la prononciation française.

Les Flamands se servent de vingt-six lettres; les voici et leur prononciation :

A, b, c, d, e, f, g, h, i, j, k, l, m,
A, bé, cé, dé, é, ef, ghé, ha, i, jhé, ka, el, em,

n, o, p, q, r, s, t, u, v, w, x, y, z.
en, o, pé, ku, er, es, té, u, vé, wé, ix, y, zet.

Quoique nous disions vingt-six lettres, la langue flamande en elle-même n'en a besoin que de vingt-quatre. On ne se sert plus du *q* ni de l'*x* dans les mots flamands : *qu* se remplace par *kw*; au lieu de *quaed*, *queëlen*, on écrit *kwaed*, *kweëlen*; *x* se remplace par *ks*, ou, s'il y a un *k* devant *x*, par *s* seulement : *dagelykx*, *blixem*, on écrit *dagelyks*, *bliksem*. On ne conserve ces deux lettres que dans les mots qui dérivent d'une langue étrangère, comme *qualiteyt*, en bon flamand *hoedaenigheyd*; *quantiteyt*, *veelheyd* ou *ménigte*, dont la langue flamande n'a pas besoin, et dont il vaudrait beaucoup mieux se passer tout-à-fait.

Les lettres se divisent en voyelles et en consonnes.

Il y a six voyelles, *a*, *e*, *i*, *o*, *u*, *y*. On les appelle voyelles, parce qu'elles forment un son d'elles-mêmes, sans l'aide d'aucune autre lettre.

Les autres sont appelées consonnes, parce qu'on ne peut les prononcer qu'elles ne soient jointes à une voyelle.

Plusieurs voyelles jointes ensemble, forment les diphtongues et les triphtongues.

Les diphtongues sont *ae*, *ai*, *au*, *ee*, *ei*, *eu*, *ey*, *ie*, *oe*, *oo*, *ou*, *ue*, *uy*.

Les triphtongues sont : *aey*, *eeu*, *ieu*, *oey*, *ooy*.

De la Prononciation des Voyelles.

L'*A* se prononce en flamand comme en français; comme *dam*, digue; *lam*, agneau.

L'*E* a deux prononciations, l'une brève et l'autre longue : l'un et l'autre *e* se prononcent presque comme l'*e* français; par ex. *gével*, frontispice; *hémel*, ciel; *ézel*, âne; *knével*, moustache; *lépel*, cuiller; *klépel*, battant d'une cloche; *kétel*, chaudron; *véter*, lacet; *zetel*, siége ; *régen*, pluie; qui ont le premier long et le second bref. Ceux-ci, au contraire, ont le premier *e* bref et le second long : *bevél*, commandement; *gezél*, camarade ; *geméld*, mentionné; *belét*, gêne; *gebéd*, prière; *gebrék*, défaut; *gezét*, mis; *kapél*, chapelle ; *ik beként*, j'avoue.

L'*I* se prononce comme en français dans les mots *mi*, *il*, *ni* : *kind*, enfant; *bemind*, aimé.

L'*O* est des deux sortes : le premier est clair comme l'*o* français dans tous les mots où l'*o* seul fait syllabe, ou est la dernière lettre d'une syllabe, comme *oven*, four; *open*, ouvert; *over*, par-dessus; *zomer*, l'été.

Le second a un son moins clair, et approche de l'*o* français dans tous les mots où l'*o* n'est pas la dernière lettre d'une syllabe, comme *bok*, bouc; *bol*, enflé; *bolster*, gousse; *borst*, poitrine; *borstel*, brosse; *bosch*, bois; *bot*, plie.

L'*U* se prononce comme en français.

L'*Y* se prononce à-peu-près comme *ei* en français.

De la Prononciation des Consonnes.

Le *B* se prononce comme en français.

Le *C* est inutile en flamand, lorsqu'il se prononce comme *k* ou comme *s*; et l'on se sert ordinairement de ces deux lettres au lieu du *c*. Toutefois on retient le *c* dans les mots qui se prononcent comme *s*, lorsqu'ils viennent du latin ou du français, comme dans ces mots : *cédel*, cédule; *céder*, cèdre; *cément*, ciment; *cérémonie*, cérémonie; *citroen*, citron; *civet*, civette; *cyfer*, chiffre; *cyns*, cens; *cieraed*, ornement.

On ne met plus le *c* devant *k*, comme étant inutile.

En plusieurs mots le *c* se met avec *h*, et alors il se prononce comme *g*, ou à-peu-près, comme *lichaem*, corps; *noch*, ni; *licht*, lumière; *doch*, mais; *acht*, huit; *recht*, droit; *locht*, air; *mensch*, homme; *aerdsch*, terrestre; *wéreldsch*, mondain; *engelsch*, anglais; *schael*, balance; *schade*, dommage; *schuyt*, bateau; *eygenschap*, propriété; *gramschap*, colère.

On écrit *nog*, encore; *ligt*, léger; *dog*, dogue; avec *g*, pour distinguer ces mots de *noch*, ni; *licht*, lumière; *doch*, mais, etc.

Le *D* et l'*F* se prononcent comme en français.

Le *G* se prononce toujours comme le *g* devant *a*, *o*, *u*, en français.

L'*H* se prononce toujours comme dans les mots français suivans, où l'*h* s'aspire : *haut*, *hardi*, *haine*, *héros*, etc.

Le *J* consonne ne se prononce pas comme en français, mais plutôt approchant de l'*i* voyelle, comme *ja*, oui; *jaer*, année; *jong*, jeune.

On doit s'accoutumer à bien prononcer le *je* flamand comme dans ces diminutifs : *kindje*, petit enfant; *boomtje*, arbrisseau; *handje*, petite main; *hondje*, petit chien; *zoóntje*, petit fils; *hoórntje*, petite corne; *oortje*, petite oreille; *kooltje*, petit chou; *sterretje*, petite étoile; *lepeltje*, petite cuiller.

Il n'y a rien à dire sur les lettres *K*, *L*, *M*, *N*, *P*, *R*, qui se prononcent comme en français.

Le *ph* se prononce comme *f*, c'est pourquoi quelques-uns écrivent *f* au lieu de *ph* : *proféét*, prophète; *olifant*, éléphant; au lieu de *propheét* et *oliphant*.

L'*S* est fort différente du *z*; ce qu'il faut bien observer, d'autant plus que plusieurs Flamands même les confondent. L'*S* se prononce comme dans ces mots français : *raison*, *trahison*; par ex. *sabel*, sabre; *salaed*, salade; *sap*, suc; *satyn*, satin; *saus*, sauce; *servet*, serviette; *siroóp*, sirop; *soórt*, sorte; *soldaet*, soldat; *suyker*, sucre.

Le *T* se prononce comme en français. *Ti* se prononce comme en français : *oratie*, discours oratoire; *predicatie*, prédication; prononcez *oracie*, *predikacie*.

Le *V* se prononce comme en français : comme *veél*, beaucoup; *vol*, plein; *vader*, père; *leéven*, vivre; *sterven*, mourir, etc.

Le *W* au commencement d'une syllabe se prononce à-peu-près comme *ou* en français, par ex. *wat*, quoi; prononcez dans une syllabe *ouat*. A la fin d'une syllabe cette lettre ne se prononce pas.

Le *Z* se prononce comme en français, *zèle*, *zéro*.

Prononcez donc de même *zaed*, semence; *zalm*, saumon; *zand*, sable; *zee*, mer; *zeep*, savon; *zégen*, bénédiction; *ziek*, malade; *zin*, sens; *zien*, voir.

De la Prononciation des Diphtongues et des Triphtongues.

On prononce *ae* comme un *a* long, par ex. *aertig*, gentil; *waer*, vrai; *paer*, paire.

Au se prononce comme *ao* presque fondus ensemble: *klauw*, griffe; *grauw*, gris. Cette prononciation s'apprendra mieux par l'oreille.

Aey se prononce presque comme *a-i*, excepté qu'on fait sonner l'*a* long, comme *fraey*, beau.

Les deux *ee* se prononcent et s'écrivent de trois manières différentes : *ee*, *heer*, seigneur; *steen*, pierre, qu'on prononce presque comme *ie* dans les mots français *bien*, *mien*; *eé*, *leég*, vide; *zeéf*, tamis; le son de ces deux *ee* approche de celui de l'*e* aigu français : *cé*, *veêrdig*, prêt; *weêrde*, valeur, dont la prononciation est celle de *ai* dans les mots français *clair*, *affaire*.

Eu sonne comme dans les mots français *deux*, *feu*, *ceux*; par ex. *beul*, bourreau; *beurs*; bourse; *heusch*, civil.

Ey se prononce moins rudement que l'*y* simple.

Eeu a une prononciation particulière à la langue flamande; il faut s'y accoutumer par l'usage et par l'oreille; exemples : *eeuw*, siècle; *leeuw*, lion; *hebreeuw*, hébreu; *schreeuw*, cri; *sneeuw*, neige; *zeeuw*, zélandais.

Ie se prononce comme *i*, lorsque ces deux lettres sont les dernières de la syllabe, comme *wie*, qui; *knie*, genou; *bieden*, offrir; mais si elles sont suivies d'une consonne qui fait partie de la même syllabe, on fait sonner l'*i* long et moins clair, comme *lied*, chanson; *verdriet*, ennui; *stier*, taureau.

Ieu, se prononce autrement qu'en français; l'oreille seule peut l'apprendre. Cette triphtongue se trouve en *nieuw*, neuf, nouveau.

Oo se prononce et s'écrit de deux manières : *oo*, *loop*, course; *koop*, achat, dont la prononciation est à-peu-près celle de *oi* en français : et *oó*, qu'on prononce presque comme l'*o* long, *doór*, par; *voór*, pour.

Oe sonne comme *ou* en français : *zoet*, doux; *goed*, bon; *voet*, pied.

Ou se prononce à-peu-près comme *au* en français : *goud*, or; *hout*, bois; *kout*, froid; *zout*, sel.

Oey a sa prononciation particulière, comme *moeyte*, peine; *bloeyën*, fleurir.

Ooy se prononce un peu plus ouvertement que *oey*; l'oreille délicate seule en peut saisir la différence : *mooy*, beau; *kooy*, cage.

Ue se prononce comme *u* long : *uer*, heure; *muer*, muraille; *huer*, loyer.

Uy a une prononciation qu'on ne peut apprendre que par l'ouïe : *huys*, maison; *kruys*, croix; *tuyn*, jardin.

REMARQUES SUR LA PRONONCIATION.

La prononciation dépend plus de l'usage que des règles; néanmoins, comme l'on en peut donner quelques-unes, il ne serait pas raisonnable de les omettre : voici donc quelques remarques sur ce sujet.

Les prépositions inséparables *be*, *ge*, *ver*, sont toujours brèves. On verra dans la suite ce que c'est que ces prépositions, de même que les séparables : dans la langue française on n'a aucune idée de ces dernières.

Généralement il n'y a point de mots qui n'aient une syllabe longue.

Il n'y a point de dissyllabes, c'est-à-dire, de mots de deux syllabes, qui aient les deux syllabes longues.

Plusieurs mots de deux syllabes ont la première longue, comme *adel*, noblesse; *adem*, haleine; *béker*, gobelet; *béter*, mieux; *bodem*, fond; *dadel*, datte; *daeden*, actions; *duyzend*, mille; *ézel*, âne; *énkel*, simple; *fakkel*, flambeau; *geessel*, fléau; *gével*, façade; *hagel*, grêle; *hémel*, ciel; *honderd*, cent; *iemand*, quelqu'un ; *jaeger*, chasseur ; *kamer*, chambre ; *knével*, moustache ; *léger*, armée ; *maetig*, sobre : *mantel*, manteau ; *meester*, maître ; *néder*, bas ; *nével*, brouillard ; *oven*, four ; *oórdeel*, jugement ; *péper*, poivre ; *réde*, discours ; *sabel*, sabre ; *suyker*, sucre ; *téder*, tendre ; *tafel*, table ; *lépel*, cuiller ; *vader*, père ; *water*, eau ; *wéder*, temps ; *wéver*, tisserand ; *wortel*, racine ; *yzer*, fer ; *zalig*, bienheureux ; *zégel*, timbre ; *zéker*, certain.

La syllabe qu'on trouve dans un mot devant ou après une syllabe longue, doit nécessairement être brève, parce que deux syllabes longues ne se peuvent suivre immédiatement dans un même mot ; c'est une règle générale pour les dissyllabes.

Or, dans les mots qui ont plus de deux syllabes, nous en pouvons excepter plusieurs, principalement quelques-uns qui sont composés du mot *aen*, comme *aenraeden*, persuader ; *aenschouwen*, regarder ; dans lesquels la première syllabe est longue, et la deuxième se prononce également fort.

Les mots terminés en *ig*, ont cet *ig* bref, comme *goedwillig*, bienveillant ; *bermhertig*, miséricordieux.

Quant la dernière syllabe d'un mot se termine en *e*, elle est toujours brève ; comme *vréde* paix ; *béde*, prière ; *réde*, discours.

De même, quand elle se termine en *em* ou *en*, comme *Willem*, Guillaume ; *willen*, vouloir ; *vertroosten*, consoler.

Exceptez-en quelques dissyllabes, qui ont leur première syllabe brève, comme *ik bestém*, je constitue ; *ik bekén*, j'avoue, etc.

Les terminés en *el* et *er* ont aussi leur dernière syllabe brève, comme *tafel*, table ; *lépel*, cuiller ; *vader*, père, etc.

On en doit pourtant excepter quelques-uns qui ont leur dernière syllabe longue, comme *kapél*, chapelle ; *bevél*, commandement ; *gekwél*, tourment ; *ik verstél*, je raccommode, et quelques autres qui commencent par *be*, *ge*, *ver*.

Tous les noms dérivatifs ou verbaux, terminés en *ing*, ont leurs dernières syllabes brèves comme *berisping*, répréhension ; *lyding*, souffrance ; *versterving*, mortification, etc.

De même, tous les participes du présent, qui ont plus de

deux syllabes, ont les deux dernières syllabes brèves, comme *spreékende*, parlant; *geévende*, donnant; *beminnende*, aimant, etc.

Dans les dissyllabes, où la dernière syllabe est brève, la première est toujours longue, comme *régen*, pluie, où *ré* étant long, *gen* est bref, ce qui s'observe aussi dans les composés, comme, *gerégent*, plu.

Au contraire, quand dans quelque dissyllabe la dernière syllabe est longue, la première est brève, comme *kasteel*, château, et elle demeure telle dans les composés.

Les mots de deux syllabes ou davantage, qui s'alongent au pluriel d'une syllabe, ont leurs deux dernières syllabes brèves, comme *mantel*, manteau; *mantelen*; *vader*, père, *vaderen*.

Cette règle s'entend de ceux qui ont leur dernière syllabe brève au singulier; car dans ceux qui ont la dernière longue au singulier, elle demeure longue au pluriel, et la syllabe dont ils sont augmentés au pluriel, est seulement brève, comme *bevél*, commandement, *bevélen*; *metael*, métal, *metaelen*; *gebéd*, prière, *gebéden*.

La première syllabe de l'infinitif des verbes qui sont de deux syllabes, et qui ne commencent pas par *be*, *ge*, *ver*, *on*, ou *ont*, est toujours longue, comme *loopen*, courir; *spreéken*, parler; *neémen*, prendre.

Tous les monosyllabes qui s'alongent de deux syllabes au pluriel, les ont toutes deux courtes, comme *ey*, œuf, *eyëren*; *kalf*, veau, *kalveren*; *lam*, agneau, *lammeren*; *rad*, roue, *raderen*.

Quand deux voyelles se rencontrent en une syllabe, elle est ordinairement longue, principalement quand il ne s'en trouve point aussi deux dans la syllabe précédente ou suivante, comme *maegschap*, parentage; *graveel*, gravelle; *voórstad*, faubourg.

Mais quand il se rencontre deux voyelles dans les deux syllabes qui se suivent immédiatement, la prononciation de la première est d'ordinaire un peu plus forte et plus longue, comme *voórdeel*, profit; *boomgaerd*, verger.

En bref à la fin d'un mot ne se prononce que fort doucement, comme *loopen*, courir; *treeden*, marcher.

Les mots composés gardent la prononciation de leurs simples, comme *onderdrukken*, opprimer; *overwinnen*, vaincre; où les syllabes de ces mots qui sont dans la composition, se prononcent de même que quand ils sont simples, comme *drukken*, *winnen*.

DE L'ORTHOGRAPHE.

Des Lettres et des Syllabes.

L'ORTHOGRAPHE traite des lettres et des syllabes.

Les lettres sont des marques ou caractères, qui servent à former les syllabes et les mots.

La formation des lettres et l'assemblage des syllabes et des mots dépendent de l'exercice et de l'expérience sous la direction d'un maître; c'est pourquoi nous n'en dirons rien davantage.

La syllabe est une partie d'un mot qui se prononce d'un seul son.

Les voyelles peuvent former seules une syllabe.

Lorsque plusieurs voyelles sont jointes ensemble, elles composent des syllabes, qu'on appelle diphtongues, quand il n'y a que deux voyelles; et triphtongues, quand il y en a trois.

Les autres syllabes sont formées d'une ou de plusieurs consonnes jointes à une voyelle, diphtongue ou triphtongue.

Quand une consonne se trouve entre deux voyelles, elle doit toujours être jointe à la dernière voyelle, comme dans *goden*, dieux, *go-den*; *gebéden*, prières, *ge-bé-den*; *boeken*, livre, *boe-ken*.

Hormis dans les mots composés, comme *waerom*, pourquoi; *daerom*, pour cela, qui se divisent en *waer-om*, *daer-om*, qui sont les mots dont ils sont composés.

Quand entre deux voyelles il se rencontre deux consonnes, pour-lors l'une appartient à la première, et l'autre à la seconde syllabe, comme *zonden*, péchés, *zon-den*; *deugden*, vertus, *deug-den*; *kennen*, connaître, *ken-nen*.

Si les consonnes sont d'une telle nature, qu'elles se puissent prononcer ensemble, pour-lors elles appartiennent toutes à la syllabe suivante, comme *besteéden*, employer, *be-steéden*; *beklaegen*, plaindre, *be-klaegen*; *bespringen*, assaillir, *be-springen*.

Des mots d'une Syllabe.

Il y a dans la langue flamande des mots d'une, de deux, de trois, de quatre, de cinq, de six, de sept, de huit syllabes. Nous rapporterons ici quelques mots d'une syllabe, qui sont les racines de plusieurs autres mots.

Mots d'une syllabe avec la lettre A, dans lesquels cette lettre a un son obscur.

Acht, huit; *ampt*, office; *arm*, pauvre; *angst*, angoisse; *bad*, bain; *bak*, auge; *bal*, boule; *ban*, exil; *band*, bande; *bang*, peureux; *bars*, fier; *bast*, écorce; *brand*, embrasement; *dag*, jour; *dak*, toit; *dal*, valée; *dam*, chaussée; *dan*, donc; *das*, cravate; *dat*, cela; *dans*, danse; *darm*, boyau; *drank*, boisson; *gal*, fiel; *gat*, trou; *gast*, convive; *galg*, potence; *galm*, son; *gang*, allée; *gans*, oie; *gantsch*, tout; *gard*, verge; *garf*, gerbe; *garst*, orge; *gram*, fâché; *gras*, herbe verte; *ham*, jambon; *hak*, talon; *hand*, main; *kam*, peigne; *kar*, charette; *kas*, armoire; *kat*, chat; *kant*, dentelle; *lak*, cire; *lam*, agneau; *last*, charge; *lap*, morceau; *mak*, apprivoisé; *man*, homme; *mat*, natte; *mand*, panier, *mast*, mât; *nar*, sot; *nat*, humide; *pak*, paquet; *pan*, poêle; *kwast*, houpe; *rad*, roue; *ram*, bélier; *sap*, suc; *sas*, écluse; *schans*, rempart; *stram*, roide; *tak*, branche; *tal*, nombre; *tast*, attouchement; *vast*, ferme; *vangst*, prise; *wan*, van; *wang*, joue; *want*, car; *warm*, chaud; *was*, cire; *wasch*, blanchissage; *vrat*, verrue; *zak*, poche; *zulf*, onguent; *zalm*, saumon; *zwak*, faible.

Mots d'une syllabe avec la lettre E, *dans lesquels cette lettre a un son obscur.*

Bef, rabat; *bek*, bec; *bel*, sonnette; *ben*, corbeille; *berg*, montagne; *best*, meilleur; *dek*, couverture; *erf*, héritage; *fles*, bouteille; *gek*, fou; *hegt*, manche; *kelk*, coupe; *kerf*, entaillure; *kerk*, église; *merk*, marque; *pek*, poix; *pen*, plume; *pest*, peste; *recht*, droit; *schep*, cuillerée; *schets*, ébauche; *spel*, jeu; *speld*, épingle; *vel*, peau; *veld*, champ; *ver*, loin; *wenk*, coup-d'œil; *wensch*, souhait; *zes*, six; *zerk*, pierre sépulcrale; *zwerm*, essaim.

Mots d'une syllabe avec la lettre I, *dans lesquels cette lettre a un son obscur.*

Gild, confrairie; *gist*, levain; *kin*, menton; *kist*, coffre; *lip*, lèvre; *mild*, libéral; *milt*, rate; *min*, nourrice; *pis*, urine; *kwisting*, profusion; *twist*, querelle; *wigt*, poids; *wicht*, jeune enfant; *wind*, vent; *wil*, volonté; *wild*, sauvage; *zin*, sens.

Mots d'une syllabe avec la lettre O.

Bok, bouc; *bol*, boule; *bom*, bombe; *bosch*, bois; *bot*, lourdaud; *dom*, stupide; *dons*, duvet; *dorst*, soif; *dronk*, coup à boire; *dol*, enragé; *gom*, gomme; *grond*, fond; *kom*, écuelle; *long*, poumon; *mond*, bouche; *plomp*, lourd; *pond*, livre; *pots*, niche; *pronk*, parade; *rond*, rond; *som*, somme; *tong*, langue; *tromp*, trompette; *vogt*, liqueur; *vol*, plein; *wol*, laine; *wolk*, nuée; *wond*, plaie; *zon*, soleil.

Mots d'une syllabe avec la lettre U.

Bul, taureau; *gunst*, faveur; *kunst*, art; *lust*, envie; *mug*, moucheron; *munt*, monnaie; *muts*, bonnet; *rust*, repos; *wulp*, lionceau.

Mots d'une syllabe avec la lettre Y.

Byl, hache; *myn*, mine; *myl*, mille; *myt*, mite; *nyd*, envie; *nyp*, pincée; *pyn*, douleur; *pyp*, pipe; *kwyl*, bave; *kwyt*, quitte; *rym*, rime; *ryp*, mur; *ryst*, ris; *schyf*, disque; *schyn*, apparence; *stryd*, combat; *tyd*, temps; *vyf*, cinq; *vyg*, figue; *wyd*, large; *wyf*, femme; *wyn*, vin; *wys*, sage; *zwym*, pamoison; *zwyn*, cochon; *zyn*, être.

Mots d'une syllabe avec ae.

Ael, anguille; *aem*, muid; *aep*, singe; *aerde*, terre; *aerd*, naturel; *aerdsch*, terrestre; *bael*, ballot; *baen*, carrière; *baer*, brancard; *baes*, maître; *baerd*, barbe; *daed*, action; *daer*, là; *gaen*, aller; *gaes*, gaze; *haek*, crochet; *hael*, crémaillère; *haen*, coq; *haes*, lièvre; *haet*, haine; *kaek*, joue; *kael*, chauve; *kaep*, cap; *kaes*, fromage; *kraem*, boutique; *kraen*, grue; *laeg*, bas; *laen*, allée de jardin; *maeg*, estomac; *mael*, fois; *maen*, lune; *maend*, mois; *maer*, mais; *maes*, maille; *maet*, mesure; *pael*, pieu; *paer*, couple; *paers*, violet; *kwaed*, méchant; *kwael*, mal; *raed*, conseil; *raem*, chassis; *raep*, navet; *raer*, rare; *raet*, rayon de miel; *taek*, tache; *tael*, langage; *vael*, couleur fauve; *vaem*, brasse; *vaen*, drapeau; *vaert*, canal; *waeg*, poids; *waek*, veille; *wael*, walon; *waen*, présomption; *waer*, vrai; *zaet*, semence; *zaeg*, scie; *zaek*, affaire; *zael*, salle; *zaen*, lait pris; *blaes*, vessie; *graef*, comte; *graeg*, volontiers; *graet*, arrête de poisson; *kraeg*, fraise; *schraeg*, tréteau; *schaels*, patin; *traen*, larme; *vraeg*, demande.

Mots d'une syllabe avec deux ee non accentués.

Been, os, jambe; *beest*, bête; *bleek*, pâle; *deeg*, pâte; *deel*, partie; *een*, un; *eer*, honneur; *eerst* premier; *feest*, fête; *geen*, nul; *geest*, esprit; *heel*, entier; *heer*, seigneur; *heet*, chaud; *kleed*, habit; *leek*, laïque; *leem*, argile; *leen*, fief; *meer*, plus; *meest*, le plus; *steen*, pierre; *scheef*, de travers; *vleesch*, chair; *zeep*, savon; *zeer*, beaucoup.

Mots d'une syllabe avec deux eé, dont le dernier est marqué de l'accent aigu.

Beék, ruisseau; *beémd*, prairie; *cénd*, canard; *geé*, jaune; *greép*, poignée; *keél*, gosier; *kreéft*, écrevisse; *leég*, vide; *neén*, non; *peé*, carotte; *peés*, nerf; *teéf*, chienne; *treéft*, trépied; *zeéft*, tamis.

Mots d'une syllabe avec deux eê, dont le dernier est marqué de l'accent circonflexe.

Beêr, ours; *leêr*, cuir; *peêr*, poire; *veêr*, plume; *zweêr*, apostume.

Mots d'une syllabe avec deux oo non accentués.

Oom, oncle; *boom*, arbre; *boon*, fève; *boor*, tarrière; *boos*, malin; *doof*, sourd; *hoon*, opprobre; *hoofd*, tête; *koop*, marché; *loof*, feuillage; *moor*, maure; *moot*, tranche; *nood*, danger; *roof*, butin; *rook*, fumée; *room*, crême; *roos*, rose; *schoof*, gerbe; *schoon*, beau; *schoot*, giron; *schroom*, appréhension; *toom*, bride; *toon*, ton; *zoom*, bord.

Mots d'une syllabe avec deux oó, dont le dernier est marqué de l'accent aigu.

Doór, par; *kloóf*, fente; *noót*, noix; *stoóf*, étuve, chauffe-pied; *vroóm*, vertueux; *zoón*, fils.

Mots d'une syllabe avec ue.

Uer, heure; *buer*, voisin; *duer*, cher; *guer*, froid; *huer*, loyer; *kuer*, bouffonnerie; *muer*, mur; *stuer*, gouvernail; *stuers*, rébarbatif; *vuer*, feu; *zuer*, aigre.

Mots avec eu.

Beul, bourreau; *beurs*, bourse; *deun*, chiche; *deur*, porte; *heul*, aide; *heusch*, civil; *neus*, nez; *reus*, géant.

Mots avec ey.

Heyl, salut; *meyd*, servante; *sprey*, courte-pointe.

Mots avec ie.

Brief, lettre; *dief*, larron; *lief*, aimable; *griek*, grec; *lier*, glande.

Mots avec ee.

Boef, coquin; *boek*, livre; *bloed*, sang; *doek*, toile; *doen*, faire; *goed*, bon; *groen*, vert; *hoek*, angle; *hoen*, poule; *hoest*, toux; *koe*, vache; *koek*, gateau; *koel*, frais; *koen*, hardi; *kroeg*, cabaret; *kroes*, creuset; *poes*, chat; *roem*, gloire; *snoek*, brochet; *sloep*, chaloupe; *voer*, fourrage; *zoet*, doux.

Mots avec ou.

Bout, gigot de mouton; *goud*, or; *houw*, coup de hache; *koud*, froid; *kouw*, cage; *mouw*, manche; *mout*, drèche; *rouw*, deuil; *stout*, méchant, hardi; *vrouw*, femme; *zout*, sel.

Mots avec uy.

Uyl, hibou; *buyk*, ventre; *buys*, tuyau; *buyt*, butin; *bruyd*, fiancée; *bruyn*, brun; *duyf*, pigeon; *druyf*, raisin; *duyn*, dune; *fluyt*, flûte; *guyt*, fripon; *huyf*, coëffe; *kuyl*, fosse; *huys*, maison; *kruyk*, cruche; *kruyn*, sommet; *kuysch*, chaste; *luyk*, contrevent; *luym*, bizarrerie; *muyl*, mulet; *muys*, souris; *puyk*, excellent; *tuyn*, jardin; *vuyl*, sale; *zuyd*, sud; *zuyl*, pilier.

Mots avec aey.

Baey, baie, golfe; *fraey*, beau; *haey*, requin; *aey*, quai; *kraey*, corneille.

Mots avec auw.

Lauw, tiède ; *blauw*, bleu ; *flauw*, faible ; *gauw*, prompt ; *grauw*, gris ; *klauw*, patte, griffe ; *pauw*, paon ; *dauw*, rosée.

Mots avec eeuw.

Leeuw, lion ; *schreeuw*, cri ; *eeuw*, siècle ; *zeeuw*, zélandais.

Mot avec ieuw.

Nieuw, neuf, nouveau.

Mots avec oey.

Boey, fer, chaîne ; *foey*, fi ; *groey*, croissance.

Mots avec ooy.

Dooy dégel ; *hooy*, foin ; *kooy*, cage ; *mooy*, beau.

Des Accens.

Il n'y en a que deux dans cette langue, savoir, l'aigu et le circonflexe, qui se marquent comme en ces deux mots français : *bonté*, *âge*. On s'en sert pour marquer le son différent des syllabes, sur les voyelles desquelles ces accens sont placés, et dont on a déjà donné l'explication ci-avant, en parlant de la prononciation de *eé*, *eê*, *oó*.

Pour faciliter la prononciation flamande, on a jugé à propos de marquer, dans cette grammaire, d'un *é aigu* les syllabes qui se prononcent fortement, comme par ex. *bevél*, commandement ; *gebél*, sonnerie, qui ont leur première syllabe brève, et leur dernière se prononce fortement, comme dans le mot français *dégel*. Mais *gével*, façade ; *véder*, plume, ont leur première syllabe longue, comme s'il y avait deux *eé*, et la dernière est fort brève. Dans la plupart des livres flamands on a négligé de marquer ces sortes des mots d'un *é aigu*, parce que les flamands ne s'y méprennent guère.

On se sert encore de l'accent circonflexe, quand on retranche quelque lettre, comme *veêr*, pour *véder*, plume : et cela se fait souvent pour abréger un mot, principalement dans la poésie, comme *belaên*, pour *belaeden*, charger; *reên*, pour *redenen*, discours; *doôn*, pour *dooden*, les morts.

Outre les accens susdits, on met aussi le *tréma* ou deux points sur les voyelles pour marquer qu'elles commencent par une autre syllabe; par ex. *beziën*, baies, a trois syllabes, *be-zi en*; et *bezien*, regarder, n'en a que deux, *be-zien* : *geëerd*, honnoré; *geënt*, enté, ont deux syllabes.

De l'Apostrophe.

L'apostrophe est une marque dont on se sert quand on retranche une ou plusieurs lettres, comme *d'angst*, pour *den angst*, la frayeur; *d'eysch*, pour *den eysch*, la prétention; *op dat ik spreek'*, pour *op dat ik spreeke*, afin que je parle.

Les articles, pronoms et quelques particules admettent souvent quelque abréviation; car pour *des*, du; *het*, le; *ik*, je; *is*, est; *te*, à, on se sert souvent de *'s*, *'t*, *'k*, *'s*, *t'*, avec une apostrophe, qui se met ou devant ou après la lettre exprimée, selon que les lettres s'omettent au commencement ou à la fin du mot, comme par exemple :

>*'s jaers*, pour *des jaers*, par an.
>*'s winters*, pour *des winters*, en hiver.
>*'s nagts*, pour *des nagts*, pendant la nuit.
>*'t goed*, pour *het goed*, le bien.
>*'k verstae*, pour *ik verstae*, j'entends.
>*Wil'k?* pour *wil ik?* veux-je?
>*Dat's*, pour *dat is*, cela est.
>*t' huys*, pour *te huys*, au logis.

'Er, pour *daer*, comme *of 'er imand naer my vroeg*, si quelqu'un me demandait.

Is 'er niemand? n'y a-t-il personne?

Des Marques qui servent à distinguer le Discours.

La première se fait ainsi (,) et coupe tant soit peu le discours, elle s'appelle *virgule*, et en flamand *schey-teeken*, *comma*.

La seconde s'exprime ainsi (;) et le coupe un peu davantage; c'est un point et une virgule, *semi-colon*, en flamand *comma-punt*.

La troisième est marquée par deux points (:) et donne à connaître que la période est à demi finie, et que le reste doit suivre : elle se nomme *colon*, en flamand *dubbele punt*, *duplex punctum*.

La quatrième est un seul point (.) et signifie la fin de la période : elle se nomme *punctum*, *punt*, *sluyt-teeken*.

La cinquième est le point d'interrogation (?), en flamand *vraeg-teeken*. Son nom exprime son emploi.

La sixième se met quand on fait quelque exclamation, ou qu'on veut faire paraître de l'admiration (!), en flamand *verwonderings-teeken*.

La septième s'appelle trait-d'union, en flamand *vereenigs-teeken* (-), dont on se sert pour joindre deux noms, comme dans le mot susdit *vereenings-teeken*.

Il en reste encore une qui s'appelle parenthèse, en flamand *tusschenstellings-teeken*, qui ne signifie autre chose, sinon que tout ce qui se trouve entre ces deux demi-cercles (car elle se forme ainsi) est introduit dans le discours sans une nécessité absolue, car on le peut omettre, sans néanmoins gâter le sens du discours.

DE L'ÉTYMOLOGIE.

L'ÉTYMOLOGIE est la partie de la Grammaire qui traite de l'origine, de la nature, et de la formation des mots.

Il y a neuf sortes de mots qui composent le discours, que l'on appelle les neuf parties de l'Oraison, et qui sont : *l'Article, le Nom, le Pronom, le Verbe, le Participe, l'Adverbe, la Préposition, la Conjonction et l'Interjection*. Nous parlerons de chaque partie en particulier, après que nous aurons fait quelques remarques sur l'origine des mots flamands, qui pourront être très-utiles à ceux qui voudront apprendre cette langue.

De l'Origine des mots flamands que cette Langue forme de ses propres racines.

La langue flamande a des mots qui lui sont propres et d'autres qu'elle tire des langues étrangères; nous rapporterons ici les mots qu'elle forme de ses propres racines.

Composition des Mots flamands tirés de leurs racines.

Il y a plusieurs mots flamands qui sont formés d'autres, comme de

Visch, poisson, se forme   *visscher*, pêcheur.
Vraeg, demande,   *vraeger*, demandeur.
Holland, Hollande,   *Hollander*, Hollandais.
Tuyn, jardin,   *tuynier*, jardinier.
Vogel, oiseau,   *vogelaer*, oiseleur.

Noms en *schap*.

Meester, maître,	meesterschap, maîtrise.
Vriend, ami,	vriendschap, amitié.
Ridder, chevalier,	ridderschap, chevalerie.
Schout, baillif,	schoutschap, bailliage.
Maegen, parens,	maegschap, parenté.
Broeder, frère,	broederschap, fraternité.

Noms en *ist*.

Tooneel, théâtre,	tooneelist, acteur.
Latyn, latin,	latinist, latiniste.

Noms en *dom*.

Paus, pape,	pausdom, papauté.
Hertog, duc,	hertogdom, duché.
Christen, chrétien,	christendom, chrétienté.

Noms en *heyd*.

Aerdig, drôle,	aerdigheyd, drôlerie.
Bang, peureux,	bangheyd, peur.
Bermhertig, charitable,	bermhertigheyd, charité.
Blind, aveugle,	blindheyd, cécité.
Doof, sourd,	doofheyd, surdité.
Menschelyk, humain,	menschelykheyd, humanité.
Rechtveérdig, juste,	rechtveérdigheyd, justice.
Wit, blanc,	witheyd, blancheur.
Zwart, noir.	zwartheyd, noirceur.

Noms en *te*.

Dik, épais,	dikte, épaisseur.
Diep, profond,	diepte, profondeur.
Groot, grand,	grootte, grandeur.
Hoog, haut,	hoogte, hauteur.
Laeg, bas,	laegte, bassesse.
Scherp, aigu,	scherpte, tranchant.
Sterk, fort,	sterkte, force.
Steyl, escarpé,	steylte, précipice.

Noms en *er*.

Eéten, manger,   eéter, mangeur.
Geéven, donner,   geéver, donneur.
Snyden, tailler,   snyder, tailleur.
Vliegen, voler,   vlieger, volant.

Mots en *is*.

Begraeven, enterrer,   begraevenis, enterrement.
Behouden, conserver,   behoudenis, conservation.
Besnyden, circoncire,   besnydenis, circoncision.
Geheugen, se souvenir,   geheugenis, ressouvenance.
Gelyken, ressembler,   gelykenis, ressemblance.
Getuygen, témoigner,   getuygenis, témoignage.
Groeten, saluer,   groetenis, salut.
Ontroeren, émouvoir,   ontroerenis, émotion.
Ontfangen, recevoir,   ontfangenis, réception.

Souvent on fait un nom de l'infinitif.

Gaen, marcher,   het gaen, le marcher.
Doen, faire,   het doen, l'action.
Hooren, entendre,   het hooren, l'ouïe.
Zeggen, dire,   het zeggen, le dire.

Les diminutifs prennent *je*, *tje*, *metje*, *netje* et *ken*.

Boom, arbre, *boomtje*, ou *boomken*, arbrisseau.
Boek, livre, *boekje*, *boeksken*, livret.
Bel, sonnette, *belletje*, *belleken*, sonnette.
Huys, maison, *huysje*, *huysken*, maisonnette.
Jongen, garçon, *jongetje*, *jongsken*, petit garçon.
Kam, peigne, *kammetje*, *kammeken*, petit peigne.
Kind, enfant, *kindje*, *kindeken*, petit enfant.
Man, homme, *mannetje*, *manneken*, petit homme.
Mol, taupe, *molletje*, *molleken*, petite taupe.
Pen, plume, *pennetje*, *penneken*, petite plume.
Rok, jupe, *rokje*, *roksken*, petite jupe.
Stem, voix, *stemmetje*, *stemmeken*, petite voix.
Straet, rue, *straetje*, *straetken*, ruelle.
Stad, ville, *steédje*, *stédeken*, petite ville.
Ton, tonneau, *tonnetje*, *tonneken*, baril.

Vogel, oiseau, *vogeltje*,   *vogelken*, petit oiseau.
Wind, vent, *windje*,   *windeken*, petit vent.
Wyf, femme, *wyfje*,   *wyfken*, petite femme.

Plusieurs adjectifs sont aussi formés des substantifs, comme ceux en *lyk*, de

Broeder, frère, se forme *broederlyk*, fraternel.
Geest, esprit,   *geestelyk*, spirituel.
Gevaer, danger,   *gevaerlyk*, dangereux.
God, Dieu,   *godlyk*, divin.
Lichaem, corps,   *lichaemlyk*, corporel.
Lief, cher,   *lieflyk*, aimable.
Réden, raison,   *rédelyk*, raisonnable.
Vrouw, femme,   *vrouwlyk*, féminin.
Zéden, mœurs,   *zédelyk*, moral.

Ceux en *sch*.

Aerde, terre,   *aerdsch*, terrestre.
Hémel, ciel,   *hémelsch*, céleste.
Heyden, payen,   *heydensch*, payen.
Kind, enfant,   *kindsch*, puéril.
Hof, cour,   *hofsch*, courtois.

Ceux en *en*.

Aerd, terre,   *aerden*, de terre.
Goud, or,   *gouden*, d'or.
Hout, bois,   *houten*, de bois.
Wol, laine,   *wollen*, de laine.

Ceux en *zaem*.

Arbeyd, travail,   *arbeydzaem*, laborieux.
Deugd, vertu,   *deugdzaem*, vertueux.
Heyl, salut,   *heylzaem*, salutaire.
Min, amour,   *minzaem*, aimable.
Raed, conseil,   *raedzaem*, expédient.

Ceux en *ig*.

Bloed, sang,   *bloedig*, sanglant.
Moed, courage,   *moedig*, courageux.
Voórdeel, avantage,   *voórdeelig*, avantageux.

Kortswyl, amusement,   *kortswylig*, amusant.
Distel, chardon,   *distelig*, plein de chardons.
Kop, tête,   *koppig*, entêté.
Sap, suc,   *sappig*, succulent.
Iver, zèle,   *iverig*, zélé.
Naiver, jalousie,   *naiverig*, jaloux.
Slyk, boue,   *slykig*, boueux.
Hair, cheveux,   *hairig*, chevelu.
Magt, puissance,   *magtig*, puissant.
Vernuft, génie,   *vernuftig*, ingénieux.
Klagt, plainte,   *klagtig*, plaintif.
Klugt, plaisanterie,   *klugtig*, plaisant.
Luys, pou,   *luyzig*, pouilleux.
Vlies, membrane,   *vliezig*, membraneux.

Ceux en *agtig*.

Dief, voleur,   *diefagtig*, enclin au larcin.
Kind, enfant,   *kinderagtig*, puéril.
Water, eau,   *wateragtig*, aqueux.
Zoet, doux,   *zoetagtig*, doucereux.

Ceux en *loos*.

Baerd, barbe,   *baerdloos*, sans barbe.
Hand, main,   *handloos*, manchot.
Hoofd, tête,   *hoofdloos*, sans tête.
Kind, enfant,   *kinderloos*, sans enfans.
Naem, nom,   *naemloos*, anonyme.
Troost, consolation,   *troostloos*, inconsolable.
Vrugt, fruit,   *vrugtloos*, infructueux.
Zin, sens,   *zinloos*, insensé.

Ceux en *lyk*, qui viennent des verbes.

Doen, faire,   *doenelyk*, faisable.
Kennen, connaître,   *kennelyk*, connaissable.
Moógen, pouvoir,   *moógelyk*, possible.
Tasten, toucher,   *tastelyk*, palpable.
Verfoeyën, détester,   *verfoeylyk*, détestable.
Wenschen, souhaiter,   *wenschelyk*, souhaitable.
Zien, voir,   *zienlyk*, visible.

Ceux en *baer* qui viennent des verbes.

Beloonen, récompenser,   *beloonbaer*, récompensable.
Beschimmelen, moisir,   *beschimmelbaer*, sujet à moisir.
Bevriezen, geler.   *bevriensbaer*, qui peut être gelé.
Eeten, manger,   *eetbaer*, mangeable.
Handelen, traiter,   *handelbaer*, traitable.
Kennen, connaître,   *kenbaer*, connaissable.
Verdédigen, défendre,   *verdédigbaer*, soutenable.
Verstaen, entendre,   *verstaenbaer*, intelligible.

Adjectifs qui ont la préposition *on*.

Onbedagt, étourdi, inconsidéré.
Onbehoorlyk, indécent, malséant, malhonnête.
Onbemind, qui n'est point aimé.
Onbeschaemd, impudent, insolent.

On met très-souvent deux substantifs ensemble, dont on fait un seul composé par un trait-d'union :

Wind-molen,   moulin à vent.
Put-water,   eau de puits.
Tugt-huys,   maison de correction.

Cette composition ne se fait pas toujours de nominatifs, mais le premier substantif est quelquefois au génitif.

Lams-vleesch,   chair d'agneau.
Schaeps-vel.   peau de mouton.
Kladschilders-borstel,   brosse de barbouilleur.

On joint souvent ensemble un substantif et un adjectif, pour en faire un seul composé adjectif :

Eergierig,   ambitieux.
Bloeddorstig,   sanguinaire.
Vraekzugtig,   vindicatif.
Baetzugtig,   avide, intéressé.
Geldgierig,   avare.

Il y a plusieurs verbes qui sont formés des noms.

Adem, respiration,	ademen, respirer.
Antwoórd, réponse,	antwoórden, répondre.
Balsem, baume,	balsemen, embaumer.
Dood, mort,	dooden, tuer.
Doel, but,	doelen, buter.
Egge, herse,	eggen, herser.
Ente, ente,	enten, enter.
Fluyt, flûte,	fluyten, siffler.
Gorgel, gosier,	gorgelen, gargariser.
Gulp, dégorgement,	gulpen, dégorger.
Houw, coup de hache,	houwen, hacher.
Kamp, combat,	kampen, combattre.
Krab, égratignure,	krabben, égratigner.
Laster, blasphème,	lasteren, blasphémer.
Lym, colle,	lymen, coller.
Munt, monnaie,	munten, monnoyer.
Nagel, clou,	nagelen, clouer.
Oórlog, guerre,	oórlogen, faire la guerre.
Ploeg, charrue,	ploegen, labourer.
Pomp, pompe,	pompen, pomper.
Put, puits,	putten, puiser.
Sabel, sabre,	sabelen, sabrer.
Smeér, graisse,	smeéren, graisser.
Storm, tempête,	stormen, faire tempête.
Stut, appui,	stutten, appuyer.
Tréde, marche,	tréden, marcher.
Visch, poisson,	visschen, pêcher.
Water, urine,	wateren, uriner.
Zaed, semence,	zaeyën, semer.
Zalf, onguent,	zalven, oindre.
Zégen, bénédiction,	zégenen, bénir.
Hals, col,	{ onthalsen, décoller. { rekhalzen, allonger le col.
Hoofd, tête,	onthoofden, décapiter.
Lyf, corps,	ontlyven, tuer.
Hand, main,	{ behandelen, manier. { behandigen, mettre en main.
Meester, maître,	overmeesteren, maîtriser.

Les noms de dignités et de qualités sont différens pour le masculin et le féminin.

Eenen God, un Dieu.	*Eene godin*, une déesse.
Duyvel, diable.	*Duyvelin*, diablesse.
Voórzegger, prophète.	*Voórzegster*, prophétesse.
Keyzer, empereur.	*Keyzerin*, impératrice.
Koning, roi.	*Koningin*, reine.
Vorst, prince.	*Vorstin*, princesse.
Hertog, duc.	*Hertogin*, duchesse.
Graef, comte.	*Gravin*, comtesse.
Burggraef, vicomte.	*Burggravin*, vicomtesse.
Markgraef, marquis.	*Markgravin*, marquise.
Bleeker, blanchisseur.	*Bleekster*, blanchisseuse.
Borger, citoyen.	*Borgeres*, citoyenne.
Dief, larron.	*Diefeg*, larronnesse.
Moordenaer, meurtrier.	*Moordenaeres*, meurtrière.
Groen-man, herbier.	*Groen-vrouw*, herbière.
Kleer-kooper, fripier.	*Kleer-koopster*, fripière.
Boer, paysan.	*Boerin*, paysanne.
Buerman, voisin.	*Buervrouw*, voisine.
Bloed-vriend, parent.	*Bloed-vriendin*, parente.
Dienaer, serviteur.	*Dienaeres*, servante.
Engelsman, Anglais.	*Engelsche*, Anglaise.
Hollander, Hollandais.	*Hollandsche*, Hollandaise.
Europeaen, Européen.	*Europeaensche*, européenne.
Amérikaen, Américain.	*Amérikaensche*, Américaine.

Quand les noms de lieu sont trop étrangers, on peut se servir de cette manière de parler :

Eenen man uyt Asia,	un Asiatique.
Eene vrouw uyt Africa,	une Africaine.

DES DÉCLINAISONS.

De l'Article.

Les articles sont des mots que l'on met devant les noms, pour en marquer le nombre, le genre et le cas.

Il y en a deux, l'article défini, et l'article indéfini.

Il y a deux nombres, le singulier et le pluriel.

Il y a trois genres, le masculin, le féminin, et le neutre.

Il y a six cas : le nominatif, le génitif, le datif, l'accusatif, le vocatif et l'ablatif.

ARTICLE DÉFINI.

Singulier.

MASCULIN.

Nom.	Den,	*le.*
Gén.	Des *ou* van den,	*du.*
Dat.	Den *ou* aen den,	*au.*
Acc.	Den,	*le.*
Abl.	Van den,	*du.*

FEMININ.

Nom.	De,	*la.*
Gén.	Der *ou* van de,	*de la.*
Dat.	De *ou* aen de,	*à la*
Acc.	De,	*la.*
Abl.	Van de,	*de la.*

NEUTRE.

Nom.	Het,	*le.*
Gén.	Des *ou* van het,	*du.*
Dat.	Het *ou* aen het,	*au.*
Acc.	Het,	*le.*
Abl.	Van het,	*du.*

Pluriel.

POUR LES TROIS GENRES.

Nom. De, les.
Gén. Der ou van de, des.
Dat. De ou aen de, aux.
Acc. De, les.
Abl. Van de, des.

Il n'y a pas d'article pour le vocatif; on l'exprime avec ou sans l'exclamation *ô!*

ARTICLE INDÉFINI.

Singulier.

MASCULIN.	FÉMININ.	NEUTRE.
Nom. Eenen, *un.*	Eene, *une.*	Een, *un.*
Gén. Eens ou van eenen, *d'un.*	Eener ou van eene, *d'une.*	Eens ou van een, *d'un.*
Dat. Eenen ou aen eenen, *à un.*	Eene ou aen eene, *à une.*	Een ou aen een, *à un.*
Acc. Eenen, *un.*	Eene, *une.*	Een, *un.*
Abl. Van eenen, *d'un.*	Van eene, *d'une.*	Van een, *d'un.*

Le pluriel n'a point d'article indéfini, car on dit au nominatif : *mannen, vrouwen, kinderen*; au génitif : *van mannen, van vrouwen, van kinderen, etc*; on pourrait aussi mettre avant les substantifs *eenige* quelques; *sommige*, plusieurs; comme *eenige mannen*, quelques hommes; *sommige vrouwen*, plusieurs femmes.

Des Noms.

Il y a deux sortes de noms : le substantif et l'adjectif.

Le substantif est le nom d'une chose, comme *den hemel*, le ciel; *de aerde*, la terre; *het huys*, la maison, etc. L'adjectif est un nom, qui marque la qualité d'une chose, comme *groot*, grand; *goed*, bon; *schoon*, beau; *kostelyk*, précieux, etc.

Ces noms se déclinent de différentes manières, et ont différens articles, comme nous l'avons montré. On appelle déclinaisons, la manière de joindre les articles aux noms, et de leur donner leurs terminaisons. Nous proposerons ici les diverses manières de décliner les noms tant substantifs qu'adjectifs.

Pour garder quelque ordre, nous donnerons premièrement la manière de décliner les noms masculins, ensuite les féminins, et enfin les neutres.

DÉCLINAISON
DES NOMS MASCULINS, ET PREMIÈREMENT DES NOMS PROPRES.

Nom.	*God,*	Dieu.
Gén.	*Gods* ou *van God,*	de Dieu.
Dat.	*God* ou *aen God,*	à Dieu.
Acc.	*God,*	Dieu.
Voc.	*God* ou *ô God!*	ô Dieu!
Abl.	*van God,*	de Dieu.

Nom.	*Abraham,*	Abraham.
Gén.	*Abrahams* ou *van Abraham,*	d'Abraham.
Dat.	*Abraham* ou *aen Abraham,*	à Abraham.
Acc.	*Abraham,*	Abraham.
Voc.	*Abraham* ou *ô Abraham!*	ô Abraham!
Abl.	*van Abraham,*	d'Abraham.

Il y en a qui écrivent le génitif des noms propres avec une apostrophe, par ex. *Abraham's*, pour faire voir le nom propre comme il est; car on pourrait croire que ce fût dans quelques cas un nom finissant par *s*.

NOMS MASCULINS AVEC L'ARTICLE DÉFINI.
Singulier.

Nom.	*den vader,*	le père.
Gén.	*des vaders* ou *van den vader,*	du père.
Dat.	*den vader* ou *aen den vader,*	au père.
Acc.	*den vader,*	le père.
Voc.	*vader* ou *ô vader!*	ô père!
Abl.	*van den vader,*	du père.

Pluriel.

Nom.	*de vaders,*	les pères.
Gén.	*der vaderen* ou *van de vaders,*	des pères.
Dat.	*de vaders* ou *aen de vaders,*	aux pères.
Acc.	*de vaders,*	les pères.
Voc.	*vaders* ou *ô vaders!*	ô pères.
Abl.	*van de vaders,*	des pères.

Singulier.

Nom.	*den man,*	l'homme.
Gén.	*des mans* ou *van den man,*	de l'homme.
Dat.	*den man* ou *aen den man,*	à l'homme.
Acc.	*den man,*	l'homme.
Voc.	*man* ou *ô man!*	ô homme!
Abl.	*van den man,*	de l'homme.

Pluriel.

Nom.	*de mannen,*	les hommes.
Gén.	*der mannen* ou *van de mannen,*	des hommes.
Dat.	*de mannen* ou *aen de mannen,*	aux hommes.
Acc.	*de mannen,*	les hommes.
Voc.	*mannen* ou *ô mannen!*	ô hommes!
Abl.	*van de mannen,*	des hommes.

NOMS MASCULINS AVEC L'ARTICLE INDÉFINI.

Singulier.

Nom. *eenen man,* un homme. Gén. *eens mans* ou *van eenen man,* d'un homme. Dat. *eenen man* ou *aen eenen man,* à un homme. Acc. *eenen man,* un homme. Voc. *ô man!* ô homme! Abl. *van eenen man,* d'un homme.

Pluriel.

Nom. *eenige mannen,* quelques hommes. Gén. *van eenige mannen,* de quelques hommes. Dat. *eenige mannen* ou *aen eenige mannen,* à quelques hommes. Acc. *eenige mannen,* quelques hommes. Voc. *ô mannen!* ô hommes! Abl. *van eenige mannen,* de quelques hommes.

3.

DÉCLINAISON DES NOMS FÉMININS.

Les noms propres féminins se déclinent comme les masculins, par ex. :

Nom.	*Maria,*	Marie.
Gén.	*van Maria* ou *Maria's,*	de Marie.
Dat.	*Maria* ou *aen Maria,*	à Marie.
Acc.	*Maria,*	Marie.
Voc.	*Maria* ou *ô Maria!*	ô Marie!
Abl.	*van Maria,*	de Marie.

NOMS FÉMININS AVEC L'ARTICLE DÉFINI.

Singulier.

Nom.	*de vrouw,*	la femme.
Gén.	*der vrouw* ou *van de vrouw,*	de la femme.
Dat.	*de vrouw* ou *aen de vrouw,*	à la femme.
Acc.	*de vrouw,*	la femme.
Voc.	*vrouw* ou *ô vrouw!*	ô femme!
Abl.	*van de vrouw,*	de la femme.

Pluriel.

Nom.	*de vrouwen,*	les femmes.
Gén.	*der vrouwen* ou *van de vrouwen,*	des femmes.
Dat.	*de vrouwen* ou *aen de vrouwen,*	aux femmes.
Acc.	*de vrouwen,*	les femmes.
Voc.	*vrouwen* ou *ô vrouwen!*	ô femmes!
Abl.	*van de vrouwen,*	des femmes.

NOMS FÉMININS AVEC L'ARTICLE INDÉFINI.

Singulier.

Nom. *eene moeder,* une mère. Gén. *van eene* ou *eenen moeder,* d'une mère. Dat. *eene* ou *aen eene moeder,* à une mère. Acc. *eene moeder,* une mère. Voc. *ô moeder!* ô mère! Abl. *van eene moeder,* d'une mère.

Pluriel.

Nom. *eenige moeders,* quelques mères. Gén. *van eenige moeders,* de quelques mères. Dat. *eenige* ou *aen eenige moeders*, à quelques mères. Acc. *eenige moeders*, quelques mères. Voc. *ô moeders!* ô mères. Abl. *van eenige moeders*, de quelques mères.

DÉCLINAISON DES NOMS NEUTRES
AVEC L'ARTICLE DÉFINI.

Singulier.

Nom.	*het hoofd*,	la tête.
Gén.	*des hoofds* ou *van het hoofd*,	de la tête.
Dat.	*het hoofd* ou *aen het hoofd*,	à la tête.
Acc.	*het hoofd*,	la tête.
Voc.	*hoofd* ou *ô hoofd!*	ô tête!
Abl.	*van het hoofd*,	de la tête.

Pluriel.

Nom.	*de hoofden*,	les têtes.
Gén.	*der hoofden* ou *van de hoofden*,	des têtes.
Dat.	*de hoofden* ou *aen de hoofden*,	aux têtes.
Acc.	*de hoofden*,	les têtes.
Voc.	*hoofden* ou *ô hoofden!*	ô têtes!
Abl.	*van de hoofden*,	des têtes.

NOMS NEUTRES AVEC L'ARTICLE INDÉFINI.

Singulier.

Nom. *een veld*, un champ. Gén. *eens velds* ou *van een veld*, d'un champ. Dat. *een veld*, ou *aen een veld*, à un champ. Acc. *een veld*, un champ. Voc. *ô veld!* ô champ! Abl. *van een veld*, d'un champ.

Pluriel.

Nom. *eenige velden*, quelques champs. Gén. *van eenige velden*, de quelques champs. Dat. *eenige* ou *aen eenige velden*, à quelques champs. Acc. *eenige velden*, quelques champs. Voc. *ô velden!* ô champs! Abl. *van eenige velden*, de quelques champs.

DÉCLINAISON DES NOMS ADJECTIFS.

Les noms adjectifs sont ceux qui marquent les qualités des choses. Il y en a dans la langue flamande de différentes terminaisons. Comme *groot*, grand ; *kleyn*, petit ; *hoog*, haut ; *leeg*, bas ; *lang*, long ; *kort*, court ; *breed*, large ; *smal*, étroit ; *dik*, épais ; *dun*, mince ; *wys*, sage ; *gek*, fou ; *glad*, uni, poli ; *ruyg*, raboteux ; *heet*, chaud ; *koud*, froid ; *schrander*, habile ; *dom*, lourdeau ; *stout*, méchant ; *blood*, lâche ; *dapper*, vaillant ; *flauw*, faible ; *blyde*, joyeux ; *droevig*, triste ; *kloek*, brave ; *traeg*, lent ; *scherp*, pointu ; *stomp*, émoussé.

Nous avons fait voir, en parlant de l'origine des mots, la manière de former les adjectifs en *lyk, sch, en, zaem, ig, agtig, loos, baer, er*, de même que ceux qui se composent de plusieurs noms.

Il y a à remarquer une grande différence entre les adjectifs qui se terminent en *baer*, et ceux qui se terminent en *lyk* : *baer*, étant mis après un nom substantif, signifie *portant*, et même dans le sens de produire : car on dit d'un arbre qui produit des fruits, que cet arbe porte ; *eenen vrugtbaeren boom*, un arbre fertile, c'est un arbre qui porte, qui produit, ou peut produire des fruits : *wonderbaer*, merveilleux, ce qui produit ou excite l'admiration : *dankbaer*, reconnaissant ; un cœur reconnaissant, c'est un cœur susceptible de reconnaissance ; *een dienstbaer hert*, un cœur serviable, c'est un cœur enclin à rendre service. La terminaison *baer*, étant ajoutée à la partie principale d'un verbe, signifie ce qui peut se faire : *verkoopbaer*, qui peut se vendre : *een merkbaer onderscheyd*, une différence remarquable, c'est une différence visible. Concluez de là, que la terminaison *baer*, mise après un nom substantif, forme un sens actif ; et étant placée après la partie principale d'un verbe, son sens est passif ; veut-on ensuite que la partie d'un verbe reçoive, au contraire, un sens actif, il faut y ajouter la terminaison *lyk*, par ex. *eene besmettelyke locht*, un air contagieux, c'est un air qui infecte, ou peut infecter : exceptons à la règle, *wenschelyk*, souhaitable, c'est ce qui est à souhaiter ; *zienlyk*, visible, ce qui se peut voir, etc.; de sorte qu'il y a des expressions, par lesquelles la terminaison *lyk*, étant ajoutée à la partie principale d'un verbe, signifie ce qu'il y a à faire.

Les adjectifs ont les trois genres, qui se distinguent par l'article et par leur terminaison, par ex. :

MASCULIN.	FÉMININ.	NEUTRE.
Grooten, grand.	*Groote*, grande.	*Groot*.
Goeden, bon.	*Goede*, bonne.	*Goed*.
Dapperen, vaillant.	*Dappere*, vaillante.	*Dapper*.
Heeten, chaud.	*Heete*, chaude.	*Heet*.
Heyligen, saint.	*Heylige*, sainte.	*Heylig*.
Kleynen, petit.	*Kleyne*, petite.	*Kleyn*.
Kouden, froid.	*Koude*, froide.	*Koud*.

Ainsi on dira : *eenen grooten en sterken man*, un homme grand et fort. *Eene groote en sterke vrouw*, une femme grande et forte. *Een groot hoofd*, une grande tête. *Heet water*, de l'eau chaude.

Quelques adjectifs, les superlatifs, les ordinaux, et la plupart des adjectifs verbaux qui finissent en *en*, n'ont que deux terminaisons au singulier, comme *open, eygen, effen, ervaeren, grootsten, kleynsten, tweeden, derden, geslooten, geschreeven, verholen, verborgen*, pour le masculin et le neutre; et *ope, eyge, effe, ervaere, grootste, kleynste, tweede, derde, geslooté, geschreeve, verhole, verborge*, pour le féminin.

DÉCLINAISON DE L'ADJECTIF MASCULIN.

Singulier.

Nom.	*den vroómen man*,	l'homme vertueux.
Gén.	*des vroómen man*; ou *van den vroómen man*,	de l'homme vertueux.
Dat.	*aen den vroómen man*,	à l'homme vertueux.
Acc.	*den vroómen man*,	l'homme vertueux.
Voc.	*ô vroómen man!*	ô homme vertueux!
Abl.	*van den vroómen man*,	de l'homme vertueux.

Pluriel.

Nom. *de vroóme mannen,* les hommes vertueux.
Gén. *der* ou *van de vroóme* des hommes vertueux.
     mannen,
Dat. *aen de vroóme mannen,* aux hommes vertueux.
Acc. *de vroóme mannen,* les hommes vertueux.
Voc. *ô vroóme mannen!* ô hommes vertueux!
Abl. *van de vroóme mannen,* des hommes vertueux.

Déclinez de même : Nom. *eenen vroómen man.* Gén. *eens vroómen mans* ou *van eenen vroómen man.* Dat. *aen eenen vroómen man.* Acc. *eenen vroómen man.* Abl. *van eenen vroómen man.*

DÉCLINAISON DE L'ADJECTIF FÉMININ.

Singulier.

Nom. *de goede vrouw,* la bonne femme.
Gén. *der goede vrouw,* ou *van* de la bonne femme.
     de goede vrouw,
Dat. *aen de goede vrouw,* à la bonne femme.
Acc. *de goede vrouw,* la bonne femme.
Voc. *ô goede vrouw!* ô bonne femme!
Abl. *van de goede vrouw,* de la bonne femme.

Pluriel.

Nom. *de goede vrouwen,* les bonnes femmes.
Gén. *der* ou *van de goede* des bonnes femmes.
     vrouwen,
Dat. *aen de goede vrouwen,* aux bonnes femmes.
Acc. *de goede vrouwen,* les bonnes femmes.
Voc. *ô goede vrouwen!* ô bonnes femmes!
Abl. *van de goede vrouwen,* des bonnes femmes.

Déclinez de même : Nom. *eene goede vrouw,* une bonne femme. Gén. *eener* ou *van eene goede vrouw.* Dat. *aen eene goede vrouw.* Acc. *eene goede vrouw.* Abl. *van eene goede vrouw.*

DÉCLINAISON DE L'ADJECTIF NEUTRE.

Singulier.

Nom. *het vrugtbaer land*, le pays fertile.
Gén. *des vrugtbaer lands* ou *van het vrugtbaer land.*
Dat. *aen het vrugtbaer land.*
Acc. *het vrugtbaer land.*
Voc. *ó vrugtbaer land!*
Abl. *van het vrugtbaer land.*

Pluriel.

Nom. *de vrugtbaere landen*, les pays fertiles.
Gén. *der* ou *van de vrugtbaere landen.*
Dat. *aen de vrugtbaere landen.*
Acc. *de vrugtbaere landen.*
Voc. *ó vrugtbaere landen!*
Abl. *van de vrugtbaere landen.*

DÉCLINAISON D'UN ADJECTIF
PRIS SUBSTANTIVEMENT.

Masculin, singulier.

Nom. *eenen anderen*, un autre. Gén. *eens anders* ou *van eenen anderen.* Dat. *aen eenen anderen.* Acc. *eenen anderen.* Abl. *van eenen anderen.*

Féminin. Nom. *eene andere*, une autre. Gén. *eener andere*, ou *van eene andere.* Dat. *aen eene andere.* Acc. *eene andere.* Abl. *van eene andere.*

Neutre. Nom. *een ander*, un autre. Gén. *eens anders* ou *van een ander.* Dat. *aen een ander*, etc.

Pluriel. Masculin, Féminin et Neutre.

Nom. *veéle anderen*, plusieurs autres. Gén. *veéler anderen* ou *van veéle anderen.* Dat. *aen veéle anderen.* Acc. *veéle anderen.* Abl. *van veéle anderen.*

DÉCLINAISON DES NOMS PARTITIFS.

Les noms partitifs sont des noms substantifs, qui n'expriment les choses que dans le sens de parties,

Singulier.

Nom. *brood,* du pain.
Gén. *van brood,* de pain.
Dat. *aen brood,* à du pain.
Acc. *brood,* du pain.
Voc. *ô brood!* ô pain!
Abl. *van brood,* de pain.

Pluriel.

Nom. *brooden,* des pains.
Gén. *van brooden,* de pains.
Dat. *aen brooden,* à des pains.
Acc. *brooden,* des pains.
Voc. *ô brooden,* ô pains.
Abl. *van brooden,* de pains.

Déclinez de même : Nom. *bier,* de la bière. Gén. *van bier,* de bière. Dat. *aen bier,* à de la bière, etc.

Pluriel. Nom. *bieren,* des bières, etc.

Singulier. Nom. *water,* de l'eau. Gén. *van water,* d'eau. Dat. *aen water,* à de l'eau, etc.

Nom. *goed brood,* de bon pain. Gén. *van goed brood,* de bon pain. Dat. *aen goed brood,* à de bon pain, etc.

Nom. *ander brood,* d'autre pain. Gén. *van ander brood,* d'autre pain, etc.

De la Comparaison des Noms.

La comparaison est la variation d'un adjectif par degrés.

Il y a trois degrés de comparaison : le positif, le comparatif et le superlatif, qui se forment régulièrement, en joignant au positif *er*, pour le comparatif, et *ste* pour le superlatif.

DEGRÉS DE COMPARAISON QUI SE FORMENT RÉGULIÈREMENT.

Positif.	*Comparatif.*	*Superlatif.*
Hoog, haut ;	hooger, plus haut ;	hoogste, le plus haut.
Leeg, bas ;	leeger, plus bas ;	leegste, le plus bas.
Lang, long,	langer, plus long ;	langste, le plus long.

La dernière consonne du positif se redouble au comparatif, quand il n'y a qu'une seule voyelle (excepté l'*y*) qui précède immédiatement, comme par exemple : *dik*, épais; *dikker*, plus épais; *laf*, fade; *laffer*, plus fade; *dom*, stupide; *dommer*, plus stupide; *slap*, faible; *slapper*, plus faible; *bot*, lourd; *botter*, plus lourd; *vet*, gras; *vetter*, plus gras, etc. S'il y a deux voyelles qui précèdent immédiatement, cette règle devient illusoire; et on n'a qu'à suivre la règle que nous avons donnée, comme *leeg*, bas; *leeger*, plus bas; *ziek*, malade; *zieker*, plus malade; *bekwaem*, capable; *bekwaemer*, plus capable; *zoet*, doux, *zoeter*, plus doux, etc.

L'*y* est aussi excepté, parce que tous les mots, où il se trouve immédiatement devant la dernière consonne, n'admettent point ce redoublement, comme *ryk*, riche; *ryker*, plus riche; *kostelyk*, précieux, *kostelyker*, plus précieux, etc.

Tous les positifs qui se terminent en *l*, *n* ou *r*, reçoivent au comparatif *der*, comme *zwaer*, pesant, *zwaerder*, plus pesant; *klaer*, clair, *klaerder*, plus clair; *vrugtbaer*, fertile, *vrugtbaerder*, plus fertile; *duer*, cher, *duerder*, plus cher; *zuer*, aigre, *zuerder*, plus aigre; *mager*, maigre, *magerder*, plus maigre; *vuyl*, sale; *vuylder*, plus sale; *kleyn*, petit, *kleynder*, plus petit; *snel*, agile, *snelder*, plus agile; *smal*, étroit, *smalder*, plus étroit; *vol*, plein, *volder*, plus plein; *dun*, menu, *dunder*, plus menu.

Tous les adjectifs, terminés en *f*, changent cet *f* au comparatif en *ver*, comme *droef*, triste, *droever*, plus triste; *lief*, cher, *liever*, plus cher; *grof*, gros, *grover*, plus gros. Exceptez *laf*, lâche, et *straf*, rigide, qui doublent l'*f* : *laffer*, *straffer*.

Ceux qui finissent en *s*, changent l'*s* au comparatif en *zer*; comme *wys*, sage, *wyzer*, plus sage; *dwaes*, étourdi, *dwaezer*, plus étourdi; *vies*, bizarre; *viezer*, plus bizarre. Exceptez *spits*, pointu; *fris*, frais; *schaers*, rare; *peêrs*, violet, qui ont au comparatif *spitser*, *frisser*, *schaersser*, *peêrsser*.

Tous les positifs, quoiqu'ils finissent par *s* ou *st*, reçoivent au superlatif *ste*, car c'est la marque de ce degré, comme *wys*, sage, *wysste*, le plus sage; *gerust*, tranquille, *gerustste*, le plus tranquille.

Les deux suivans sont irréguliers :

Goed, bon; *béter*, meilleur; *beste*, le meilleur.

Kwaed, mauvais; *erger*, pis, *ergste*, le pire.

On dit pourtant aussi pour le comparatif et le superlatif de *kwaed* : *kwaeder* et *kwaedste*, au lieu de *erger*, *ergste*.

Pour parler avec plus de force, on ajoute souvent au superlatif *aller*, comme *geleerd*, *geleerder*, *geleerdste* ou *allergeleerdste*, et ainsi des autres.

Il se trouve beaucoup de gens qui, en négligeant la bonne orthographe, se servent souvent d'un *t* à la fin d'un mot pour un *d*, ce qui rend ma première règle illusoire; comme *geleert*, pour *geleerd*, savant; *vreémt* pour *vreémd*, étrange : et ainsi pour faire le comparatif, il faudrait que le *t* se changeât en *d*; mais comme la bonne orthographe nous enseigne d'écrire ces mots-là par un *d*, parce qu'on dit *geleerde*, *vreémde*, et non *geleerte*, *vreémte*; le *t* dans ces mots est une faute grossière, comme c'en serait une de se servir d'un *d*, dans *groot*, parce qu'au féminin on dit *groote*.

Des Nombres.

Les noms de nombre sont des adjectifs : c'est pourquoi nous les joindrons ici.

NOMBRES CARDINAUX.

Een, un.
Twee, deux.
Dry, trois.
Vier, quatre.
Vyf, cinq.
Zes, six.
Zéven, sept.
Acht, huit.
Négen, neuf.
Tien, dix.
Elf, onze.
Twaelf, douze.
Dertien, treize.
Veertien, quatorze.
Vyftien, quinze.
Zestien, seize.
Zéventien, dix-sept.
Achttien, dix-huit.

Négentien, dix-neuf.
Twinting, vingt.
Een-en-twintig, vingt et un.
Twee-en-twintig, vingt-deux.
Dry-en-twintig, vingt-trois.
Dertig, trente.
Veertig, quarante.
Vyftig, cinquante.
Zestig, soixante.
Zéventig, soixante et dix.
Tagtig, quatre-vingt.
Négentig, quatre-vingt-dix.
Honderd, cent.
Twee honderd, deux cent.
Dry honderd, trois cent.
Duyzend, mille.
Twee duyzend, deux mille.
Dry duyzend, trois mille.

Honderd duyzend, cent mille.
Twee-mael honderd duyzend, deux cent mille.
Tien-mael honderd duyzend, un million.
Twintig-mael honderd duyzend, deux millions.
Duyzend-mael honderd duyzend, cent millions.

NOMBRES ORDINAUX.

Eerste, premier.
Tweede, second.
Derde, troisième.
Vierde, quatrième.
Vyfde, cinquième.
Zesde, sixième.
Zévende, septième.
Achtste, huitième.
Négende, neuvième.
Tiende, dixième.
Elfde, onzième.

Twaelfde, douzième.
Dertiende, treizième.
Veertiende, quatorzième.
Vyftiende, quinzième.
Zestiende, seizième.
Zéventiende, dix-septième.
Achttiende, dix-huitième.
Négentiende, dix-neuvième.
Twintigste, vingtième.
Dertigste, trentième.
Veertigste, quarantième.

Vyftigste, cinquantième.
Zestigste, soixantième.
Zeventigste, soixante-dixième.
Tagtigste, quatre-vingt-tième.
Negentigste, quatre-vingt-dixième.
Honderdste, centième.
Twee honderdste, deux centième.
Duyzendste, millième.

OBSERVATIONS
SUR LES NOMS, LEURS NOMBRES, LEURS DÉCLINAISONS ET LEURS GENRES.

De la différente espèce des Noms.

Il y a deux sortes de noms : les uns sont primitifs et les autres dérivatifs.

Les primitifs sont ceux qui ne descendent d'aucun autre, comme *eer*, honneur; *vriend*, ami.

Les dérivatifs sont ceux qui tirent leur origine des autres, comme *eerzugt*, ambition; *grootheyd*, grandeur; *vriendschap*, amitié.

Nous pouvons ajouter ici les diminutifs, qui sont des mots qui marquent quelque diminution dans leur signification, et qui se forment en recevant *ken*, comme *hof*, jardin, *hofken*, petit jardin; *boom*, arbre, *boomken*, petit arbre.

Ceux qui se terminent en *d*, prennent *eken*; ou *je*, comme *woórd*, parole, *woórdeken*, ou *woórdje*; *hond*, chien, *hondeken* ou *hondje*.

On joint *sken* ou *je* à ceux qui ont leur terminaison en *k*, comme *boek*, livre, *boeksken* ou *boekje*; *zak*, poche, *zaksken* ou *zakje*.

Ceux qui finissent en *l*, ajoutent *leken* ou *letje*; en *m*, *meken* ou *metje*; en *n*, *neken* ou *netje*; en *p*, *peken* ou *petje*; comme *vel*, peau, *velleken* ou *velletje*; *dam*, levée, *dammeken* ou *dammetje*; *man*, homme, *manneken* ou *mannetje*; *pop*, poupée, *poppeken* ou *poppetje*.

On ajoute *je* à ceux qui finissent en *t*, comme *pint*, pinte, *pintje*; *kant*, dentelle, *kantje*.

Ceux qui changent leur voyelle au pluriel, prennent leur diminution du pluriel, comme *stad*, ville, au pluriel *stéden*, fait *stédeken* ou *steédje*, petite ville; *schip*, vaisseau, au pluriel *schépen*, fait *scheépken* ou *scheépje*; *meyd*, servante, fait *meysken*.

De la figure des Noms.

Les noms se divisent aussi en simples et en composés.

Les simples sont ceux où il ne se trouve aucune composition, comme *boom*, arbre; *gierig*, avare; *doen*, faire.

Les composés se font par l'addition de quelque mot ou particule, comme *boomgaerd*, verger; *eergierig*, ambitieux; *herdoen*, refaire.

Cette composition se fait par des mots séparables ou inséparables.

J'appelle mots séparables ceux qui peuvent se mettre dans un discours sans être joints à d'autres, comme *eergierig*, qui est composé de *eer*, honneur, et *gierig*, avare.

Les mots inséparables sont ceux dont on ne peut se servir hors de leur composition, comme *her* en *herdoen*, refaire, qui s'exprime en français par *re*, et ainsi des autres.

Du Nombre.

Il y en a deux : le singulier, qui parle d'une chose seule, comme *mynen vader*, mon père; et le pluriel, qui parle de plusieurs, comme *onze vaders*, nos pères.

Mais il y a beaucoup de noms, dont le pluriel n'est point ou très-peu en usage, comme les substantifs suivans :

Aerd, caractère, naturel.
Aerde, terre.
Adel, noblesse.
Armoed, pauvreté.

Beklag, plainte.
Berouw, regret.
Bewind, direction.
Bloed, sang.

Boter, beurre.
Breyn, cervelle.
Dank, remerciment.
Deeg, pâte.
Doop, baptême.
Dorst, soif.
Dooy, dégel.
Dauw, rosée.
Draf, trot.
Droessem, lie.
Drek, ordure.
Dronk, trait, coup.
Egt, mariage.
Edik, vinaigre.
Ernst, sérieux.
Eysch, demande.
Etter, pus.
Faem, renommée.
Foelie, fleur de muscade.
Garst, orge.
Geld, argent.
Gember, gingembre.
Gist, levain.
Gepraet, caquet.
Gehoor, ouïe.
Geklag, gémissement.
Gelaet, visage.
Gras, herbe.
Grauw, canaille.
Haet, haine.
Hagel, grêle.
Harst, résine.
Haver, avoine.
Heyl, salut.
Hennip, chanvre.
Hitte, chaleur.
Hoest, toux.
Hooy, foin.
Hout, bois.
Huysraed, meubles.
Iemand, quelqu'un.
Jeugd, jeunesse.
Inkt, encre.
Kaneel, canelle.
Kalk, chaux.
Kindsheyd, enfance.
Kley, argile.
Koórn, blé.
Koude, froid.
Kryt, craie.
Kuysheyd, chasteté.
Leed, déplaisir.
Liefde, amour.
Lym, colle.
Look, ail.
Locht, air.
Meél, farine.
Melk, lait.
Merg, moëlle.
Mest, fumier.
Min, amour.
Moedwil, insolence.
Moes, potage aux herbes.
Mostaert, moutarde.
Niemand, personne.
Nyd, envie.
Onregt, tort.
Ouderdom, vieillesse.
Pap, bouillie.
Péper, poivre.
Pek, poix.
Pragt, pompe.
Raed, conseil.
Régen, pluie.
Roem, gloire.
Roet, suie.

Rogge, seigle.
Roest, rouille.
Room, crême.
Rust, repos.
Rym, frimas.
Safraen, safran.
Salaed, salade.
Schimp, raillerie.
Schrik, épouvante.
Schyn, apparence.
Slaep, sommeil.
Slyk, boue.
Slym, humeur visqueuse.
Smaed, mépris.
Snot, morve.
Sneeuw, neige.
Spek, lard.
Spyt, dédit.
Spoed, hâte.
Spot, moquerie.
Stank, puanteur.
Stof, poussière.
Stroo, paille.
Tarwe, froment.

Teér, goudron.
Toeleg, dessein.
Toevlugt, refuge.
Toórn, colère.
Troost, consolation.
Trouw, foi, fidélité.
Tugt, discipline.
Vaek, sommeil.
Verkoop, vente.
Vet, graisse.
Vlas, lin.
Vleesch, chair, viande.
Vloek, malédiction.
Vlyt, diligence.
Vlugt, fuite.
Voórraed, provision.
Waen, opinion.
Wasch, cire.
Woeker, usure.
Wol, laine.
Ys, glace.
Zeep, savon.
Zwavel, soufre.
Zweet, sueur.

Il faut ajouter à ceux-ci tous les noms propres, comme *Roomen*, Rome; *Danau*, Danube.

Quelques noms de liqueurs, comme *honing*, miel; *azyn* ou *édik*, vinaigre; *most*, vin nouveau, etc.

Les noms des métaux, comme *goud*, or; *zilver*, argent; *tin*, étain; *lood*, plomb; *yzer*, fer; *stael*, acier; *kwik-zilver*, vif-argent.

Plusieurs noms verbaux commençant par *be, ge, ver*, comme *gedrang*, presse; *bedrog*, tromperie; *verraed*, trahison.

Au contraire, les noms suivans n'ont point de singulier : *ouders*, parens, père et mère; *voórouders*, ancêtres; *herssenen*, cerveau; *lieden*, gens; *zéden*, mœurs; etc.

Des Cas des Noms.

Les cas sont des variations différentes de terminaison, et ne sont propres qu'aux articles, noms, pronoms et participes.

Il y en a six dans la langue flamande, savoir le *Nominatif*, *Génitif*, *Datif*, *Accusatif*, *Vocatif*, *Ablatif*.

De la Déclinaison.

La déclinaison est un changement de terminaison, qui se fait par les cas précédens; mais comme ce changement est un peu considérable en flamand, on y supplée par les articles comme dans la langue française.

Le génitif des articles, tant au singulier qu'au pluriel, se forme souvent du nominatif en mettant le mot *van* devant, et alors il est semblable à l'ablatif, par exemple, pour mettre l'article *de* au génitif, on n'a qu'à faire précéder le mot *van*; et le datif s'exprime par le mot *aen*, joint au nominatif; comme *de*, *van de*, *aen de*.

Voilà ce qui se peut dire des articles; passons à la déclinaison des noms substantifs, et observez qu'il n'y a point de différence entre le nominatif et l'accusatif.

Les adjectifs ne changent point de terminaison dans les différens cas, comme on voit dans les déclinaisons précédentes.

Le pluriel des trois genres n'a point du tout de différence.

Les adjectifs, employés substantivement au pluriel, reçoivent un *n* dans tous les cas, comme *de goeden*, les bons; *de kwaeden*, les méchans; *de blinden*, les aveugles.

Des Changemens du Singulier en Pluriel.

Les substantifs ont le pluriel en *en* ou *s*.

Les substantifs suivans changent leur singulier en ajoutant seulement *en* au pluriel, comme *gat*, trou, *gaten*; *vat*, tonneau, *vaten*; *bruyd*, fiancée, *bruyden*; *brood*, pain, *brooden*; *lot*, sort, *loten*; *slot*, serrure, *sloten*; *tyd*, temps, *tyden*; *zoón*, fils, *zoónen*; *been*, jambe, *beenen*; *ael*, anguille, *aelen*; *hand*, main, *handen*; *oliphant*, éléphant, *olifanten*; *slang*, serpent, *slangen*; *gang*, allée, *gangen*; *tang*, pincettes, *tangen*; *kéting*, chaîne, *kétingen*; *muer*, mur, *mueren*; *peér*, poire, *peéren*; *gebéd*, prière; *gebéden*; *kwast*, houpe, *kwasten*; *nest*, nid, *nesten*, etc.

Les noms en *ing* prennent aussi *en* au pluriel; par ex. : *draeying*, vertige, *draeyingen*; *beweéging*, mouvement, *beweégingen*; *reyniging*, purification, *reynigingen*; *wederspreéking*, réplique, *wederspreékingen*.

Tous les substantifs terminés en *y*, reçoivent aussi *en*, comme *brouwery*, brasserie, *brouweryën*; *gety*, marée, *getyën*; *veynzery*, feinte, *veynzeryën*.

Les substantifs terminés en *e*, prennent *n* au pluriel, comme *eynde*, fin, *eynden*; *zee*, mer, *zeeën*; *olie*, huile, *oliën*; *tralie*, treillis, *traliën*; *bode*, messager, *boden*; *sléde*, traîneau, *sléden*; *belofte*, promesse, *beloften*; *hof-stéde*, maison de campagne, *hof-stéden*, etc.

Les substantifs qui finissent en *er*, *aer*, *el*, prennent *s* au pluriel, comme *meester*, maître, *meesters*; *vader*, père, *vaders*; *leeraer*, docteur, *leeraers*; *minnaer*, amant, *minnaers*; *appel*, pomme, *appels*; *tafel*, table, *tafels*. Mais au génitif pluriel seul ils prennent *s* ou *en*; *s* après l'article *van de*; par ex. : *van de vaders*, *van de leeraers*, *van de tafels*; et *en* après l'article *der*, comme *der vaderen*, *der leeraeren*, *der tafelen*.

Les diminutifs prennent *s* au pluriel, comme *hondje* ou *hondeken*, petit chien, *hondjes*, *hondekens*; *mandje* ou *mandeken*, petit panier, *mandjes*, *mandekens*, etc.

Les noms qui finissent en *f*, changent au pluriel l'*f* en *ven*, comme *gaef*, don, *gaeven*; *lyf*, corps, *lyven*; *wyf*, femme, *wyven*; *dief*, voleur, *dieven*; *hof*, cour, *hoven*; *graf*, fosse, *graven*; *brief*, lettre, *brieven*; *wolf*, loup, *wolven*; *kuyf*, coiffe, *kuyven*.

Mais dites *bef*, collet, *beffen*; *mof*, manchon, *moffen*; *straf*, punition, *straffen*.

Plusieurs monosyllabes doublent la consonne qui est devant *en*, comme *bed*, lit, *bedden*; *brug*, pont, *bruggen*; *bus*, boîte, *bussen*; *zak*, poche, *zakken*; *tak*, branche, *takken*; *gek*, fou, *gekken*; *rok*, jupe, *rokken*; *stok*, bâton, *stokken*; *bril*, lunette, *brillen*; *bal*, boule, *ballen*; *val*, chûte, *vallen*; *ham*, jambon, *hammen*; *kam*, peigne, *kammen*; *ram*, bélier, *rammen*; *stam*, souche, *stammen*; *kan*, pot, *kannen*; *man*, homme, *mannen*; *lip*, lèvre, *lippen*; *klip*, rocher, *klippen*; *kap*, chappe, *kappen*, *sap*, jus, *sappen*; *trap*, degré, *trappen*; *kop*, tasse, *koppen*; *kat*, chat, *katten*; *pot*, pot, *potten*; *vlot*, radeau, *vlotten*; *zot*, sot, *zotten*, etc.

Mais vous direz : *dag*, jour, *dagen*; *dak*, toit, *daken*; *dal*, vallée, *dalen*; *God*, Dieu, *goden*; *nagt*, nuit, *nagten*; *lot*, lot, *loten*; *pad*, sentier, *paden*; *slag*, coup, *slagen*; *slot*, serrure, *sloten*; *vat*, tonneau, *vaten*; *weg*, chemin, *wégen*.

Les monosyllabes qui ont l'*y* devant la dernière consonne, ne doublent point, comme *pyn*, douleur, *pynen*; *wyn*, vin, *wynen*; *blyk*, preuve, *blyken*.

Les substantifs en *dom*, *schap* et *is*, doublent leur dernière consonne, comme *bisdom*, évêché, *bisdommen*; *rykdom*, richesse, *rykdommen*; *eygenschap*, propriété, *eygenschappen*; *landschap*, province, *landschappen*; *getuygenis*, témoignage, *getuygenissen*; *beëltenis*, image, *beëltenissen*.

Des Noms qui changent quelques lettres au pluriel, ou qui en ajoutent.

Les noms terminés en *heyd* ont au pluriel *héden*.

Waerheyd,	Vérité,	*Waerhéden*.
Bekoórlykheyd,	Charme,	*Bekoórlykhéden*.

Ceux-ci forment irrégulièrement leur pluriel :

Lid, Membre, *Léden*.

Stad,	Ville,	Sléden.
Schip,	Navire,	Schépen.
Spit,	Broche,	Spéten.
Smid,	Maréchal,	Sméden.
Krygsman,	Guerrier,	Krygslieden.
Huysman,	Villageois,	Huyslieden.

Les noms terminés en *s*, changent au pluriel l'*s* en *zen*.

Baes,	Maître,	Baczen.
Blaes,	Vessie,	Blaezen.
Glas,	Verre,	Glazen.
Doos,	Boîte,	Doozen.
Roos,	Rose,	Roozen.
Huys,	Maison,	Huyzen.
Muys,	Souris,	Muyzen.

Les changemens dans les noms composés ne se font qu'au dernier mot, comme *borgermeester*, bourgemaître, *borgermeesters*.

Les mots suivans sont irréguliers, et ajoutent deux syllabes au pluriel.

Been,	Os,	Beenderen.
Blad,	Feuille,	Bladen et bladeren.
Ey,	OEuf,	Eyëren.
Gemoed,	Conscience,	Gemoederen.
Goed,	Bien,	Goederen.
Hoen,	Poule,	Hoenderen.
Kalf,	Veau,	Kalveren.
Kind,	Enfant,	Kinderen.
Kleed,	Habit,	Kleederen.
Lam,	Agneau,	Lammeren.
Lied,	Chanson,	Liederen.
Litmaet,	Membre,	Lidmaeten ou lédemaeten.
Rad,	Roue,	Raderen.
Rund,	Bête à cornes,	Runderen.
Volk,	Peuple,	Volken ou volkeren.

Des Adjectifs au Pluriel.

Il n'y a pas tant de difficulté à former le pluriel des adjectifs que des substantifs, car pour la plupart ils se font en n'ajoutant qu'un *e* au singulier, comme *groot*, grand, *groote*; *lang*, long, *lange*; *zwart*, noir, *zwarte*, également pour les trois genres.

Tous les monosyllabes qui n'ont qu'une voyelle, et à la fin qu'une consonne, doublent cette consonne, comme *dol*, enragé, *dolle*; *bot*, lourd, *botte*; *wit*, blanc, *witte*, etc.

Du Genre des Noms.

Il y a trois genres dans cette langue, comme nous l'avons dit, savoir : le masculin, le féminin, et le neutre.

Devant les noms masculins on met l'article *den*, comme *den meester*, le maître; devant les noms féminins on met l'article *de*, comme *de vrouw*, la femme; et l'article *het* se met devant les noms neutres, comme *het water*, l'eau; *het vuer*, le feu : l'article *eenen*, un, est pour le masculin, *eene*, une, pour le féminin, et *een* pour le neutre, comme *eenen man*, un homme; *van eenen man*, d'un homme; *eene vrouw*, une femme; *een kind*, un enfant.

On ne connaît le genre des noms que par leur signification, par leur terminaison, ou par l'usage.

Noms masculins par leur signification.

Tous les noms propres des anges, des hommes, des dieux et des démons, sont masculins, comme :

Michaël, Michel.
Augustinus, Augustin.
Andries, André.
Hendrik, Henri.
Lodewyk, Louis.
Lucas, Luc.

Dirk, Théodore.
Apollo, Apollon.
Mercurius, Mercure.
Saturnus, Saturne.
Duyvel, diable.
Drommel, diantre.

Tous les noms de dignités et d'offices appartenant à l'homme sont aussi masculins, comme

Paus, pape.
bisschop, évêque.
keyzer, empereur.
vorst, prince.
vader, père.
oom, oncle.

Les noms des jours, et ce qui y appartient, sont masculins.

Zondag, dimanche.
maendag, lundi.
dynsdag, mardi.
woensdag, mercredi.
donderdag, jeudi.
vrydag, vendredi.
zaterdag, samedi.
feest-dag, jour de fête.
morgend, matin.
avond, soir.
morgend-stond, point du jour.
middag, midi.
vasten-dag, jour de jeûne.

Les noms des vents, joints au nom *wind*, vent, sont masculins.

Oosten-wind, vent d'orient. *westen-wind*, vent du couchant.

zuyden-wind, vent de midi. *noórden-wind*, vent du nord.

Plusieurs noms de bêtes, d'oiseaux, de poissons, d'arbres et de rivières, sont masculins.

Os, bœuf.
stier, taureau.
olifant, éléphant.
krokodil, crocodile.
vos, renard.
hond, chien.
haes, lièvre.
struys-vogel, autruche.
faisant, faisan.
paling, anguille.
zalm, saumon.
dolfyn, dauphin.
hengst, cheval entier.
ézel, âne.
leeuw, lion.
beér, ours.
arend, aigle.
appel-boom, pommier.
eyken-boom, chêne.
roozen-boom, rosier.
Tiber, Tibre.
Rhyn, Rhin.
Nyl, Nil.
Donau, Danube.

Noms féminins par leur signification.

Tous les noms de femmes sont féminins, comme

Juno, Junon.	*Hendrina*, Henriette.
Vénus, Vénus.	*Maria*, Marie.
Anna, Anne.	*Martha*, Marthe.

Les noms de qualités et de professions des femmes sont féminins, comme

Moeder, mère.	*koningin*, reine.
dogter, fille.	*hertogin*, duchesse.
zuster, sœur.	*naeyster*, couturière.
schoon-zuster, belle-sœur.	*bruyd*, fiancée.
maegd, vierge.	*boerin*, paysanne.

Les noms des animaux femelles sont féminins, comme

Merrie, cavalle, jument.	*leeuwin*, lionne.
koe, vache.	*beérin*, ourse.
ezelin, ânesse.	*kraey*, corneille.

Plusieurs noms de rivières sont féminins.

Elve, Elbe.	*Seine*, Seine.
Schelde, Escaut.	*Maes*, Meuse.
Loire, Loire.	*Neéte*, Nêthe.

Plusieurs grains, fleurs et herbes potagères, sont féminins, comme

Rogge, seigle.	*look*, ail.
tarwe, froment.	*kool*, chou.
gargst, orge.	*kers*, cresson.
gierst, millet.	*roos*, rose.
beet, betterave.	*lélie*, lis.
pétersélie, persil.	*tulp*, tulipe.
kervel, cerfeuil.	*noót*, noix.
latouw, laitue.	*aerd-béziën*, fraises.
salie, savie, sauge.	*ael-béziën*, groseilles.

Noms neutres par leur signification.

Les noms qui désignent la terre ou ses parties, sont ordinairement neutres, comme

Aerdryk, terre.
land, pays.
woud, forêt.
veen, tourbière.
veld, champ.

bosch, bois.
oosten, est.
westen, ouest.
noórden, nord.
zuyden, sud.

Les noms de royaumes, pays, villes et villages, sont ordinairement neutres, comme

Vrankryk, la France.
Italiën, l'Italie.
Engeland, l'Angleterre.

Holland, la Hollande.
Amsteldam, Amsterdam.
Roomen, Rome.

Les noms de métaux sont neutres, comme

Goud, or.
zilver, argent.
koper, cuivre.
yzer, fer.

tin, étain.
lood, plomb.
kwik-zilver, vif-argent.
piauter, laiton blanc.

Les noms diminutifs sont neutres, comme

Manneken, petit homme.
Vrouwken, petite femme.

meysken, fillette.
huysken, maisonnette.

Les noms de nombres sont neutres, comme

Het duyzend, le mille.
het honderd, le cent.
het vyftig, la cinquantaine.

het dozyn, la douzaine.
het paer, la paire.
het schok, la soixantaine.

Les noms adjectifs pris substantivement, sont neutres.

Het rond, le rond.
het recht, le droit.
het wit, le blanc.
het zwart, le noir.

het rood, le rouge.
het hol, le creux.
het goed, le bien.
het kwaed, le mal.

Les infinitifs des verbes pris substantivement, sont neutres, comme

Het eéten, le manger.   *het slaepen*, le dormir.
het drinken, le boire.   *het zingen*, le chant.
het werken, le travail.   *het spreéken*, le parler.

Les noms verbaux, c'est-à-dire, dérivant des verbes, qui commencent par *he*, *ge* et *ver*, et qui ne finissent point en *ing* ni en *heyd*, sont neutres, comme

Bederf, corruption.   *gekwel*, tourment.
bedryf, action.   *bejag*, brigue.
begryp, conception.   *beklag*, plainte.
belét, empêchement.   *gerammel*, tintamarre.
beraed, délibération.   *geroep*, appel.
bestél, direction.   *geruysch*, bruit sourd.
gebak, pâtisserie.   *gesnap*, babil.
gebéd, prière.   *gestél*, situation.
gebraed, rôti.   *getreur*, lamentation.
geding, procès.   *gevegt*, bataille.
gedreun, tremblement.   *gewas*, plante.
gefluyt, sifflement.   *gezwel*, enflure.
gehak, hachure.   *verblyf*, séjour.
gehoor, ouïe.   *verdék*, tillac.
geklag, gémissement.   *vergif*, poison.
geklap, caquet.   *verhael*, relation.
gelach, risée.   *verloop*, course.
gemael, monture.   *vervolg*, continuation.
gemor, murmure.   *verwyt*, reproche.

Exceptions des Règles précédentes.

Les noms suivans sont masculins :

Verkoop, vente.   *Den Haeg*, La Haye.

Ceux-ci sont neutres :

Wyf, femme.   *kalf*, veau.
kind, enfant.   *veulen*, poulain.

lam, agneau. *zwyn*, cochon.
kieken, poulet. *konyn*, lapin.
peérd, cheval.

Plusieurs noms de femmes et de femelles sont formés des masculins, comme nous l'avons fait voir en parlant de l'origine des mots; mais il faut en excepter ceux-ci, qui n'ont point de rapport l'un à l'autre :

Man, homme. Féminin : *Vrouw*, femme.
jongen, garçon. *meysken*, fille.
neef, cousin, neveu. *nigt*, cousine, nièce.
knegt, serviteur. *meyd*, servante.
broeder, frère. *zuster*, sœur.
hengst, cheval entier. *merrie*, jument.
reu, chien. *teéf*, chienne.
kater, chat. *kat*, chatte.
hert, cerf. *hinde*, biche.
rammelaer, lapin mâle. *voedster*, femelle du lapin.
haen, coq. *hen*, poule.

Les noms composés suivent le genre du dernier, comme *den schortel-doek*, le tablier; *de stal-poort*, la porte de l'écurie; *het haeze-vel*, la peau de lièvre.

Quoiqu'on dise *de vrouw*, la femme, on dit *het vrouw-mensch*, la femme. *Wigt*, petit enfant, est neutre : mais on dit *den booswigt*, le scélérat. *Tred*, pas, est masculin : *trede*, marche, est féminin. *Hagel*, grêle, est masculin : *janhagel*, canaille, neutre. Les noms *dwang*, contrainte; *slag*, coup; *val*, chûte, sont masculins. Mais sont neutres : *bedwang*, contrainte; *beslag*, pâte; *geval*, événement; *verval*, décadence. *Hof*, jardin, est masculin : *hof*, cour; *gerechts-hof*, palais; *kerk-hof*, cimetière, sont neutres.

Noms qui ont différentes significations et différens genres, quoiqu'ils s'écrivent de la même manière :

Blik, fer-blanc, n. *Blik*, clin-d'œil, m.
Bloed, sang, n. *Bloed*, innocent, m.
Borst, poitrine, f. *Borst*, garçon, m.

Das, blaireau, m. *Das*, cravate, f.
Deken, doyen, m. *Deken*, couverture, f.
Doop (*doopsel*), baptême, m. *Doop* (*saus*), sauce, f.
Gift (*gaeve*), don, f. *Gift* (*vergift*), venin, n.
Hak, coup de hache, m. *Hak*, talon, f.
Hof, jardin, m. *Hof*, cour d'un prince, n.
Hoop, troupe, amas, m. *Hoóp*, espérance, f.
Jagt, chasse, f. *Jacht* (*vaertuyg*), yacht, n.
Kant, côte, bord, m. *Kant*, dentelle, f.
Klink, loquet, f. *Klink*, coup, soufflet, m.
Klop, coup, m. *Klop*, religieuse, f.
Knol, navet, f. *Knol*, haridelle, m.
Lak, cire à cacheter, n. *Lak*, calomnie, m.
Loots, baraque, f. *Loots*, pilote, m.
Maeg, estomac, f. *Maeg*, parent, parente, m. et f.
Maet, mesure, f. *Maet*, compagnon, m.
Mars, voyage, m. *Mars*, cassette de mercier, f.
Muyl, pantoufle, f. *Muyl*, museau, mulet, m.
Onrust, inquiétude, f. *Onrust*, mouvement d'une montre, etc.
Pad, sentier, n. *Pad*, crapaud, f.
Pink, petit doigt, m. *Pink*, bateau de pêcheur, f.
Pit, mêche, n. *Pit*, amande, f.
Pleyt, procès, n. *Pleyt*, bateau plat, f.
Roof, proie, butin, m. *Roof*, croûte, f.
Rys, riz, m. *Rys*, petites branches d'arbre, n.
Smak, coup, jet, m. *Smak*, espèce de vaisseau, f.
Spoór, éperon, f. *Spoór*, ornière, trace, n.
Tas, chantier, m. *Tasch*, poche, f.
Teen, brin d'osier, f. *Teen*, orteil, m.
Vaert, course, m. *Vaert*, canal, f.
Veér, plume, f. *Veér*, passage d'eau, n.
Vlek, tâche, f. *Vlek*, village, n.
Want, gant, mitaine, f. *Want*, cordages d'un vaisseau, n.
  Wand muraille, m.
Weér, défense, f. *Weér*, temps, n.
Zog, truie, f. *Zog*, lait de femme, n.

Genre des Noms par leur terminaison.

B.

Masculins.

Rob, chien de mer, requin.

Féminins.

Krab, crabe.
krib, crêche.
lob, manchette.
leb, présure.
kwab, fanon.

rib, côte.
schob, écaille.
slab, bavette.
neb, bec.
web, tissue.

D.

Les noms terminés en *heyd*, sont féminins, comme

Argheyd, ruse, malice.
dankbaerheyd, gratitude.
gierigheyd, avarice.
kuyschheyd, chasteté.
maetigheyd, sobriété.

kwaedheyd, méchanceté.
plompheyd, grossièreté.
snoodheyd, méchanceté.
waerheyd, vérité.
zédigheyd, modestie.

Les noms en *oud* sont neutres.

Goud, or.   woud, forêt.

Les suivans en *d* sont masculins.

Aenbeeld, enclume.
afgrond, abîme.
afstand, abdication.
arbeyd, travail.
arend, aigle.
arm-band, brasselet.
avond, soir.
avond-stond, soirée.
baerd, barbe.
bak-tand, dent mâchelière.
band, lien.
beemd, pré, prairie.
boomgaerd, verger.

boord, bord.
brand, incendie.
deemoed, abaissement.
doods-nood, agonie.
draed, fil.
eénd, canard.
gloed, ardeur.
graed, degré.
haezend-mond, bec de lièvre.
haezenwind, levrier.
hals-band, collier.
hoed, chapeau.
inhoud, contenu.

ley-band, lisière.
luypaerd, léopard.
moed, courage.
mond, bouche.
nood, détresse, besoin.
ochtend, matin, matinée.
onmoed, découragement.
oord, contrée.
opstand, soulèvement.
overmoed, fierté.
overvloed, abondance.
raed, conseil.
rand, bord.
slag-tand, défense.
stand, condition.
standaerd, étendard.
stryd, bataille.

tégenstand, résistance.
tégenspoed, adversité.
tégenwind, vent contraire.
toestand, état.
tyd, temps.
voórspoed, prospérité.
vloed, flux.
vond, trouvaille.
voórstand, défense.
voórtyd, printemps.
uytvloed, écoulement.
weérd, hôte.
wind, vent.
woórden-stryd, verbiage.
wyngaerd, vigne.
zonne-stand, solstice.
zuyden-wind, vent du midi.

Les suivans en *d* sont féminins.

Daed, action.
deugd, vertu.
gard, verge.
hand, main.
hair-naeld, poinçon.
jeugd, jeunesse.
klad, tache.
koord, corde.
maegd, vierge.
maend, mois.
mand, corbeille.
naeld, aiguille.

ondeugd, vice.
onschuld, innocence.
overdaed, prodigalité.
overhand, avantage.
pad, crapaud.
proviand, provision.
speld, épingle.
stad, ville.
voór-stad, faubourg.
wéreld, monde.
wonder-daed, prodige.
zee-stad, ville maritime.

Les suivans en *d* sont neutres.

Afscheyd, congé.
antwoórd, réponse.
bad, bain.
bed, lit.
beéld, image.
beleyd, conduite.

beraed, délibération.
bestand, trève.
blad, feuille.
bloed, sang.
bod, offre.
brood, pain.

cieraed, ornement.
dam-berd, damier.
diep-lood, sonde.
gebéd, prière.
geduld, patience.
gebod, commandement.
gemoed, cœur, ame.
geld, argent.
gelid, rang, file.
gild, corps de métier.
goed, bien.
hemd, chemise.
hoofd, tête.
kind, enfant.
klaeg-lied, lamentation.
kleed, habit.
kruyd, herbe.
leed, douleur.
land, pays.
lied, chanson.
lood, plomb.
los-geld, rançon.
nies kruyd, ellébore.
ongeduld, impatience.
onthoud, souvenir.
onverstand, bêtise.
opperhoofd, chef.
okshoofd, barrique.

pas-lood, niveau.
poppe-goed, jouets d'enfant.
pond, livre.
post-peérd, cheval de poste.
pot-geld, épargne.
rad, roue.
rechts-gebied, juridiction.
schenk-berd, soucoupe.
schild, bouclier.
slag-veld, champ de bataille.
slag-zweérd, espadon.
speél-goed, jouets.
uythang berd, enseigne.
veld, champ.
verbod, prohibition.
verbond, alliance.
verraed, trahison.
vaderland, patrie.
verstand, entendement.
voórbeéld, modèle.
voórhoofd, front.
wey-land, pâturage.
wild-braed, gibier.
woórd, parole.
zaed, semence.
zinnebeéld, emblême.
zweérd, glaive.

E.

Les noms en *te* qui ont la même signification que ceux qui finissent en *heyd*, sont féminins, comme *dikte*, épaisseur ; *langte*, longueur ; *grootte*, grandeur, au lieu de *dikheyd*, *langheyd*, *grootheyd*.

Les autres noms en *te*, *de*, *ge*, *le*, et la plupart des noms en *e* sont féminins.

Exceptez *bode*, messager ; *varre*, taureau, etc. ; qui sont masculins.

Ceux-ci sont neutres :

evangélie, évangile.
eynde, fin.
gebeente, ossemens.
gebergte, montagne.
gebloemte, fleurs.
geboefte, canaille.
geboomte, arbres.
gedarmte, boyaux.
gedierte, animaux.
gedeelte, portion.
geleyde, conduite.
gesteente, pierreries.
gestoelte, siège.
geramte, squelette.
gevogelte, volaille.
vee, bétail.

F.

Les noms suivans en *f* sont féminins, comme

Bef, rabat.
boek-staef, caractère.
dreéf, rangée d'arbres.
druyf, raisin.
duyf, pigeon.
golf, onde.
groef, rainure.
kerf, entaille.
kloóf, fente.
slof, pantoufle.
staef, barre.
stoóf, chauffe-pied.
straf, punition.
kolf, crosse.
kuyf, coiffe.
madelief, marguerite.
olyf, olive.
proef, épreuve.
roef, chambre de batelier.
scherf, têt.
schoof, faisceau.
schyf, disque.
schroef, vis.
struyf, omelette.
zalf, onguent.
zeéf, tamis.

Quelques-uns sont masculins, comme

Albedryf, factoton.
boef, maraud, coquin.
brief, lettre.
doól-hof, labyrinthe.
draf, trot.
hof, jardin.
lof, louange.
neéf, cousin.
oárlof, congé.
roof, butin.
turf, tourbe.

Les suivans sont neutres :

Bederf, corruption.
bedryf, conduite.
behoef, nécessité.
erf, héritage.
geloof, foi.
gerief, commodité.

gewelf, voûte.
graf, fosse.
hof, cour.
kaf, balle.
kalf, veau.
loof, verdure.
lyf, corps.
misdryf, faute, crime.
ongeloof, incrédulité.
ongerief, incommodité.
stof, poussière.
taf, tafetas.
verblyf, séjour.
verderf, ruine.
verlof, permission.
wyf, femme.

G.

Les noms terminés en *g* sont de différens genres.

Les noms en *ing* sont féminins, comme

Aendryving, persuasion.
aenlokking, charme.
behuyzing, demeure.
beschutting, défense.
bétering, correction.
dwaeling, égarement.
flikkering, étincellement.
handeling, maniement.
reyniging, purification.
ruyling, échange.
sorteëring, assortiment.
spiering, éperlan.
inbeëlding, imagination.
kastyding, châtiment.
krakeling, craquelin.
kwelling, tourment.
lézing, lecture.
leuning, garde-fou.
meéting, mesurage.
navolging, imitation.
perssing, pressure.
timmering, charpente.
wyking, fuite, retraite.
zwymeling, vertige.

Les suivans en *ling* sont masculins, comme

Aenkomeling, adolescent.
leerling, disciple.
stédeling, citoyen.
sterveling, mortel.
uytwykeling, émigré.
vremdeling, étranger.

On peut aussi ajouter un *e* féminin à ces mots, pour les faire changer de genre : *stédelinge*, *stervelinge*, *uytwykelinge*, *vremdelinge*, etc.

Ceux-ci en *g* sont masculins, comme

Aengang, entrée.
aenleg, situation.
aenslag, dessein.
aenvang, commencement.
afgang, selle.
afslag, refus.
afweg, chemin écarté.
balg, panse.

berg, montagne.
blaesbalg, soufflet.
boeg, l'avant du vaisseau.

dag, jour.
kraeg, collet.
slag, coup.

Ceux-ci en *g* sont féminins :

Big, petit cochon.
brug, pont.
galg, gibet.
haeg, haie.
herberg, auberge.
kaeg, espèce de vaisseau.
laeg, rangée.
long, poumon.
loog, lessive.
mug, moucheron.
navraeg, information.
néerlaeg, défaite.
nyp-tang, tenaille.
plaeg, tourment.
régen-vlaeg, ondée.
schraeg, tréteau.
slang, serpent.
stang, perche.

steeg, ruelle.
steng, perroquet de navire.
streng, écheveau.
tang, pincettes.
telg, rejeton.
teug, trait.
tong, langue.
vlag, pavillon.
vlaeg, ondée.
vlieg, mouche.
vyg, figue.
walg, dégoût.
wang, joue.
wieg, berceau.
wig, coin.
zaeg, scie.
zeug, truie.
zorg, soin.

Ceux-ci en *g* sont neutres.

Beding, condition.
bedrog, tromperie.
bedwang, contrainte.
beklag, complainte.
beleg, siége.
belang, intérêt.
beslag, pâte.
ding, chose.
gedrag, conduite.
gezang, chant.
merg, moelle.
ontslag, démission.
ontzag, respect.

overleg, délibération.
rytuyg, voiture.
spinrag, fil d'araignée.
spog, crachat.
tuyg, outil, machine.
vaertuyg, navire.
verdrag, convention.
verslag, rapport.
vertoog, démonstration.
vervolg, suite.
vuer-slag, fusil.
werktuyg, instrument.
zog, lait de femme.

H.

Noms en sch, masculins.

Disch, table.
eysch, demande.
mensch, homme.
schelvisch, aiglefin.
stroo-wisch, botte de paille.
visch, poisson.
vorsch, grenouille.
walvisch, baleine.

Ceux-ci en sch sont féminins :

Lasch, jointure.
potasch, potasse.

Les suivans en sch sont neutres :

Bosch, bois.
lisch, glayeul.
vleesch, chair, viande.
wasch, cire.

I.

Les noms suivans en ie sont féminins :

Falie, mante.
foelie, fleur de muscade.
historie, histoire.
olie, huile.
horlogie, horloge.
schalie, ardoise.
staetsie, pompe.
traelie, grille.

K.

Les noms suivans en k sont masculins :

Aes-zak, bissac.
balk, poutre.
bek, bec.
blok, billot.
bonk, os.
buyk, ventre.
doek, toile.
drek, ordure.
haek, crochet.
kelk, calice.
lonk, œillade.
reuk, senteur.
rok, jupe.
schonk, os.
smaek, goût.
stank, puanteur.
steek, piqûre.
stok, bâton.
tabak, tabac.
tak, branche.
stronk, tronc.
valk, faucon.

Ceux-ci sont féminins :

Aenspraek, harangue.
afbreuk, préjudice.

bank, banc.
bark, barque.
bedde-tyk, coutil.
beek, ruisseau.
breuk, rupture.
fuyk, nasse.
God-spraek, oracle.
hair-lok, boucle de cheveux.
hak, talon.
huyk, cape, capuchon.
jurk, fourreau.
kaek, pilori.
kerk, église.
klink, loquet.
klok, cloche.
kolk, gouffre.
kraek, caraque.
kruk, béquille.
kronyk, chronique.
kruyk, cruche.
land-streek, contrée.
lok, boucle de cheveux.
locht-streek, climat.
melk, lait.
muziek, musique.
nok, pignon.
oorzaek, cause.
opspraek, blâme.
paruyk, perruque.
piek, pique.
pink, nacelle de pêcheur.
plank, planche.
plek, tache.

pok, vérole.
pynk-bank, torture.
républiek, république.
saemenspraek, entretien.
schand-vlek, opprobre.
schip-breuk, naufrage.
slek, limaçon.
spaek, lévier.
spelonk, caverne.
spraek, langage.
spreuk, proverbe.
streek, quartier.
strook, bande.
taek, tâche.
talk, suif.
tik, chiquenaude.
twee-bak, biscuit.
twee-spraek, dialogue.
uytspraek, prononciation.
vlek, tache.
vlerk, aile.
voet-bank, marchepied.
vlok, flocon.
vonk, étincelle.
voorspraek, intercession.
vraek, vengeance.
week, semaine.
wiek, aile.
wolk, nuée.
wyk, quartier.
zaek, chose, affaire.
zin-spreuk, devise.
zit-bank, banc.

Les suivans en *k* sont neutres :

Aerd-ryk, terre.
bereyk, portée.
beschik, direction.

bestek, plan.
betrek, circonférence.
besprek, accord.

bezoek, visite.
blik, fer-blanc.
bolwerk, boulevard.
boek, livre.
boots-volk, gens de mer.
dag-boek, journal.
dak, toit.
dek, couverture.
dok, darse, darsine.
durk, sentine.
gebruyk, usage.
gemak, commodité.
gesprek, discours.
hek, parquet.
hok, loge.
houwelyk, mariage.
lak, cire à cacheter.
leer-stuk, dogme.
luyk, volet.
lyk, cadavre.
meester-stuk, chef-d'œuvre.
merk, marque.
misbruyk, abus.
mond-gesprek, abouchement.
nétel-doek, mousseline.
onderzoek, recherche.
ongeluk, malheur.
ongelyk, tort.
ongemak, incommodité.
oogmerk, but, dessein.
pak, paquet.
park, parc.
pek, poix.
rek, dressoir.
ryk, royaume.
schelm-stuk, friponnerie.
scheurbuyk, scorbut.
spek, lard.
spook, fantôme.
stuk, pièce.
uer-werk, horloge.
vat-werk, futailles.
vak, place vide.
verdek, pont de vaisseau.
vermaek, divertissement.
verstek, privation.
verzoek, requête.
voet-volk, infanterie.
vrouw-volk, femmes.
werk, ouvrage.
wet-boek, code.

L.

Les noms en *sel* sont neutres :

Aenhangsel, appendice.
aenloksel, attrait.
bediedsel, signification.
beginsel, principe.
beletsel, empêchement.
beschutsel, cloison.
borduersel, broderie.
gebroedsel, couvée.
maeksel, façon.
olysel, onction.
schepsel, créature.
soudeërsel, soudure.
tooysel, parure.
uytspansel, firmament.
verdichtsel, fable, fiction.
verciersel, ornement.
voedsel, nourriture.
weéfsel, tissu.
zwartsel, noir de fumée.

Ces deux-ci sont féminins :

Fronsel, pli, ride.   styfsel, amidon.

Les suivans en *l* sont masculins :

Geessel, fléau, fouet.   sleutel, clef.
hiel, talon.   spiegel, miroir.
moedwil, insolence.   stal, écurie.
muyl, pantoufle.   stoel, chaise.
nagtegael, rossignol.   teugel, bride.
navel, nombril.   titel, titre.
nestel, aiguillette.   tol, péage.
nével, brouillard.   twyffel, doute.
pael, poteau.   vleugel, aile.
pyl, flèche.   vogel, oiseau.
prikkel, aiguillon.   wervel, tourniquet.
régel, règle.   winkel, boutique.
schédel, crâne.   wil, volonté.

Les suivans en *l* sont féminins :

Bel, sonnette.   kapél, chapelle.
bael, balot.   keél, gorge.
bil, fesse.   kiel, quille d'un vaisseau.
boek-zael, bibliothèque.   knol, navet.
buyl, bosse.   kol, vieille sorcière.
cédel, cédule.   koól, charbon.
cel, cellule.   kool, chou.
distel, chardon.   krael, corail.
etter buyl, ulcère.   kronkel, repli.
fabel, fable.   krul, frisure.
feyl, faute.   kuuel, mel.
gal, fiel.   lavendel, lavende.
gil, cri.   luyfel, auvent.
grabbel, attrappe.   meérl, merle.
greppel, petit fossé.   morél, griotte.
gril, caprice.   mossel, moule.
grol, bagatelle.   myl, mille.
hul, boucherie.   naem-rol, catalogue.
handvol, poignée.   nétel, ortie.
hel, enfer.   peérl, perle.

peul, cosse, gousse.
peyl, jauge.
pool, pôle.
prael, pompe.
prul, chiffon.
rimpel, ride.
rol, rôle.
schael, échelle.
schakel, chaînon.
schel, sonnette.
schiet-spoel, navette.
schil, pelure.
school, école.
schotel, plat.
sikkel, faucille.
spil, fuseau.
strael, rayon.
tael, langue.
tafel, table.
tichel, tuile.
tel, amble.
tortel, tourterelle.
vezel, fibre.
vyl, lime.
wafel, gauffre.
weeg-schael, balance.
wol, laine.
zael, salle.
ziel, ame.
zool, semelle.

Les suivans en *l* sont neutres :

Avond-mael, souper.
bekkeneel, crâne.
bevel, commandement.
bly-spel, comédie.
dal, vallée.
dag-verhael, journal.
deel, partie.
doel, but.
een-tal, unité.
erf-deel, héritage.
fluweel, velours.
gareel, collier.
gast-mael, festin.
gehuyl, hurlement.
gepeupel, populace.
geval, aventure.
gewoel, bruit.
graveel, gravelle.
heyl, salut.
heul, secours.
hol, creux, caverne.
kaneel, canelle.
kapiteel, chapiteau.
kapsel, coiffure.
koppel, couple, paire.
krakeel, querelle.
letsel, obstacle.
lil, consommé.
meel, farine.
metael, métal.
nadeel, préjudice.
ongel, suif.
ongeval, infortune.
onheyl, malheur.
onthael, accueil.
oordeel, jugement.
opstel, projet.
overtal, surplus.
overspel, adultère.
paneel, panneau.
penseel, pinceau.
portael, portail.

6.

priëel, cabinet, berceau.
raedsel, énigme.
rondeel, rondeau.
riool, égout.
schepsel, créature.
schouw-spel, spectacle.
specksel, salive.
spel, jeu.
spinne-wiel, rouet à filer.
stael, acier.
tafereel, tableau.
toneel, théâtre.
toneel-spel, drame.
treur-spel, tragédie.

uytdruksel, expression.
uytspansel, firmament.
vaendel, enseigne.
vel, peau.
vendel, étendard.
verhael, relation.
verschil, différend.
verval, décadence.
voedsel, nourriture.
voórdeel, profit.
wiel, roue.
windsel, ligature.
zeyl, voile.
zuyvel, laitage.

M.

Les noms suivans en *dom* sont neutres :

Bisdom, évêché.
christendom, chrétienté.
heydendom, paganisme.
heyligdom, sanctuaire.
hertogdom, duché.

joódendom, judaïsme.
menschdom, genre humain.
pausdom, papauté.
prinsdom, principauté.
vorstendom, principauté.

Les suivans sont masculins :

Adeldom, noblesse.
drom, presse, foule.
eygendom, propriété.
maegdom, virginité.

ouderdom, vieillesse.
rykdom, richesse.
vrydom, liberté.
wasdom, accroissement.

Les noms suivans en *m* sont masculins :

Arm, bras.
bessem, balai.
boom, arbre.
dam, levée de terre.
darm, boyau.
deessem, levain.

naem, nom.
noóten-boom, noyer.
priem, poinçon.
psalm, pseaume.
riem, rame, aviron.
room, crême.

Les suivans sont féminins :

Bloem, fleur.

braem, ronce.

brem, genêt.
fluym, flegme.
goud-bloem, souci.
hom, laitance.
kim, horison.
kolom, colonne.
kom, écuelle, jatte.
kram, crampon.
kruym, mie de pain.
kételtrom, timbale.
luym, humeur.
lym, colle.

pluym, plume.
pruym, prune.
roskam, étrille.
schim, ombre.
schrum, balafre.
stem, voix.
trom, tambour.
vlam, flamme.
walm, vapeur.
wam, poitrail du poisson.
zwym, pamoison, défaillance.

Ceux-ci sont neutres :

Geheym, secret.
grom, entrailles de poisson.
kraem, boutique.
lam, agneau.

lichaem, corps.
ruym, fond de cale.
slym, flegme.
verzuym, négligence.

N.

Les noms suivans en *n* sont masculins :

Ban, exil.
dégen, épée.
hoon, outrage.
molen, moulin.
morgen, matin.
oven, four.
persoon, personne.
régen, pluie.
safraen, safran.
schoen, soulier.

schyn, apparence.
steun, appui.
teen, orteil.
toren, tour, clocher.
troon, trône.
weér-haen, girouette.
wyn, vin.
zégen, bénédiction.
zin, sens.
zoen, baiser.

Les noms suivans en *n* sont féminins :

Baen, lice, carrière, arène.
balyn, baleine.
bazuyn, trompette.
bed-pan, bassinoire.
ben, corbeille.

bewys-réden, argument.
boon, fève.
bron, fontaine, source.
dak-pan, tuile.
fonteyn, fontaine.

haven, port.
hersen-pen, crâne.
jasmyn, jasmin.
kan, pot.
karn, battoir de beurre.
kern, cerneau.
kéten, chaîne.
keuken, cuisine.
kin, menton.
koon, joue.
kraen, robinet.
kroon, couronne.
kruyn, sommet, cime.
laen, allée de jardin.
lanteérn, lanterne.
lyn, ligne.
maen, lune.
médecyn, médecine.
meloen, melon.
midden-lyn, diamètre.

min, nourrice.
myn, mine.
onder-kin, double menton.
onmin, inimitié.
pan, poêle.
pen, plume.
pompoen, citrouille.
pyn, douleur.
scheen, os de la jambe.
span, empan.
speén, bout de la mamelle.
spin, araignée.
terpentyn, térébenthine.
ton, tonneau.
traen, huile de baleine.
vaen, enseigne.
vin, nageoire.
woon, demeure.
zaen, lait pris.
zon, soleil.

Les suivans en *n* sont neutres :

Aenschyn, face.
aenzien, estime.
afzien, répugnance.
armozyn, armoisin.
begin, commencement.
bekken, bassin.
believen, complaisance.
bind-garen, ficelle.
blazoen, blason.
bombazin, bombasin.
breyn, cervelle.
dozyn, douzaine.
etgroen, regain.
fatsoen, façon.
garen, fil.
geheugen, souvenir.

gemeen, populace.
gewin, gain, profit.
greyn, camelot.
huysgezin, famille.
kanon, canon.
karmozin, cramoisi.
kluwen, peloton.
koórn, blé.
kussen, coussin.
laken, drap.
latoen, laiton.
latyn, latin.
leedwézen, regret.
leen, fief.
léven, vie.
lid-teeken, cicatrice.

linnen, toile.
magazyn, magasin.
noórden, nord.
ongenoegen, mécontentement.
porceleyn, porcelaine.
rantsoen, rançon.
satyn, satin.

teeken, marque, signe.
tin, étain.
venyn, venin.
verken, cochon.
veulen, poulain.
wapen, armure.
zwyn, porc, cochon.

P.

Les noms suivans en *schap* sont féminins :

Boodschap, message.
blydschap, joie.
eygenschap, propriété.
gemeenschap, communauté.

rekenschap, comptabilité.
vriendschap, amitié.
vroedschap, magistrat.
wétenschap, science.

Ceux-ci en *schap* sont neutres :

Admiraelschap, amirauté.
apostelschap, apostolat.
burgerschap, bourgeoisie.
gereedschap, instrument.
landschap, province.

maegschap, parenté.
meesterschap, maîtrise.
neefschap, népotisme.
schoutschap, baillage.
zwagerschap, parentage.

Les suivans en *p* sont masculins :

Kop, tête.
lap, pièce.
maenkop, pavot.

reep, cerceau.
stop, bouchon.
tip, pointe.

Les suivans en *p* sont féminins :

Flep, bandeau.
harp, harpe.
hoóp, espérance.
hulp, secours, aide.
heup, hanche.
hop, hupe (oiseau).
kramp, crampe.
krimp, rétrécissement.
kaep, cap.
kap, coiffe.
klamp, crampon.

klip, rocher.
knip, chiquenaude.
kuyp, cuve.
lamp, lampe.
lip, lèvre.
neép, pincée.
nop, bouton.
pap, bouillie.
pip, pépie.
pomp, pompe.
pop, poupée.

pyp, pipe.
raep, navet.
rasp, rape.
schamp, contusion.
schelp, écaille.
schimp, pasquinade.
siroóp, sirop.
slemp, bonne chère.
slip, panne d'une robe.
sloep, chaloupe.

stoep, peron.
streép, raie.
stuyp, convulsion.
tromp, trompe.
tulp, tulipe.
wanhoóp, désespoir.
wesp, guêpe.
wyn-kuyp, cuve à vin.
zeep, savon.
zweep, fouet.

Les suivans en *p* sont neutres :

Beroep, métier.
behulp, assistance.
beloop, montant.
dorp, village.
grond-sop, lie, mare.
sap, suc.

schaep, brebis, mouton.
schip, navire, vaisseau.
tryp, peluche, panne.
verloop, déchet.
vleesch-sop, soupe grasse.
voórwerp, objet.

R.

Plusieurs noms terminés en *aer*, *er* et *ier*, sont masculins, comme

Amptenaer, officier.
aenhanger, partisan.
aenlokker, enjoleur.
aelmoessenier, aumônier.
bakker, boulanger.
brenger, porteur.
daeder, auteur.
eéter, mangeur.
geéver, donateur.
handelaer, trafiquant.
hovenier, jardinier.
kiezer, électeur.
kruydenier, épicier.
leeraer, instituteur.
lézer, lecteur.
maeker, auteur, faiseur.

makelaer, courtier.
neémer, preneur.
prédiker, prédicateur.
kweller, fâcheux.
roeyër, rameur.
slaeper, dormeur.
slagter, boucher.
tapper, cabaretier.
tuynier, jardinier.
visscher, pêcheur.
wagenaer, charretier.
yveraer, zélateur.
zinger, chanteur.
afkeer, aversion.
akker, champ.
amber, ambre.

beêr, ours.
beker, gobelet.
ceder, cèdre.
daelder, pièce de 30 sols.
doffer, pigeon mâle.
eemer, seau.
hamer, marteau.
honger, faim.
modder, boue, fange.
oever, rivage.
spyker, clou.
stier, taureau.
vinger, doigt.
woeker, usure.
zolder, grenier.
zwier, air.

Les noms suivans en *aer* et *er* sont féminins :

Ader, veine.
baer, brancard.
baker, garde de femme.
boter, beurre.
eer, honneur.
gember, gingembre.
haver, avoine.
kamenier, femme de chambre.
kamer, chambre.
klaver, trèfle.
klier, glande.
ladder, échelle.
letter, lettre.
lever, foie.
lier, lyre.
lommer, ombrage.
mier, fourmi.
nier, rognon.
oneer, déshonneur.
order, ordre.
peêr, poire.
peper, poivre.
pier, ver.
rivier, rivière.
schat-kamer, trésorerie.
scheêr, ciseaux.
snaer, corde.
spaender, coupeau.
spar, perche.
speêr, lance.
spier, muscle.
ster, étoile.
tégenweêr, résistance.
veder, plume.
vierschaer, tribunal.
zweêr, apostume.

Les suivans en *ier*, *aer* et *er* sont neutres :

Anker, ancre.
bestier, administration.
bier, bière.
dier, animal.
donker, obscurité.
gevaer, danger.
getier, bruit.
jaer, année.
jammer, misère.
klavier, clavecin.
koper, cuivre.
leder, cuir.
leger, armée.
marmer, marbre.
najaer, automne.
nieuw-jaer, nouvel an.
offer, offrande.
ondier, monstre.

onwéder, orage.
paer, couple.
papier, papier.
purper, pourpre.
rapier, brette.
roer, mousquet.
slagt-offer, victime.
smeêr, graisse.
veêr, passage.

vertier, débit.
water, eau.
voeder, voer, fourrage.
weêr, wéder, temps.
wonder, merveille.
wy-water, eau bénite.
yzer, fer.
zeer, mal, douleur.
zilver, argent.

Les noms en *ster* sont féminins :

Bédelaerster, mendiante.
breyster, tricoteuse.
naeyster, couturière.
gaepster, bâilleuse.

lyster, grive.
snapster, babillarde.
vryster, fille.
voedster, nourrice.

Les suivans en *ster* sont masculins :

Hoester, tousseur.
luyster, lustre.
meester, maître.
mester, engraisseur.

pleyster, emplâtre.
rooster, grille.
taster, tâtonneur.
vaster, jeûneur.

Ceux-ci en *ster* sont neutres :

Albaster, albâtre.
klooster, cloître, couvent.

monster, monstre.
venster, fenêtre.

Les suivans en *r* sont masculins :

Duer, durée.
moor, maure.

muer, muraille.
schoór, appui.

Ceux-ci sont féminins :

Deur, porte.
huer, loyer.
keur, choix.
kuer, bouffonnerie.
mier, fourmi.
muer, pariétaire (plante).

natuer, nature.
scheur, déchirure.
schuer, grange.
sleur, train.
spoór, éperon.
willekeur, règlement.

Les suivans en *r* sont neutres :

Hair, cheveux.

heyr, armée.

konjoor, réchaud.
meir, lac.
spoór, trace, ornière.
stuer, gouvernail.
vuer, feu.
yvoor, ivoire.

S.

Les noms terminés en *nis* sont féminins, comme

Behoudenis, conservation.
belydenis, confession.
beteekenis, signification.
beëldtenis, portrait.
besnydenis, circoncision.
ervenis, héritage.
ergernis, scandale.
erkentenis, reconnaissance.
gelykenis, ressemblance.
gevangenis, prison.
kennis, connaissance.
ontroerenis, émotion.
ontsteltenis, trouble.
schennis, violemment.
vergetenis, oubli.
vergiffenis, pardon.

Ceux-ci sont neutres :

Vonnis, sentence.
vernis, vernis.

Les suivans en *s* sont féminins :

Beurs, bourse.
doos, boîte.
gans, oie.
haegdis, lézard.
keérs, chandelle.
kans, chance.
kers, guigne.
kies, grosse-dent.
knods, massue.
koets, carosse.
koórts, fièvre.
kous, bas.
mis, messe.
muys, souris.
peés, tendon.
pers, presse.
pis, urine.
plaets, place.
reeks, suite, série.
reys, voyage.
rondas, rondache.
roos, rose.
saus, sauce.
schans, redoute.
schets, esquisse.
sluys, écluse.
spys, mets.
toórts, torche.
vrees, crainte.
vuylnis, ordures.

Ceux-ci sont masculins :

Aenwas, accroissement.
arts, médecin.
baes, maître.
beunhaes, courtier non juré.

dans, danse.
haes, lièvre.
hals, cou.
jaspis, jaspe.
koers, cours.

kroes, gobelet.
pols, pouls.
prys, prix.
tros, grappe.
waeghals, téméraire.

Ceux-ci sont neutres :

Aes, appât, amorce.
bewys, preuve.
fornuys, fournaise.
gaes, gaze.
gras, herbe de pré.
hak-mes, hachereau.
harnas, harnais, armure.
huys, maison.
kanefas, canevas.
klokhuys, trognon.
kompas, boussole.
kruys, croix.
lok-aes, appât, amorce.
mes, couteau.
nieuws, nouvelle.

onderwys, instruction.
paleys, palais.
pak-huys, magasin.
raed-huys, hôtel-de-ville.
ros, cheval.
scheêr-mes, rasoir.
uer-glas, sablier.
veêrs, vers.
vlas, lin.
vlies, toison.
voórhuys, vestibule.
wapenhuys, arsenal.
win-glas, verre à vin.
ys, glace.

T.

La plupart des noms monosyllabes en *uyt* sont féminins.

Fluyt, flûte.
kuyt, gras de jambe.
kluyt, motte de terre.
luyt, lute.

ruyt, carreau.
schuyt, barque.
spruyt, rejeton.
spuyt, séringue.

Ceux-ci sont masculins :

Snuyt, museau.

stuyt, croupion.

Les noms bâtards en *ment* sont neutres.

Banissement, banissement.
element, élément.

régiment, régiment.
testament, testament.

La plupart des noms en *out*, d'une syllabe, sont neutres.

Smout, huile.
zout, sel.
hout, bois.
mout, orge germé.

Mais *bout*, gigot, est masculin.

Les noms monosyllabes en *ot* sont neutres :

Kot, galetas.
lot, sort, hasard.
rot, bande, pourri.
schot, cloison.
slot, serrure.
vlot, radeau.

Les suivans sont masculins :

Pot, pot.
spot, risée.

Ceux-ci sont féminins :

Mot, teigne.
sprot, sardine fumée.

Les suivans en *t* sont neutres :

Gedicht, poème.
gerugt, bruit.
hand-schrift, manuscrit.
lampet, aiguière.
nut, utilité.
part, partie.
schrift, écriture.
schurft, gale.

Ceux-ci sont masculins :

Aenstoot, achoppement.
aert, naturel, caractère.
afgezant, envoyé.
aflaet, indulgence.
ampt-genoót, collègue.
aftogt, retraite.
bast, écorce.
blaffert, aboyeur.
bond-genoót, confédéré.
bult, bosse.
deugniet, vaurien.
diamant, diamant.
dienst, service.
doórtogt, passage.
durst, soif.
dry-voet, trépied.
durfniet, poltron.
egt, mariage.
eed-genoót, conjuré.
ernst, sérieux.
fielt, fripon, filou.
gast, convié, convive.
geest, esprit.
gezant, envoyé.
granaet, grenade.
haet, haine.
harst, résine.
herfst, automne.
intogt, entrée, invasion.
koevoet, levier.

kwant, drôle.
landaert, nation.
landzaet, vassal.
leun-stoel, fauteuil.
lyf-trawant, garde-du-corps.
magneél, pierre d'aimant.
most, vin nouveau.
nazael, successeur.
onderzaet, sujet.
ondienst, mauvais office.
ontfangst, recette.
oogst, moisson.
optogt, marche.
overlast, incommodité.
overtogt, trajet, passage.

schat, trésor.
scheut, coup, trait, bourgeon.
schigt, dard.
schoot, giron.
spot, moquerie.
staet, état.
stoet, suite.
stoot, coup.
stut, appui.
toeverlaet, recours.
trant, mode, façon.
troost, consolation.
uyttogt, départ, sortie.
vorst, prince, gelée.
vrybuyt, picorée.

Ceux ci sont féminins :

Aendagt, attention.
aenklagt, accusation.
agterdogt, soupçon.
aenkomst, arrivée.
afgunst, haine, envie.
afkomst, origine.
baet, profit.
baetzugt, avidité.
bédevaert, pélerinage.
bekomst, suffisance.
beurt, tour.
biegt, confession.
biest, lait caillé.
bogt, pli, coude.
borgtogt, caution.
borst, poitrine.
brand-wagt, garde avancée.
bruyloft, nôces.
buert, voisinage.
dommerkragt, cric.
dood-kist, cercueil.

eerzugt, ambition.
ent, greffe.
eendragt, union, concorde.
eygenbaet, intérêt.
garst, orge.
geldzugt, soif de l'or.
gist, levure.
goot, goutière.
gort, gruau.
graet, arête.
graft, fossé, canal.
grot, grotte.
gunst, faveur.
hand-gift, étrennes.
helft, moitié.
herkomst, naissance.
jigt, goutte.
kaert, carte.
karoót, carotte.
kat, chat.
kist, coffre.

klugt, farce.
konst, art.
korst, croûte.
kragt, force, puissance.
kust, côte.
lat, latte.
leest, forme.
list, finesse.
locht, air.
lyst, cadre.
majesteyt, majesté.
mat, natte.
magt, force.
merkt, marché.
midden-maet, médiocrité.
milt, rate.
munt, monnaie.
myt, maille, mite.
neét, lente.
noót, noix.
ongunst, disgrâce.
opdragt, épître dédicatoire.
onmagt, impuissance.
ontugt, dissolution.
opkomst, origine.
overdragt, transport.
overeenkomst, convenance.
overkomst, arrivée.
overwinst, épargne.
pagt, ferme.
part, niche, espièglerie.
pest, peste.
plaet, plaque.
plant, plante.
poort, porte.
pragt, magnificence.
print, estampe.
reet, crevasse.

schagt, tuyau.
schat-kist, coffre-fort.
schoft, épaule.
sleét, user, débit.
sloot, fossé.
smert, douleur.
smet, tache.
soórt, sorte.
spat, éclaboussure.
spleét, fente.
sport, échelon.
straet, rue.
staetzugt, ambition.
taert, tarte.
tugt, discipline.
tweedragt, discorde.
tweespalt, dissention.
uytkomst, issue.
uytvaert, funérailles.
uytvlugt, prétexte.
vagt, toison.
vangst, prise, chasse.
vest, rempart, boulevard.
vlegt, tresse.
vloót, flotte.
volmagt, plein-pouvoir.
voórdagt, préméditation.
vragt, voiture, port, fret.
vraekzugt, vengeance.
vrat, verrue.
vrugt, fruit.
wagt, garde.
wangunst, envie.
waterzugt, hydropisie.
welvaert, prospérité.
wet, loi.
winst, gain.
wip, estrapade.

wis-konst, mathématiques.
zee-vaert, navigation.
zout-keel, saunerie.
zugt, désir, soupir.

U.

L'*u* doit toujours être suivi d'un *w* au bout d'un mot; exceptez-en *reu*, chien mâle.

W.

Noms en w masculins.

Aenschouw, contemplation.
akker-bouw, agriculture.
dauw, rosée.
douw, poussée.
klauw, griffe.
land-bouw, agriculture.
leeuw, lion.
schreeuw, cri.

Noms en w féminins.

Eeuw, siècle.
kauw, cage.
meeuw, mouette.
mouw, manche.
peuluw, traversin.
schaduw, ombre.
sprouw, pépie.
trouw, fidélité, mariage.
vrouw, femme.
wantrouw, méfiance.
wenkbrauw, sourcil.
zwaluw, hirondelle.

Noms en w neutres.

Berouw, regret.
gebouw, bâtiment.
gebrouw, brassin.
getouw, métier de tisserand.

Y.

Les noms en y sont féminins.

Afgodery, idolâtrie.
bakkery, boulangerie.
boevery, malice.
gastery, festin.
guytery, friponnerie.
guychelaery, tours de gobelet.
kramery, quincaillerie.
spécery, épiceries.
talmery, lambinage.
toovery, magie.
ververy, teinturerie.
gekkerny, folie.
jokkery, plaisanterie.
spotterny, raillerie.
slaverny, esclavage.
zotterny, folie.

Les suivans sont neutres :
Gety, marée.   *gevry*, amourette.

Des Pronoms.

Les *pronoms* sont des mots variables, qui se mettent devant les noms, ou à la place de quelque nom, et ce sont les suivans : *ik*, je ; *gy*, tu, vous ; *hy*, il ; *zy*, elle ; *zich*, se ; *ze*, ils, la, les ; *men*, on ; *deéze*, celui-ci, celle-ci ; *die*, lequel, laquelle, celui-là, celle-là ; *wie*, qui ; *welk*, quel, quelle ; *wat*, que, quel ; *elk*, chacun ; *zelf*, même ; *geen*, nul ; *niemand*, personne ; *iemand*, quelqu'un ; *beyde*, tous deux ; *ieder*, *iegelyk*, chacun ; *ander*, autre ; *de geéne*, celui, celle ; *myn*, mon ; *uw*, votre ; *zyn*, son ; *ons*, onze, notre ; *haer*, son, sa, leur ; *hen*, eux ; *hun*, leur, etc.

De leur Signification.

Il y a six sortes de pronoms : *personnels, démonstratifs, relatifs, interrogatifs, possessifs*, et *indéfinis*.

Les *personnels* sont : *ik*, *gy*, *hy*, je, tu, il, etc.

Les *démonstratifs*, sont : *deéze*, celui-ci, celle-ci ; *die, dat*, celui-là, celle-là, etc.

Les *relatifs*, sont ceux qui se rapportent aux choses dont on vient de parler ; comme *die, dat, de welke*, qui, lequel ; *de zelve*, le même, etc. Par ex. *Eenen vorst, die lang wilt heerschen over zyne onderdaenen, moet de zelve niet mishandelen* ; un prince qui veut régner long-temps sur ses sujets, ne doit pas les tyranniser : où l'on voit que *die* se rapporte à *vorst*, et *de zelve* se rapporte à *onderdaenen*.

Les *interrogatifs* sont ceux par lesquels on fait une demande : *wie, welke*, qui ; *wat*, que.

Les *possessifs* sont ceux qui marquent la possession de quelque chose, comme *myn*, mon ; *zyn*, son ; *uw*, votre ; *ons*, notre ; *haer*, son ; *hun*, leur, etc.

Les *indéfinis* sont : *eenige*, quelques ; *alle*, tous ; *verscheyde*, plusieurs.

Les pronoms sont de tout genre ; et il y en a dont on se sert en tout genre sans aucun changement dans la terminaison, comme sont les pronoms personnels, dont nous venons de parler : *ik*, je ; *gy*, tu, vous ; *zich*, se : mais *hy*, il, a au féminin *zy*, elle, et au neutre *het*, il.

La liste suivante indique le genre des autres pronoms.

Genre des Pronoms.

MASCULIN.	FÉMININ.	NEUTRE.
Deézen, ce.	*Deéze*, cette.	*Dit*.
Dien, qui, ce.	*Die*, qui, cette.	*Dat*.
Wien, *welken*, quel.	*Wie*, *welke*, quelle.	*Wat*, *welk*.
Den zelven ou *zelfden*, le même.	*De zelve* ou *zelfde*, la même.	*Het zelve* ou *zelfde*.
Mynen, mon.	*Myne*, ma.	*Myn*.
Zynen, son.	*Zyne*, sa.	*Zyn*.
Uwen, ton, votre.	*Uwe*, ta, votre.	*Uw*.
Onzen, notre.	*Onze*, notre.	*Ons*.
Geenen, nul.	*Geene*, nulle.	*Geen*.

De la Figure des Pronoms.

Les pronoms sont *simples*, comme *ik*, je ; *gy*, vous ; *hy*, il, etc. ; ou *composés*, comme *ik zelf*, moi-même ; *gy zelf*, vous-même, etc.

De leur Nombre.

Ils sont ou singulier ou pluriel : singulier, comme *ik*, je ; *gy*, tu ; *hy*, il ; *zy*, elle : pluriel, comme *wy*, nous ; *gy* ou *gylieden*, vous ; *zy*, ils, elles, etc.

De leur Déclinaison.

Comme les pronoms se déclinent tout autrement que les noms, nous avons réservé leur déclinaison jusqu'ici.

PRONOMS PERSONNELS.

PREMIÈRE PERSONNE.

Singulier.

Nom.	*ik,*	je, moi.
Gén.	*van my, myns,* fém. *myner,*	de moi.
Dat.	*my, aen my,*	moi, à moi.
Acc.	*my,*	me.
Voc.	*ô my!*	ô moi.
Abl.	*van my,*	de moi.

Pluriel.

Nom.	*wy,*	nous.
Gén.	*van ons, onzer,*	de nous.
Dat.	*ons, aen ons,*	nous, à nous.
Acc.	*ons,*	nous.
Voc.	*ô wy!*	ô nous.
Abl.	*van ons,*	de nous.

On dit aussi *me, we,* au lieu de *my, wy* ; ce qui ne donne pas une mauvaise grâce à la prononciation, et principalement quand le mot qui suit commence par une voyelle, ou quand ils sont mis après un verbe ; comme *God heéft me aen het gevaer ontrukt,* Dieu m'a tiré du danger ; *myne vyanden hebben me vervolgt,* mes ennemis m'ont persécuté ; *zoo doen we gemeynelyk, als we bidden,* voilà comme nous faisons ordinairement, quand nous prions. Les poètes s'en servent pour former les jambes de leurs vers, pour faire de deux syllabes une seule, à cause que les deux voyelles *e* et *a* (par exemple *me aen*) se confondent en les prononçant.

SECONDE PERSONNE.

Singulier.

Nom.	*gy,*	tu.
Gén.	*van u, uws;* fém. *uwer,*	de toi.
Dat.	*u, aen u,*	toi, à toi.
Acc.	*u,*	te.
Voc.	*ô gy!*	ô toi!
Abl.	*van u,*	de toi.

Pluriel.

Nom.	gy,	vous.
Gén.	van u, uwer,	de vous.
Dat.	u, aen u,	vous, à vous.
Acc.	ô gy!	ô vous.
Abl.	van u,	de vous.

On dit aussi au pluriel *gylieden*, au lieu de *gy* : on ajoute ce mot *lieden*, pour distinguer le pluriel du singulier ; mais on ne s'en sert pas souvent.

On dit aussi *ge* pour *gy* ; comme *wanneer ge iets onderneémt*, quand vous entreprenez quelque chose.

TROISIÈME PERSONNE.

Singulier.

MASCULIN.

Nom.	hy,	il.
Gén.	van hem, zyns, zyner,	de lui.
Dat.	hem, aen hem,	lui, à lui.
Acc.	hem,	le.
Abl.	van hem,	de lui.

La troisième personne *hy*, il, pris pour la personne même, a *zy* au féminin, et *het* au neutre.

Pluriel.

Nom.	zy;	ils.
Gen.	hunner, van hun;	d'eux.
Dat.	hen, aen hen,	leur, à eux.
Acc.	hen,	les, eux.
Abl.	van hen,	d'eux.

Singulier.

FÉMININ.

Nom.	zy,	elle.
Gén.	haerer, van haer,	d'elle.
Dat.	haer, aen haer,	à elle.
Acc.	haer,	la.
Abl.	van haer,	d'elle.

Le pluriel du féminin se décline comme le singulier.

Ze est aussi fort usité pour *zy*, tant au singulier qu'au pluriel, comme *zeggen ze dat?* disent-ils, disent-elles cela ? Ce que nous avons dit de *me* et *we*, doit aussi être observé ici en *ze*. On se sert aussi de ce mot *ze* pour *haer* et *hen* : *wy vonden ze*, pour *wy vonden hen* ou *haer* : *waer zyn ze?* pour *waer zyn zy?* où sont-ils ou elles ?

PRONOM RÉCIPROQUE DE LA TROISIÈME PERSONNE.

Singulier et Pluriel.

Nom.		
Gén.	*van zich*,	de soi.
Dat.	*zich, aen zich*,	à soi.
Acc.	*zich*,	se.
Abl.	*van zich*,	de soi.

PRONOMS DÉMONSTRATIFS.

Singulier.

MASCULIN.	FÉMININ.	NEUTRE.
Nom. *deézen*, ce, celui, celui-ci.	*deéze*, cette, celle-ci.	*dit*.
Gén. *van deézen, deézes*, de ce.	*van deéze, deézer*, de cette.	*van dit*.
Dat. *aen deézen*, à ce.	*aen deéze*, à cette.	*aen dit*.
Acc. *deézen*, ce.	*deéze*, cette.	*dit*.
Abl. *van deézen*, de ce.	*van deéze*, de cette.	*van dit*.

Pluriel.

POUR LES TROIS GENRES.

Nom.	*deéze*,	ces.
Gén.	*van deéze, deézer*,	de ces.
Dat.	*aen deéze*,	à ces.
Acc.	*deéze*,	ces.
Abl.	*van deéze*,	de ces.

PRONOMS DÉMONSTRATIFS ET RELATIFS.

Singulier.

MASCULIN.

Nom.	dien, die,	qui, celui.
Gén.	van dien, diens,	de qui, de celui.
Dat.	dien, aen dien,	à qui, à celui.
Acc.	dien,	que, celui.
Abl.	van dien,	de qui, de celui.

FÉMININ.

Nom.	die,	qui, celle.
Gén.	diër, van die,	de qui, de celle.
Dat.	die, aen die,	à qui, à celle.
Acc.	die,	que, celle.
Abl.	van die,	de qui, de celle.

NEUTRE.

Nom.	dat,	qui, ce.
Gén.	van dat,	de qui, de ce.
Dat.	aen dat,	à qui, à ce.
Acc.	dat,	que, ce.
Abl.	van dat,	de qui, de ce.

Pluriel.

POUR LES TROIS GENRES.

Nom.	die,	qui, ceux, celles, ces.
Gén.	diër, van die,	de qui, de ceux, de celles, de ces.
Dat.	aen die,	à qui, à ceux, à celles, à ces.
Acc.	die,	que, ceux, celles, ces.
Abl.	van die,	de qui, de ceux, de celles, de ces.

Singulier.

MASCULIN.

Nom.	den geénen,	qui, lequel.
Gén.	van den geénen,	de qui, dont.
Dat.	aen den geénen,	à qui, auquel.
Acc.	den geénen,	que, lequel.
Abl.	van den geénen,	de qui, dont.

FÉMININ.

Nom.	*de geéne,*	qui, laquelle.
Gén.	*van de geéne,*	de qui, dont.
Dat.	*aen de geéne,*	à qui, à laquelle.
Acc.	*de geéne,*	que, laquelle.
Abl.	*van de geéne;*	de qui, dont.

NEUTRE.

Nom.	*het geéne,*	qui, lequel.
Gén.	*van het geéne,*	dont, duquel.
Dat.	*aen het geéne,*	auquel.
Acc.	*het geéne,*	que, lequel.
Abl.	*van het geéne.*	duquel, dont.

On voit par la déclinaison précédente que le pronom *geénen* est toujours précédé par l'article défini *den*, *de*, *het* au singulier; on dit au pluriel *de geéne* pour les trois genres, comme *van de geéne*, *aen de geéne*, etc.

PRONOMS INTERROGATIFS.

Singulier.

MASCULIN.

Nom.	*wien, wie,*	qui, lequel.
Gén.	*wiens,*	duquel.
Dat.	*wien, aen wie;*	auquel.
Acc.	*wien,*	que, lequel.
Abl.	*van wien,*	duquel.

FÉMININ.

Nom.	*wie;*	qui, laquelle.
Gén.	*wier,*	de laquelle.
Dat.	*aen wie,*	à laquelle.
Acc.	*wie,*	que, laquelle.
Abl.	*van wie,*	de laquelle.

NEUTRE.

Nom.	*wat,*	qui, lequel.
Gén.	*van wat, waer van,*	duquel.
Dat.	*aen wat, waer aen,*	auquel.
Acc.	*wat,*	que, lequel.
Abl.	*van wat, waer van,*	duquel.

Pluriel.

POUR LES TROIS GENRES.

Nom.	*wie, wat,*	qui, lesquels, lesquelles.
Gén.	*wiens, van wie,*	desquels, desquelles.
Dat.	*aen wie, aen wat, waer*	auxquels, auxquelles.
	aen	
Acc.	*wie, wat,*	qui, lesquels, lesquelles.
Abl.	*van wie, waer van,*	desquels, desquelles.

Observation sur le mot wat.

Wat est de tous les genres; on s'en sert au pluriel aussi bien qu'au singulier, comme *wat Hollander?* quel Hollandais? *Wat man leéft er, die de dood niet zien zal?* quel est l'homme qui vit et qui ne verra pas la mort? *Wat vrouw is zoo onbermhertig?* quelle femme est si impitoyable? *Wat kind kan dat doen?* quel est l'enfant qui puisse faire cela? *Wat zyn 't voor lieden?* quels gens sont-ce? *Wat menschen waëren 't?* quels gens étaient-ce? On se sert de cette expression, en sous-entendant *slach, soórt,* sorte, comme s'il y avait *wat slach, wat soórt van menschen, etc.*, quelle sorte de gens, etc.

Dans le langage vulgaire on se sert de *wat,* pour *iets* ou *eenig,* quelque peu de chose; comme *geéft my wat,* donnez-moi quelque chose; *hy had nog wat geld,* il avait encore un peu d'argent.

PRONOMS INTERROGATIFS ET RELATIFS.

Singulier.

MASCULIN.

Nom.	*welken,*	qui, lequel.
Gén.	*welks, welkers,*	de qui, duquel.
Dat.	*welken, aen welken,*	à qui, auquel.
Acc.	*welken,*	que, lequel.
Abl.	*van welken,*	de qui, duquel.

FÉMININ.

Nom.	welke,	qui, laquelle.
Gén.	welker,	de qui, de laquelle.
Dat.	welke, aen welke,	à qui, à laquelle.
Acc.	welke,	que, laquelle.
Abl.	van welke,	de qui, de laquelle.

NEUTRE.

Nom.	welk,	qui, lequel.
Gén.	welks, welkers,	duquel.
Dat.	aen welk,	auquel.
Acc.	welk,	que, lequel.
Abl.	van welk,	duquel.

Pluriel.

POUR LES TROIS GENRES.

Nom.	welke,	qui, lesquels.
Gén.	van welke, welkers,	de qui, desquels.
Dat.	welke, aen welke,	à qui, auxquels.
Acc.	welke,	que, lesquels.
Abl.	van welke,	de qui, desquels.

On se sert quelquefois de *welk* pour interroger, mais ordinairement on se sert de *wie* et de *wat*.

PRONOMS RELATIFS.

Singulier.

MASCULIN.

Nom.	den zelven,	le même.
Gén.	van den zelven, des zelven,	du même.
Dat.	den zelven, aen den zelven,	au même.
Acc.	den zelven,	le même.
Abl.	van den zelven,	du même.

FÉMININ.

Nom.	de zelve,	la même.
Gén.	van de zelve, der zelve,	de la même.
Dat.	de zelve, aen de zelve,	à la même.
Acc.	de zelve,	la même.
Abl.	van de zelve,	de la même.

NEUTRE.

Nom.	het zelve,	le même.
Gén.	des zelve, van het zelve,	du même.
Dat.	het zelve, aen het zelve,	au même.
Acc.	het zelve,	le même.
Abl.	van het zelve;	du même.

Pluriel.

POUR LES TROIS GENRES.

Nom.	de zelve,	les mêmes.
Gén.	van de zelve, der zelve,	des mêmes.
Dat.	de zelve, aen de zelve,	aux mêmes.
Acc.	de zelve,	les mêmes.
Abl.	van de zelve,	des mêmes.

On dit aussi *den zelfden, de zelfde, het zelfde*, au lieu de *den zelven*, etc.

PRONOMS POSSESSIFS.

Singulier.

MASCULIN.

Nom.	mynen,	mon.
Gén.	van mynen, myns,	de mon.
Dat.	mynen, aen mynen,	à mon.
Acc.	mynen,	mon.
Voc.	ô mynen!	ô mon!
Abl.	van mynen,	de mon.

FÉMININ.

Nom.	myne,	ma.
Gén.	van myne, myner,	de ma.
Dat.	myne, aen myne,	à ma.
Acc.	myne,	ma.
Voc.	ô myne!	ô ma.
Abl.	van myne,	de ma.

NEUTRE.

Nom. *myn.* Gén. *van myn, myns.* Dat. *myn, aen myn.* Acc. *myn.* Voc. *ô myn!* Abl. *van myn.*

PLURIEL POUR LES TROIS GENRES, SEMBLABLE DANS TOUS LES CAS AU FÉMININ DU SINGULIER.

Zyn, son, se décline comme *myn* au singul. et au pluriel.

Singulier.
MASCULIN.

Nom.	onzen,	notre.
Gén.	onzes, van onzen,	de notre.
Dat.	onzen, aen onzen,	à notre.
Acc.	onzen,	notre.
Voc.	ô onzen!	ô notre!
Abl.	van onzen,	de notre.

FÉMININ.

Nom.	onze,	notre.
Gén.	onzer, van onze,	de notre.
Dat.	onze, aen onze,	à notre.
Acc.	onze,	notre.
Voc.	ô onze!	ô notre!
Abl.	van onze,	de notre.

NEUTRE.

Nom. ons. Gén. van ons, onzes. Dat. ons, aen ons. Acc. ons. Voc. ô ons! Abl. van ons.

Le pluriel pour les trois genres se décline comme le féminin du singulier.

Singulier.
MASCULIN.

Nom.	uwen,	votre.
Gén.	uws, van uwen,	de votre.
Dat.	uwen, aen uwen,	à votre.
Acc.	uwen,	votre.
Abl.	van uwen,	de votre.

FÉMININ.

Nom.	uwe,	votre.
Gén.	uwer, van uwe,	de votre.
Dat.	uwe, aen uwe,	à votre.
Acc.	uwe,	votre.
Abl.	van uwe,	de votre.

8.

NEUTRE.

Nom. *uw.* Gén. *van uw, uws.* Dat. *uw, aen uw.* Acc. *uw.* Abl. *van uw.*

Déclinez le *pluriel pour les trois genres* comme le féminin du singulier.

Singulier.

MASCULIN.

Nom.	hunnen,	leur.
Gén.	huns, van hunnen,	de leur.
Dat.	hunnen, aen hunnen,	à leur.
Acc.	hunnen,	leur.
Abl.	van hunnen,	de leur.

FÉMININ.

Nom.	hunne,	leur.
Gén.	hunner, van hunne,	de leur.
Dat.	hunne, aen hunne,	à leur.
Acc.	hunne,	leur.
Abl.	van hunne,	de leur.

NEUTRE.

Nom. *hun.* Gén. *huns, van hun.* Dat. *hun, aen hun.* Acc. *hun.* Abl. *van hun.*

Le *pluriel* se décline comme le féminin du singulier.

Singulier.

MASCULIN.

Nom.	haeren,	son, leur.
Gén.	haers, van haeren,	de son, de leur.
Dat.	haeren, aen haeren,	à son, à leur.
Acc.	haeren,	son, leur.
Abl.	van haeren,	de son, de leur.

FÉMININ.

Nom.	haere,	sa, leur.
Gén.	haerer, van haere,	de sa, de leur.
Dat.	haere, aen haere,	à sa, à leur.
Acc.	haere,	sa, leur.
Abl.	van haere,	de sa, de leur.

NEUTRE.

Nom. *haer*. Gén. *haers, van haer*. Dat. *haer, aen haer*. Acc. *haer*. Abl. *van haer*.

Le *pluriel* se décline comme le féminin du singulier.

PRONOMS INDÉFINIS.

POUR LES TROIS GENRES.

Nom.	*alle*,	tout, toute.
Gén.	*aller, van alle*,	de tout, de toute.
Dat.	*alle, aen alle*,	à tout, à toute.
Acc.	*alle*,	tout, toute.
Abl.	*van alle*,	de tout, de toute.

Déclinez de même :

Veéle, beaucoup.
Eenige, quelques.
Sommige, certains, quelques-uns.
Ettelyke, verscheyde, quelques, plusieurs.
Zoodanige, dusdanige, tel, telle ; semblable.
Geene, geenerley, nul, nulle.
Zulke, tel, telle.
Andere, autre.
Zékere, certaine.
Zelve, zelfde, le même, m me.

Singulier.

Nom.	*ieder*,	chacun.
Gén.	*ieders, van ieder*,	de chacun.
Dat.	*ieder, aen ieder*,	à chacun.
Acc.	*ieder*,	chacun.
Abl.	*van ieder*,	de chacun.
Nom.	*een iegelyk*,	un chacun, quiconque.
Gén.	*eens iegelyks, van een iegelyk*,	d'un chacun.
Dat.	*een iegelyk, aen een iegelyk*,	à un chacun.
Acc.	*een iegelyk*,	un chacun.
Abl.	*van een iegelyk*,	d'un chacun.

On décline au pluriel *sommige*, *ettelyke*, etc., qui n'ont point de singulier; et par omission d'un nom substantif, on écrit au pluriel *sommigen*, *ettelyken*, comme tous les adjectifs qui sont pris alors substantivement; ce qui déjà a été remarqué à la page 42.

Remarque touchant le Pronom ze, le, la, les.

On ne peut se servir de ce pronom dans le singulier qu'au féminin, comme *ik heb haere dochter ontmoet, en heb ze gegroet*, j'ai rencontré sa fille, et je l'ai saluée; mais au pluriel on s'en sert en tout genre, comme :

Au masculin : *God heéft middelen genoeg om de menschen te straffen, wanneer hy ze straffen wilt.* Dieu a assez de moyens pour punir les hommes, quand il veut les punir (savoir les hommes).

Au féminin : *Gy zult de weduwen niet verongelyken, want indien gy ze verongelykt, enz.* Vous ne ferez aucune injure aux veuves, car si vous les injuriez, etc. (savoir les veuves).

Au neutre : *Hunne herten waeren als steen, en ik heb ze als wasch gemaekt.* Leurs cœurs étaient comme de pierre, et je les ai rendus comme de cire (savoir leurs cœurs). Voyez encore à ce sujet page 81.

Observation touchant le mot men, on.

Men est toujours singulier, et on ne s'en sert jamais que dans la troisième personne, comme *men heéft*, on a; *men zegt*, on dit; on peut le mettre aussi après les verbes comme *weét men niet?* ne sait-on pas? *leést men niet?* ne lit-on pas? Mais il ne se met jamais ni après ni devant les verbes impersonnels, dont nous allons bientôt traiter; car on ne dit point *men betaemt*, mais *het betaemt*, il convient; *men behoort*, on doit, est pourtant en usage; mais pour-lors *behoort* est pris pour un verbe personnel; car il se conjugue aussi par les trois personnes, comme *ik behoor, gy behoort, hy behoort, enz.*, je dois, tu dois, il doit, etc.

De la particule 'er, daer, y, en.

Er, qu'on exprime toujours en français par les particules *en* ou *y*, est fort usité dans la langue flamande; nous donnerons ici quelques exemples, pour en rendre l'usage plus facile, comme *ik heb 'er iets van ontfangen*, j'en ai reçu quelque chose; *ik ben 'er vry van*, j'en suis exempt; *ik was 'er niet lang*, je n'y étais pas long-temps, pour *ik was daer niet lang*, je n'étais pas long-temps là. On voit par ces exemples que la particule *'er* se rend en français par *y*, quand elle désigne quelque lieu, et autrement par *en*. Voyez encore sur cette particule page 15.

DES CONJUGAISONS.

Des Verbes.

Le *verbe* est une des parties de l'oraison, qui se conjugue par modes et par temps.

Il est simple ou composé; simple, comme *komen*, venir; composé, comme *wéderkomen*, revenir.

Il faut considérer sa *qualité*, son *genre*, ses *personnes*, ses *modes*, ses *temps* et sa *conjugaison*.

De la Qualité des Verbes.

Les verbes sont personnels ou impersonnels.

Les personnels sont ceux qui se conjuguent par les trois personnes, comme *ik leer, gy leert, hy leert*, j'apprends, tu apprends, il apprend.

Les impersonnels sont ceux qui ne se conjuguent que dans la troisième personne du singulier, et qui ont toujours l'article *het* devant, comme *het régent*, il pleut; *het régende*, il pleuvait ; *het heéft gerégent*, il a plu. *Het sneeuwt*, il neige ; *het sneeuwde*, il neigeait ; *het heéft gesneeuwt*, il a neigé.

Du Genre des Verbes personnels.

Il y en a quatre dans la langue flamande, l'*Actif*, le *Passif*, le *Neutre*, le *Réciproque*.

Les verbes *actifs* sont ceux qui signifient une action qui se rapporte à une personne ou à une chose, comme *beminnen*, aimer.

Les *passifs* marquent une passion, comme *bemind worden*, être aimé.

Les *neutres* sont ceux qui marquent une action absolue, *gaen*, aller ; *komen*, venir ; *blyven*, demeurer ; et ils ne peuvent jamais devenir passifs, comme les actifs.

Les *réciproques* sont ceux qui retournent sur l'agent, comme *zich wasschen*, se laver ; *zich haesten*, se hâter.

Des Verbes auxiliaires.

On les nomme ainsi, parce qu'ils servent à la conjugaison des autres verbes, comme le sont en français *avoir* et *être*, et dans la langue flamande *hebben*, avoir ; *zyn* ou *weézen*, être ; *worden*, devenir ; *zullen*, qui marque le futur, comme *ik zal komen*, je viendrai ; *wy zullen komen*, nous viendrons, et *zouden*, qui marque le conditionnel, comme *ik zou komen*, je viendrais ; *wy zouden komen*, nous viendrions.

Des Personnes.

Il y en a trois au singulier et trois au pluriel : *ik*, *gy*, *hy*, je, tu, il ; *wy*, *gy* ou *gylieden*, *zy*, nous, vous, ils.

Des Modes des Verbes.

Les verbes ont quatre modes, comme en français : l'*Indicatif*, l'*Impératif*, le *Subjonctif* et l'*Infinitif* ; on les nomme en flamand *toonende wyze, gebiedende wyze, byvoegende wyze, onbepaelde wyze*.

L'indicatif est un *mode* ainsi nommé, à cause qu'il désigne simplement quelque chose, comme *ik leés*, je lis.

L'impératif marque un commandement, comme *gae*, va; *spreét*, parle.

Le *subjonctif* qui se nomme aussi *conjonctif*, est un *mode* qui ne fait pas un sens parfait, à moins qu'un autre verbe ou particule n'y soit joint, comme *God geéve dat ik leéve*, Dieu veuille que je vive.

L'infinitif est un *mode* indéterminé, c'est-à-dire, qui signifie l'action dans toute son étendue, sans déterminer comme les autres *modes*, ni la personne, ni le nombre, ni le temps; comme *bidden*, prier; *spreéken*, parler.

Des Temps.

Il y a six sortes de *Temps*: le *Présent*, le *Prétérit imparfait*, le *Prétérit parfait*, le *Plus-que-parfait*, le *Futur*, le *Conditionnel*.

On se sert du *présent*, quant on veut signifier que l'action ou la chose se fait dans le temps qu'on en parle, comme *ik schryf*, j'écris; *ik leés*, je lis.

Du *prétérit imparfait*, quand on veut dénoter que la chose ou l'action n'est pas achevée, comme *ik sliep, toen gy my riept*, je dormais lorsque vous m'appelliez: il marque aussi une chose passée, comme *ik viel gisteren in 't water*, je tombai hier dans l'eau; et pour lors il a presque la même signification que le parfait.

Le *prétérit parfait* signifie une chose passée et parfaite, comme *ik heb geschreéven*, j'ai écrit; *ik heb geleézen*, j'ai lu.

Le *plus-que-parfait* donne à connaître que la chose ou l'action est déjà passée, même par rapport à une autre action passée, dont nous parlons; comme *ik had gedaen, toen hy kwam*, j'avais fait, quant il vint.

Le *futur* marque une chose qui n'est pas encore faite, et qui doit se faire, comme *ik zal leézen*, je lirai.

Le *conditionnel* suppose quelque condition, dont l'action dépend, comme *ik zou schryven, waer't dat ik papier had,* j'écrirais si j'avais du papier.

De la Conjugaison.

La conjugaison n'est autre chose qu'un changement de verbes selon les temps, personnes et modes ou manières différentes, comme les exemples suivans l'apprendront.

Des Conjugaisons des Verbes auxiliaires.

Ces verbes se conjuguent différemment, et ne suivent point la manière des autres verbes, auxquels ils servent d'aide : voici leurs conjugaisons.

CONJUGAISON DU VERBE AUXILIAIRE
HEBBEN, *Avoir.*

INDICATIF. *Présent.*

Ik heb,	j'ai.
gy hebt,	tu as.
hy, zy, het, men heéft,	il a, elle a, il a, on a.
wy hebben,	nous avons.
gy ou *gylieden hebt,*	vous avez.
zy hebben,	ils ont.

Nous mettons ici *hy, zy, het, men heéft,* pour marquer les différens genres, dans lesquels la troisième personne du singulier s'exprime ; nous avons mis aussi *gy* ou *gylieden* dans la deuxième personne du pluriel, parce qu'on peut se servir de tous les deux, mais dans la suite nous ne nous servirons que de *gy*.

Prétérit imparfait.

Ik had,	j'avais, j'eus.
gy had,	tu avais, tu eus.
hy had,	il avait, il eut.
wy hadden,	nous avions, nous eûmes.
gy had,	vous aviez, vous eûtes.
zy hadden,	ils avaient, ils eurent.

Prétérit parfait.

Ik heb		j'ai eu.
gy hebt		tu as eu.
hy heéft	gehad,	il a eu.
wy hebben		nous avons eu.
gy hebt		vous avez eu.
zy hebben		ils ont eu.

Plusque parfait.

Ik had		j'avais eu.
gy had		tu avais eu.
hy had	gehad,	il avait eu.
wy hadden		nous avions eu.
gy had		vous aviez eu.
zy hadden		ils avaient eu.

Futur.

Ik zal		j'aurai.
gy zult		tu auras.
hy zal	hebben,	il aura.
wy zullen		nous aurons.
gy zult		vous aurez.
zy zullen		ils auront.

Futur composé.

Ik zal		j'aurai eu.
gy zult		tu auras eu.
hy zal	gehad hebben,	il aura eu.
wy zullen		nous aurons eu.
gy zult		vous aurez eu.
zy zullen		ils auront eu.

Conditionnel.

Ik zou		j'aurais.
gy zoud		tu aurais.
hy zou	hebben,	il aurait.
wy zouden		nous aurions.
gy zoud		vous auriez.
zy zouden		ils auraient.

Conditionnel composé.

Ik zou		j'aurais eu.
gy zoud		tu aurais eu.
hy zou	gehad hebben,	il aurait eu.
wy zouden		nous aurions eu.
gy zoud		vous auriez eu.
zy zouden		ils auraient eu.

IMPÉRATIF.

Hebt,	aie.
dat hy hebbe,	qu'il ait.
dat wy hebben,	ayons.
hebt,	ayez.
dat zy hebben,	qu'ils aient.

SUBJONCTIF.

Présent.

Dat ik hebbe,	que j'aie.
dat gy hebt,	que tu aies.
dat hy hebbe,	qu'il ait.
dat wy hebben,	que nous ayons.
dat gy hebt,	que vous ayez.
dat zy hebben,	qu'ils aient.

Prétérit imparfait.

Dat ik hadde,	que j'eusse.
dat gy had,	que tu eusses.
dat hy hadde,	qu'il eût.

dat wy hadden, que nous eussions.
dat gy had, que vous eussiez.
dat zy hadden, qu'ils eussent.

Prétérit parfait.

Dat ik gehad hebbe, que j'aie eu.
dat gy gehad hebt, que tu aies eu.
dat hy gehad hebbe, qu'il ait eu.
dat wy gehad hebben, que nous ayons eu.
dat gy gehad hebt, que vous ayez eu.
dat zy gehad hebben, qu'ils aient eu.

Plusque parfait.

Dat ik hadde ⎫ que j'eusse eu.
dat gy had ⎪ que tu eusses eu.
dat hy hadde ⎬ gehad, qu'il eût eu.
dat wy hadden ⎪ que nous eussions eu.
dat gy had ⎪ que vous eussiez eu.
dat zy hadden ⎭ qu'ils eussent eu.

Futur.

Dat ik zal ⎫ que j'aie.
dat gy zult ⎪ que tu aies.
dat hy zal ⎬ hebben, qu'il ait.
dat wy zullen ⎪ que nous ayons.
dat gy zult ⎪ que vous ayez.
dat zy zullen ⎭ qu'ils aient.

INFINITIF.

Présent.	Hebben, te hebben,	Avoir.
Parfait.	Gehad te hebben,	Avoir eu.
Futur.	Te zullen hebben,	Avoir.
Futur comp.	Gehad te zullen hebben,	Avoir.

PARTICIPES.

Présent.	Hebbende,	Ayant.
Parfait.	Gehad,	Eu.
Parfait comp.	Gehad hebbende,	Ayant eu.
Futur.	Zullende hebben,	Qui aura.
Futur comp.	Zullende gehad hebben,	Qui aura eu.

CONJUGAISON DU VERBE AUXILIAIRE
Worden, Zyn, Weézen, *Être*.

INDICATIF. *Présent.*

Ik ben, ik word,	je suis.
gy zyt, gy word,	tu es.
hy is, hy word,	il est.
wy zyn, wy worden,	nous sommes.
gy zyt, gy word,	vous êtes.
zy zyn, zy worden,	ils sont.

Prétérit imparfait.

Ik was, ik wierd,	j'étais, je fus.
gy waert, gy wierd,	tu étais, tu fus.
hy was, hy wierd,	il était, il fut.
wy waeren, wy wierden,	nous étions, nous fûmes.
gy waert, gy wierd,	vous étiez, vous fûtes.
zy waeren, zy wierden,	ils étaient, ils furent.

Prétérit parfait.

Ik ben		j'ai été.
gy zyt		tu as été.
hy is	geweést,	il a été.
wy zyn	geworden;	nous avons été.
gy zyt		vous avez été.
zy zyn		ils ont été.

Plusque parfait.

Ik was		j'avais été.
gy waert		tu avais été.
hy was	geweést,	il avait été.
wy waeren	geworden,	nous avions été.
gy waert		vous aviez été.
zy waeren		ils avaient été.

Futur.

Ik zal		je serai,
gy zult		tu seras.
hy zal	zyn, worden,	il sera.
wy zullen		nous seron.
gy zult		vous serez.
zy zullen		ils seront.

Futur composé.

Ik zal		j'aurai été.
gy zult		tu auras été.
hy zal	zyn geweést,	il aura été.
wy zullen	zyn geworden,	nous aurons été.
gy zult		vous aurez été.
zy zullen		ils auront été.

Conditionnel.

Ik zou		je serais.
gy zoud		tu serais.
hy zou	zyn,	il serait.
wy zouden	worden,	nous serions.
gy zoud		vous seriez.
zy zouden		ils seraient.

Conditionnel composé.

Ik zou		j'aurais été.
gy zoud		tu aurais été.
hy zou	zyn geweést,	il aurait été.
wy zouden	zyn geworden,	nous aurions été.
gy zoud		vous auriez été.
zy zouden		ils auraient été.

IMPÉRATIF.

Weés, zyt, word,	sois.
dat hy zy, worde,	qu'il soit.
dat wy zyn, worden,	soyons.
zyt, word,	soyez.
dat zy zyn, worden,	qu'ils soient.

SUBJONCTIF. *Présent.*

Dat ik zy, worde,	que je sois.
dat gy zyt, word,	que tu sois.
dat hy zy, worde,	qu'il soit.
dat wy zyn, worden,	que nous soyons.
dat gy zyt, word,	que vous soyez.
dat zy zyn, worden,	qu'ils soient.

Prétérit imparfait.

Dat ik waere, wierde,	que je fusse.
dat gy waert, wierd,	que tu fusses.
dat hy waere, wierde,	qu'il fût.
dat wy waeren, wierden,	que nous fussions.
dat gy waert, wierd,	que vous fussiez.
dat zy waeren, wierden,	qu'ils fussent.

Prétérit parfait.

Dat ik hebbe geweést, zy geworden,	que j'aie été.
dat gy hebt geweést, zyt geworden,	que tu aies été.
dat hy hebbe geweést, zy geworden,	qu'il ait été.
dat wy hebben geweést, zyn geworden,	que nous ayons été.
dat gy hebt geweést, zyt geworden,	que vous ayez été.
dat zy hebben geweést, zyn geworden,	qu'ils aient été.

Plusque parfait.

Dat ik hadde geweést, waere geworden,	que j'eusse été.
dat gy had geweést, waert geworden,	que tu eusses été.
dat hy hadde geweést, waere geworden,	qu'il eût été.
dat wy hadden geweést, waeren geworden,	que nous eussions été.
dat gy had geweést, waert geworden,	que vous eussiez été.
dat zy hadden geweést, waeren geworden,	qu'ils eussent été.

Futur.

Dat ik zal	⎫	que je sois.
dat gy zult	⎪	que tu sois.
dat hy zal	⎬ zyn, weézen, worden,	qu'il soit.
dat wy zullen	⎪	que nous soyons.
dat gy zult	⎪	que vous soyez.
dat zy zullen	⎭	qu'ils soient.

INFINITIF.

Présent.   Zyn, weézen, worden, ou te zyn, te weézen, te worden. Être.

Parfait.   Geweést, geworden zyn, ou te zyn. Avoir été.

Futur.   Zullen, ou te zullen zyn, worden. Être.

Futur comp.   Geweést, geworden te zullen zyn. Avoir été.

PARTICIPES.

Présent.   Zynde, weézende, wordende, Étant.

Parfait.   Geweést, geworden. Été.

Parf. comp.   Geweést, geworden zynde. Ayant été.

Futur.   Zullende zyn, weézen, worden. Qui sera.

Futur comp.   Zullende zyn geweést, geworden. Qui aura été.

CONJUGAISON DU VERBE AUXILIAIRE

WORDEN, *Devenir,*

ACCOMPAGNÉ D'UN ADJECTIF.

INDICATIF. *Présent.*

Ik word.	⎫	je deviens	⎫
gy word.	⎬ ryk;	tu deviens	⎬ riche.
hy word.	⎭	il devient	⎭

wy worden	} nous devenons }	
gy word	} ryk, vous devenez } riches.	
zy worden	} ils deviennent. }	

Prétérit indéfini.

Ik wierd	je devenais, devins	
gy wierd	tu devenais, devins	} riches.
hy wierd	il devenait, devint	
wy wierden } ryk,	nous devenions, devînmes	
gy wierd	vous deveniez, devîntes	} riches.
zy wierden	ils devenaient, devinrent	

Prétérit parfait.

Ik ben	je suis	
gy zyt	tu es	} devenu riche.
hy is	il est	
wy zyn } ryk geworden,	nous sommes	
gy zyt	vous êtes	} devenu riches.
zy zyn	ils sont	

Plusque parfait.

Ik was	j'étais	
gy waert	tu étais	} devenu riche.
hy was	il était	
wy waeren } ryk geworden,	nous étions	
gy waert	vous étiez	} devenu riches.
zy waeren	ils étaient	

Futur.

Ik zal	je deviendrai	
gy zult	tu deviendras	} riche.
hy zal	il deviendra	
wy zullen } ryk worden,	nous deviendrons	
gy zult	vous deviendrez	} riches.
zy zullen	ils deviendront	

Futur composé.

Ik zal	je serai	
gy zult } ryk geworden zyn,	tu seras	} devenu riche.
hy zal	il sera	

wy zullen	nous serons	devenu
gy zult } ryk geworden zyn,	vous serez }	riches.
gy zullen	ils seront	

Conditionnel.

Ik zou	je deviendrais	
gy zoud	tu deviendrais }	riche.
hy zou } ryk worden,	il deviendrait	
wy zouden	nous deviendrions	
gy zoud	vous deviendriez }	riches.
zy zouden	ils deviendraient	

Conditionnel composé.

Ik zou	je serais	devenu
gy zoud	tu serais }	riche.
hy zou } ryk geworden zyn,	il serait	
wy zouden	nous serions	devenu
gy zoud	vous seriez }	riches.
zy zouden	ils seraient	

IMPÉRATIF.

Word ryk,	deviens	
dat hy ryk worde,	qu'il devienne }	riche.
dat wy ryk worden,	devenons	
word ryk,	devenez }	riches.
dat zy ryk worden,	qu'ils deviennent.	

SUBJONCTIF.

Présent.

Dat ik ryk worde,	que je devienne	
dat gy ryk word,	que tu deviennes }	riche.
dat hy ryk worde,	qu'il devienne	
dat wy ryk worden,	que nous devenions	
dat gy ryk word,	que vous deveniez }	riches.
dat zy ryk worden,	qu'il deviennent	

Prétérit imparfait.

Dat ik ryk wierde,	que je devinsse	
dat gy ryk wierd,	que tu devinsses	riche.
dat hy ryk wierde,	qu'il devînt	
dat wy ryk wierden,	que nous devinssions	
dat gy ryk wierd,	que vous devinssiez	riches.
dat zy ryk wierden,	qu'ils devinssent	

Prétérit parfait.

Dat ik ryk geworden zy,	que je sois	
dat gy ryk geworden zyt,	que tu sois	devenu riche.
dat hy ryk geworden zy,	qu'il soit	
dat wy ryk geworden zyn,	que nous soyons	
dat gy ryk geworden zyt,	que vous soyez	devenu riches.
dat zy ryk geworden zyn,	qu'ils soient	

Plusque parfait.

Dat ik ryk geworden waere,	que je fusse	
dat gy ryk geworden waert,	que tu fusses	devenu riche.
dat hy ryk geworden waere,	qu'il fût	
dat wy ryk geworden waeren,	que nous fussions	
dat gy ryk geworden waert,	que vous fussiez	devenu riches.
dat zy ryk geworden waeren,	qu'ils fussent	

Futur.

Dat ik ryk zal worden,	que je devienne	
dat gy ryk zult worden,	que tu deviennes	riche.
dat hy ryk zal worden,	qu'il devienne	
dat wy ryk zullen worden,	que nous devenions	
dat gy ryk zult worden,	que vous deveniez	riches.
dat zy ryk zullen worden,	qu'ils deviennent	

INFINITIF.

Présent.   Ryk worden. Devenir riche.
Parfait.   Ryk geworden zyn. Être devenu riche.
Futur.   Ryk zullen worden. Devenir riche.
Fut. comp.   Ryk geworden zullen zyn. Être devenu riche.

PARTICIPES.

Présent.   *Ryk wordende.* Devenant riche.
Parfait.   *Ryk geworden.* Devenu riche.
Parf. comp.   *Ryk geworden zynde.* Étant devenu riche.
Futur.   *Ryk zullende worden.* Qui deviendra riche.
Fut. comp.   *Zullende ryk geworden zyn.* Qui sera devenu riche.

CONJUGAISON DU VERBE AUXILIAIRE
Zullen et Zouden.

On se sert de ce verbe pour faire les futurs et les conditionnels; de sorte qu'il n'a de signification que lorsqu'il est joint à un autre verbe : aussi ne pouvons-nous le traduire autrement que par les terminaisons des verbes français, auxquelles ce verbe auxiliaire flamand correspond.

Futur.

SINGULIER.	PLURIEL.
Ik zal, je ... rai.	*Wy zullen,* nous ... rons.
gy zult, tu ... ras.	*gy zult,* vous ... rez.
hy zal, il ... ra.	*zy zullen,* ils ... ront.

Conditionnel.

SINGULIER.	PLURIEL.
Ik zou, je ... rais.	*Wy zouden,* nous ... rions.
gy zoud, tu ... rais.	*gy zoud,* vous ... riez.
hy zou, il ... rait.	*zy zouden,* ils ... raient.

Infinitif futur.   Zullen.
Participe futur.   Zullende.

CONJUGAISON DU VERBE ACTIF Leeren,
Apprendre.

INDICATIF. *Présent.*

Ik leer,	j'apprends.
gy leert,	tu apprends.
hy leert,	il apprend.
wy leeren,	nous apprenons.
gy leert,	vous apprenez.
zy leeren,	ils apprennent.

Prétérit imparfait.

Ik leerde,	j'apprenais, j'appris,
gy leerde,	tu apprenais, tu appris.
hy leerde,	il apprenait, il apprit.
wy leerden,	nous apprenions, nous apprîmes.
gy leerde,	vous appreniez, vous apprîtes.
zy leerden,	ils apprenaient, ils apprirent.

Prétérit parfait.

Ik heb		j'ai	
gy hebt		tu as	
hy heéft	geleerd,	il a	appris.
wy hebben		nous avons	
gy hebt		vous avez	
zy hebben		ils ont	

Plusque parfait.

Ik had		j'avais	
gy had		tu avais	
hy had	geleerd,	il avait	appris.
wy hadden		nous avions	
gy had		vous aviez	
zy hadden		ils avaient	

Futur.

Ik zal		j'apprendrai.
gy zult		tu apprendras.
hy zal	leeren,	il apprendra.
wy zullen		nous apprendrons.
gy zult		vous apprendrez.
zy zullen		ils apprendront.

Futur composé.

Ik zal		j'aurai appris.
gy zult		tu auras appris.
hy zal	geleerd hebben,	il aura appris.
wy zullen		nous aurons appris.
gy zult		vous aurez appris.
zy zullen		ils auront appris.

Conditionnel.

Ik zou		j'apprendrais.
gy zoud		tu apprendrais.
hy zou	leeren,	il apprendrait.
wy zouden		nous apprendrions.
gy zoud		vous apprendriez.
zy zouden		ils apprendraient.

Conditionnel composé.

Ik zou		j'aurais	
gy zoud		tu aurais	
hy zou	geleerd hebben,	il aurait	appris.
wy zouden		nous aurions	
gy zoud		vous auriez	
zy zouden		ils auraient	

IMPÉRATIF.

Leer,	apprends.
dat hy leere,	qu'il apprenne.
dat wy leeren,	apprenons.
leert,	apprenez.
dat zy leeren,	qu'ils apprennent.

SUBJONCTIF. *Présent.*

Dat ik leere,	que j'apprenne.
dat gy leert,	que tu apprennes.
dat hy leere,	qu'il apprenne.
dat wy leeren,	que nous apprenions.
dat gy leert,	que vous appreniez.
dat zy leeren,	qu'ils apprennent.

Prétérit imparfait.

Dat ik leerde,	que j'apprisse.
dat gy leerde,	que tu apprisses.
dat hy leerde,	qu'il apprît.
dat wy leerden,	que nous apprissions.
dat gy leerde,	que vous apprissiez.
dat zy leerden,	qu'ils apprissent.

Prétérit parfait.

Dat ik geleerd hebbe,	que j'aie appris.
dat gy geleerd hebt,	que tu aies appris.
dat hy geleerd hebbe,	qu'il ait appris.
dat wy geleerd hebben,	que nous ayons appris.
dat gy geleerd hebt,	que vous ayez appris.
dat zy geleerd hebben,	qu'ils aient appris.

Plusque parfait.

Dat wy geleerd hadden,	que j'eusse appris.
dat gy geleerd had,	que tu eusses appris.
dat hy geleerd hadde,	qu'il eût appris.
dat wy geleerd hadden,	que nous eussions appris.
dat gy geleerd had,	que vous eussiez appris.
dat zy geleerd hadden,	qu'ils eussent appris.

Futur.

Dat ik zal		que j'apprenne.
dat gy zult		que tu apprennes.
dat hy zal	*leeren,*	qu'il apprenne.
dat wy zullen		que nous apprenions.
dat gy zult		que vous appreniez.
dat zy zullen		qu'ils apprennent.

INFINITIF.

Présent.	*Leeren.*	Apprendre.
Parfait.	*Geleerd te hebben.*	Avoir appris.
Futur.	*Te zullen leeren.*	Apprendre.
Fut. comp.	*Geleerd te zullen hebben.*	Avoir appris.

PARTICIPES.

Présent.	*Leerende.*	Apprenant.
Parfait.	*Geleerd.*	Appris.
Parf. comp.	*Hebbende geleerd.*	Ayant appris.
Futur.	*Zullende leeren.*	Qui apprendra.
Fut. comp.	*Geleerd zullende hebben.*	Qui aura appris.

On voit que les futurs de l'infinitif et du participe ne peuvent s'exprimer en français que par circonlocution.

CONJUGAISON DU VERBE PASSIF Geleerd worden, *Être instruit.*

INDICATIF. *Présent.*

Ik word		je suis instruit.
gy word		tu es instruit.
hy word	*geleerd,*	il est instruit.
wy worden		nous sommes instruits.
gy word		vous êtes instruits.
zy worden		ils sont instruits.

Prétérit imparfait.

Ik wierd		j'étais, je fus instruit.
gy wierd		tu étais, tu fus instruit.
hy wierd	*geleerd,*	il était, il fût instruit.
wy wierden		nous étions, fûmes instruits.
gy wierd		vous étiez, fûtes instruits.
zy wierden		ils étaient, furent instruits.

Prétérit parfait.

Ik ben		j'ai	
gy zyt		tu as	été instruit.
hy is	geleerd	il a	
wy zyn	geworden,	nous avons	
gy zyt.		vous avez	été instruits.
zy zyn		ils ont	

Plusque parfait.

Ik was		j'avais	
gy waert		tu avais	été instruit.
hy was	geleerd	il avait	
wy waeren	geworden,	nous avions	
gy waert		vous aviez	été instruits.
zy waeren		ils avaient	

Futur.

Ik zal		je serai	
gy zult		tu seras	instruit.
hy zal	geleerd	il sera	
wy zullen	worden,	nous serons	
gy zult		vous serez	instruits.
zy zullen		ils seront	

Futur composé.

Ik zal		j'aurai	
gy zult		tu auras	été instruit.
hy zal	geleerd ge-	il aura	
wy zullen	worden zyn,	nous aurons	
gy zult		vous aurez	été instruits.
zy zullen		ils auront	

Conditionnel.

Ik zou		je serais	
gy zoud		tu serais	instruit.
hy zou	geleerd	il serait	
wy zouden	worden,	nous serions	
gy zoud		vous seriez	instruits.
zy zouden		ils seraient.	

Conditionnel composé.

Ik zou		j'aurais
gy zoud		tu aurais } été instruit.
hy zou	geleerd ge-	il aurait
wy zouden	worden zyn,	nous aurions
gy zoud		vous auriez } été instruits.
zy zouden		ils auraient

IMPÉRATIF.

Word geleerd,   sois instruit.
dat hy geleerd worde,   qu'il soit instruit.
dat wy geleerd worden,   soyons instruits.
word geleerd,   soyez instruits.
dat zy geleerd worden,   qu'ils soient instruits.

SUBJONCTIF.

Présent.

Dat ik geleerd worde,   que je sois
dat gy geleerd word,   que tu sois } instruit.
dat hy geleerd worde,   qu'il soit
dat wy geleerd worden,   que nous soyons
dat gy geleerd word,   que vous soyez } instruits.
dat zy geleerd worden,   qu'ils soient

Prétérit imparfait.

Dat ik geleerd wierde,   que je fusse
dat gy geleerd wierd,   que tu fusses } instruit.
dat hy geleerd wierde,   qu'il fût
dat wy geleerd wierden,   que nous fussions
dat gy geleerd wierd,   que vous fussiez } instruits.
dat zy geleerd wierden,   qu'ils fussent.

Prétérit parfait.

Dat ik geleerd geworden zy,   que j'aie
dat gy geleerd geworden zyt,   que tu aies } été instruit.
dat hy geleerd geworden zy,   qu'il ait

Dat wy geleerd geworden zyn, que nous ayons }
dat gy geleerd geworden zyt, que vous ayez } été
dat zy geleerd geworden zyn, qu'ils aient } instruits.

Plusque parfait.

Dat ik geleerd geworden waere, que j'eusse }
dat gy geleerd geworden waert, que tu eusses } été
dat hy geleerd geworden waere, qu'il eût } instruit.
dat wy geleerd geworden waeren, que nous eussions }
dat gy geleerd geworden waert, que vous eussiez } été ins-
dat zy geleerd geworden waeren, qu'ils eussent } truits.

Futur.

Dat ik geleerd zal worden, que je sois }
dat gy geleerd zult worden, que tu sois } instruit.
dat hy geleerd zal worden, qu'il soit }
dat wy geleerd zullen worden, que nous soyons }
dat gy geleerd zult worden, que vous soyez } instruits.
dat zy geleerd zullen worden, qu'ils soient }

INFINITIF.

Présent.   Geleerd worden. Être instruit.
Parfait.   Geleerd geweést zyn. Avoir été instruit.
Futur.   Geleerd zullen worden. Être instruit.
Fut. comp.   Geleerd zullen zyn geweést. Avoir été instruit.

PARTICIPES.

Présent.   Geleerd wordende. Étant instruit.
Parfait.   Geleerd geworden. Été instruit.
Parf. comp.   Geleerd geworden zynde. Ayant été instruit.
Futur.   Zullende geleerde worden. Qui sera instruit.
Fut. comp.   Zullende geleerd geworden zyn. Qui aura été instruit.

CONJUGAISON DU VERBE RÉCIPROQUE
ZICH STREELEN, *se Flatter.*

INDICATIF. *Présent.*

Ik streel my,	je me flatte.
gy streelt u,	tu te flattes.
hy streelt zich,	il se flatte.
wy streelen ons,	nous nous flattons.
gy streelt u,	vous vous flattez.
zy streelen zich,	ils se flattent.

Prétérit imparfait.

Ik streelde my,	je me flattais, flattai.
gy streelde u,	tu te flattais, flattas.
hy streelde zich,	il se flattait, flatta.
wy streelden ons,	nous nous flattions, flattâmes.
gy streelde u,	vous vous flattiez, flattâtes.
zy streelden zich,	ils se flattaient, flattèrent.

Prétérit imparfait.

Ik heb my		je me suis flatté.
gy hebt u		tu t'es flatté.
hy heéft zich		il s'est flatté.
wy hebben ons	} gestreeld,	nous nous sommes flattés.
gy hebt u		vous vous êtes flattés.
zy hebben zich		ils se sont flattés.

Plusque parfait.

Ik had my		je m'étais flatté.
gy had u		tu t'étais flatté.
hy had zich		il s'était flatté.
wy hadden ons	} gestreeld,	nous nous étions flattés.
gy had u		vous vous étiez flattés.
zy hadden zich		ils s'étaient flattés.

Futur.

Ik zal my		je me flatterai.
gy zult u		tu te flatteras.
hy zal zich	streelen;	il se flattera.
wy zullen ons		nous nous flatterons.
gy zult u		vous vous flatterez.
zy zullen zich		ils se flatteront.

Futur composé.

Ik zal my		je me serai flatté.
gy zult u		tu te seras flatté.
hy zal zich	gestreeld	il se sera flatté.
wy zullen ons	hebben,	nous nous serons flattés.
gy zult u		vous vous serez flattés.
zy zullen zich		ils se seront flattés.

Conditionnel.

Ik zou my		je me flatterais.
gy zoud u		tu te flatterais.
hy zou zich	streelen,	il se flatterait.
wy zouden ons		nous nous flatterions.
gy zoud u		vous vous flatteriez.
zy zouden zich		ils se flatteraient.

Conditionnel composé.

Ik zou my		je me serais flatté.
gy zoud u		tu te serais flatté.
hy zou zich	gestreeld	il se serait flatté.
wy zouden ons	hebben,	nous nous serions flattés.
gy zoud u		vous vous seriez flattés.
zy zouden zich		ils se seraient flattés.

IMPÉRATIF.

Streelt u;	flattes-toi.
dat hy zich streele,	qu'il se flatte.
dat wy ons streelen;	flattons-nous.
streelt u,	flattez-vous.
dat zy zich streelen;	qu'ils se flattent.

SUBJONCTIF. *Présent.*

Dat ik my streele,	que je me flatte.
dat gy u streelt,	que tu te flattes.
dat hy zich streele,	qu'il se flatte.
dat wy ons streelen,	que nous nous flattions.
dat gy u streelt,	que vous vous flattiez.
dat zy zich streelen,	qu'ils se flattent.

Prétérit imparfait.

Dat ik my streelde,	que je me flattasse.
dat gy u streelde,	que tu te flattasses.
dat hy zich streelde,	qu'il se flattât.
dat wy ons streelden,	que nous nous flattassions.
dat gy u streelde,	que vous vous flattassiez.
dat zy zich streelden,	qu'ils se flattassent.

Prétérit parfait.

Dat ik my hebbe gestreeld,	que je me sois flatté.
dat gy u hebt gestreeld,	que tu te sois flatté.
dat hy zich hebbe gestreeld,	qu'il se soit flatté.
dat wy ons hebben gestreeld,	que nous nous soyons flattés.
dat gy u hebt gestreeld,	que vous vous soyez flattés.
dat zy zich hebben gestreeld,	qu'ils se soient flattés.

Plusque parfait.

Dat ik my hadde gestreeld,	que je me fusse flatté.
dat gy u had gestreeld,	que tu te fusses flatté.
dat hy zich hadde gestreeld,	qu'il se fût flatté.
dat wy ons hadden gestreeld,	que nous nous fussions flattés.
dat gy u had gestreeld,	que vous vous fussiez flattés.
dat zy zich hadden gestreeld,	qu'ils se fussent flattés.

Futur.

Dat ik my zal streelen,	que je me flatte.
dat gy u zult streelen,	que tu te flattes.
dat hy zich zal streelen,	qu'il se flatte.
dat wy ons zullen streelen,	que nous nous flattions.
dat gy u zult streelen,	que vous vous flattiez.
dat zy zich zullen streelen,	qu'ils se flattent.

INFINITIF.

Présent.	Zich streelen.	Se flatter.
Parfait.	Zich gestreeld hebben.	S'être flatté.
Futur.	Zich zullen streelen.	Se flatter.
Fut. comp.	Zich zullen gestreeld hebben.	S'être flatté.

PARTICIPES.

Présent.	Zich streelende.	Se flattant.
Parfait.	Zich gestreeld.	Se flatté.
Parfait comp.	Zich gestreeld hebbende.	S'étant flatté.
Futur.	Zich zullende streelen.	Qui se flattera.
Fut. comp.	Zich zullen gestreeld hebben.	Qui se sera flatté.

Plusieurs verbes réciproques français se changent souvent en flamand en verbes passifs; par ex. *die boeken worden niet meer geleezen*, ces livres ne se lisent plus. *De fransche tael word doór gantsch Europa gesproken*, la langue française se parle par toute l'Europe. *'Er worden veéle boeken verkogt*, il se vend beaucoup de livres.

CONJUGAISON DU VERBE IRRÉGULIER
KONNEN, *Pouvoir.*

INDICATIF. *Présent.*

Ik kan,	je peux.
gy kont,	tu peux.
hy kan,	il peut.
wy konnen,	nous pouvons.
gy kont,	vous pouvez.
zy konnen,	ils peuvent.

DES CONJUGAISONS.

Prétérit imparfait.

Ik kon,	je pouvais, je pus.
gy kost,	tu pouvais, tu pus.
hy kon,	il pouvait, il put.
wy konden,	nous pouvions, pûmes.
gy kost,	vous pouviez, pûtes.
zy konden,	ils pouvaient, pûrent.

Prétérit parfait.

Ik heb	}	j'ai pu.
gy hebt		tu as pu.
hy heéft	ekonnen,	il a pu.
wy hebben		nous avons pu.
gy hebt		vous avez pu.
zy hebben		ils ont pu.

Plusque parfait.

Ik had	}	j'avais pu.
gy had		tu avais pu.
hy had	gekonnen,	il avait pu.
wy hadden		nous avions pu.
gy had		vous aviez pu.
zy hadden		ils avaient pu.

Futur.

Ik zal	}	je pourrai.
gy zult		tu pourras.
hy zal	konnen,	il pourra.
wy zullen		nous pourrons.
gy zult		vous pourrez.
zy zullen		ils pourront.

Conditionnel.

Ik zou	}	je pourrais.
gy zoud		tu pourrais.
hy zou	konnen,	il pourrait.
wy zouden		nous pourrions.
gy zoud		vous pourriez.
zy zouden		ils pourraient.

Conditionnel composé.

Ik zou	⎫	j'aurais pu.
gy zoud	⎪	tu aurais pu.
hy zou	⎬ hebben	il aurait pu.
wy zouden	⎬ gekonnen,	nous aurions pu.
gy zoud	⎪	vous auriez pu.
zy zouden	⎭	ils auraient pu.

L'IMPÉRATIF est fort peu ou point en usage.

SUBJONCTIF.

Présent.

Dat ik konne,	que je puisse.
dat gy kont,	que tu puisses.
dat hy konne,	qu'il puisse.
dat wy konnen,	que nous puissions.
dat gy kont,	que vous puissiez.
dat zy konnen,	qu'ils puissent.

Prétérit imparfait.

Dat ik kon,	que je pusse.
dat gy kost,	que tu pusses.
dat hy kon,	qu'il pût.
dat wy konden,	que nous pussions.
dat gy kost,	que vous pussiez.
dat zy konden,	qu'ils pussent.

Prétérit parfait.

Dat ik hebbe	⎫	que j'aie pu.
dat gy hebt	⎪	que tu aies pu.
dat hy hebbe	⎬ gekonnen,	qu'il ait pu.
dat wy hebben	⎬	que nous ayons pu.
dat gy hebt	⎪	que vous ayez pu.
dat zy hebben	⎭	qu'ils aient pu.

Plusque parfait.

Dat ik hadde gekonnen,	que j'eusse pu.
dat gy had gekonnen,	que tu eusses pu.
dat hy had gekonnen,	qu'il eût pu.

dat wy hadden gekonnen, que nous eussions pu.
dat gy had gekonnen, que vous eussiez pu.
dat zy hadden gekonnen, qu'ils eussent pu.

On ne se sert pas dans l'indicatif du *futur composé*, ni dans le subjonctif du *futur* de ce verbe.

INFINITIF.

Présent.	Konnen.	Pouvoir.
Parfait.	Hebben gekonnen.	Avoir pu.
Futur.	Zullen konnen.	Pouvoir.

PARTICIPES.

Présent.	Konnende.	Pouvant.
Parfait.	Gekonnen.	Pu.
Parf. comp.	Hebbende gekonnen.	Ayant pu.
Futur.	Zullende konnen.	Qui pourra.

On ne se sert pas du participe passif *gekonnen*, lorsqu'il a un verbe après lui, mais de l'infinitif *konnen*, comme *ik heb niet konnen koómen*, je n'ai pu venir. Mais s'il n'est pas suivi d'un verbe, on dit régulièrement *gekonnen*, comme *ik heb niet gekonnen*, je n'ai pu. Il en est de même des autres verbes qui au prétérit parfait ont un verbe après eux, comme *willen, doen, moeten*, à l'infinitif, au lieu de *gewilt, gedaen, gemoeten*, comme *ik heb den kleer-maeker doen koómen*, j'ai fait venir le tailleur, et non pas *gedaen koómen*, ce qui serait une expression très-vicieuse et inintelligible.

CONJUGAISON DU VERBE IMPERSONNEL
RÉGENEN, *Pleuvoir.*

INDICATIF. *Présent.*

Het régent, Il pleut.

Prétérit imparfait.

Het regende,   il pleuvait.

Prétérit parfait.

Het heeft geregent,   il a plu.

Plusque parfait.

Het had geregent,   il avait plu.

Futur.

Het zal regenen,   il pleuvra.

Futur composé.

Het zal geregent hebben,   il aura plu.

Conditionnel.

Het zou regenen,   il pleuvrait.

Conditionnel composé.

Het zou geregent hebben,   il aurait plu.

SUBJONCTIF.

Présent.

Dat het regene,   qu'il pleuve.

Prétérit imparfait.

Dat het regende,   qu'il plût.

Prétérit parfait.

Dat het geregent hebbe,   qu'il ait plu.

Plusque parfait.

Dat het geregent hadde,   qu'il eût plu.

Futur.

Dat het zal regenen,   Qu'il pleuve.

INFINITIF.

Présent. Régenen, Pleuvoir.
Parfait. Gerégent hebben, Avoir plu.
Futur. Zullen régenen, Pleuvoir.

PARTICIPES.

Présent. Régenende, Pleuvant.
Parfait. Gerégent, Plu.
Parf. comp. Gerégent hebbende, Ayant plu.
Futur. Zullende régenen, Qui pleuvra.

OBSERVATIONS
SUR LES CONJUGAISONS DES VERBES.

Formation du Présent.

Tous les temps présens de l'indicatif se forment du présent de l'infinitif, en rejetant *en* ; savoir, des verbes terminés en *den*, *gen*, *yen*, *men*, *nen*, *ren*, *len*, *sen*, *chen*, *ken*, *pen*, *ten* et *wen*. En voici des exemples :

Présent infinitif.	Présent indicatif.
Agten, estimer,	ik agt, j'estime.
Arbeyden, travailler,	ik arbeyd, je travaille.
Blusschen, éteindre,	ik blusch, j'éteins.
Geleyden, conduire,	ik geleyd, je conduis.
Lachen, rire,	ik lach, je ris.
Schuymen, écumer,	ik schuym, j'écume.
Trouwen, marier,	ik trouw, je me marie.
Visschen, pêcher,	ik visch, je pêche.
Vryën, faire l'amour,	ik vry, je fais l'amour.
Wenschen, souhaiter,	ik wensch, je souhaite.

On peut excepter de cette règle tous les verbes dont la pénultième syllabe se termine en la même consonne par laquelle la dernière syllabe commence comme *beminnen*, aimer; *ik bemin*, j'aime; *krabben*, gratter; *ik krab*, je gratte; *ontsnappen*, échapper; *ik ontsnap*, j'échappe; *bekennen*, avouer; *ik beken*, j'avoue; *verdikken*, épaissir; *ik verdik*, j'épaissis, où l'on voit qu'une des consonnes est rejetée.

Les verbes qui se terminent en *ven*, rejettent bien selon la règle leur *en*, mais changent de plus leur *v* en *f*, comme *leéven*, vivre; *ik leéf*, je vis; *durven*, oser; *ik durf*, j'ose; *blyven*, demeurer; *ik blyf*, je demeure.

Tous les verbes qui ont deux voyelles immédiatement devant l'*n* finale, ne changent pas dans la première personne du présent de l'indicatif, comme *doen*, faire; *ik doen*, je fais; *vergaen*, périr; *ik vergaen*, je péris; *zien*, voir; *ik zien*, je vois.

La seconde personne du singulier et du pluriel, et la troisième personne du singulier au présent de l'indicatif, comme aussi la seconde du singulier et du pluriel au présent du subjonctif, prennent le *t* à la fin, comme *gy woont*, tu demeures; *hy woont*, il demeure; *gylieden woont*, vous demeurez; *dat gy woont*, etc.

De la Formation du Prétérit imparfait.

Voici des exemples d'un prétérit imparfait, où l'*a* précède immédiatement la dernière consonne :

Ik at, wy aten,	eéten, manger.
Ik bad, wy baden,	bidden, prier.
Ik brak, wy braken,	breéken, rompre.
Ik gaf, wy gaven,	geéven, donner.
Ik kwam, wy kwamen,	koómen, venir.
Ik las, wy lazen,	leézen, lire.
Ik nam, wy namen,	neémen, prendre.
Ik zag, wy zagen,	zien, voir.
Ik zat, wy zaten,	zitten, être assis.
Ik stak, wy staken,	steéken, piquer.

Ik sprak, wy spraken,　　spreeken, parler.
Ik trad, wy traden,　　treéden, marcher.
Ik vergat, wy vergaten,　　vergeéten, oublier.

Et quelques autres.

Les verbes qui se terminent à l'infinitif en *ben*, *den*, *gen*, *len*, *men*, *nen*, *ren*, *sen*, *ven*, *wen*, changent ces trois lettres finales en *de*, pour former leur prétérit imparfait; en voici des exemples :

Infinitif.	Présent.	Prétérit imparfait.	
Beminnen,	ik bemin,	ik beminde,	j'aimais.
Hooren,	ik hoor,	ik hoorde,	j'entendais.
Krabben,	ik krab,	ik krabde,	je grattais.
Leenen,	ik leen,	ik leende,	je prêtais.
Leéven,	ik leéf,	ik leéfde,	je vivais.
Schuymen,	ik schuym,	ik schuymde,	j'écumais.
Trouwen,	ik trouw,	ik trouwde,	je me mariais.
Vraegen,	ik vraeg,	ik vraegde,	je demandais.
Vreezen,	ik vrees,	ik vreesde,	je craignais.

On ajoute *te* au présent de l'indicatif des verbes terminés en *chen*, *fen*, *ken*, *pen* et *sen*, comme :

Lachen,	ik lach,	ik lachte,	je riais.
Maeken,	ik maek,	ik maekte,	je faisais.
Ontsnappen,	ik ontsnap,	ik ontsnapte,	j'échappais.
Straffen,	ik straf,	ik strafte,	je punissais.
Verlossen,	ik verlos,	ik verloste,	je délivrais.
Visschen,	ik visch,	ik vischte,	je pêchais.
Wasschen,	ik wasch,	ik waschte,	je lavais.

Les verbes qui ont un *y* devant leur dernière syllabe, changent cet *y* en *eé* à l'imparfait, comme :

Byten,	mordre,	ik beét.
Blyken,	paraître,	ik bleék.
Glyden,	glisser,	ik gleéd.
Grypen,	empoigner,	ik greép.

Kyken,	regarder,	ik keék.
Krygen,	prendre,	ik kreég.
Kryten,	pleurer,	ik kreét.
Lyden,	souffrir,	ik leéd.
Neygen,	se baisser,	ik neég.
Nypen,	pincer,	ik neép.
Pryzen,	louer,	ik preés.
Ryzen,	monter,	ik reés.
Schynen,	reluire,	ik scheén.
Schryden,	enjamber,	ik schreéd.
Slypen,	aiguiser,	ik sleép.
Snyden,	tailler,	ik sneéd.
Smyten,	jeter,	ik smeét.
Stryken,	repasser,	ik streék.
Stryden,	combattre,	ik streéd.
Wyken,	céder,	ik weék.
Wyten,	imputer,	ik weét.
Wyzen,	montrer,	ik weés.
Zwygen,	se taire,	ik zweég.
Zypen,	écouler,	ik zeép.

Il y a encore beaucoup d'autres verbes qui ne suivent point les règles que nous avons données touchant la formation du prétérit imparfait; nous les joindrons ici en mettant le présent de l'infinitif, le présent de l'indicatif et le prétérit imparfait.

Verbes qui changent leur *a* à l'imparfait:

Infinitif.		Présent.	Imparfait.
Blaezen,	souffler,	ik blaes,	ik blies.
Slaepen,	dormir,	ik slaep,	ik sliep.
Gaen,	aller,	ik gaen,	ik ging.
Hangen,	pendre,	ik hang,	ik hing.
Ontfangen,	recevoir,	ik ontfang,	ik ontfing.
Vangen,	prendre,	ik vang,	ik ving.
Vallen,	tomber,	ik val,	ik viel.
Laeten,	laisser,	ik laet,	ik liet.
Wassen,	croître,	ik was,	ik wies.
Begraeven,	enterrer,	ik begraef,	ik begroef.

Vraegen,	demander,	ik vraeg,	ik vroeg.
Jaegen,	chasser,	ik jaeg,	ik joeg.
Draegen,	porter,	ik draeg,	ik droeg.
Graeven,	fouir,	ik graef,	ik groef.
Slaen,	battre,	ik slaeg,	ik sloeg.
Vaeren,	naviguer,	ik vaer,	ik voer.
Staen,	être debout,	ik staen,	ik stond.

Verbes qui changent leur e *à l'imparfait.*

Infinitif.		Présent.	Imparfait.
Eéten,	manger,	ik eét,	ik at.
Geneézen,	guérir,	ik genees,	ik genas.
Geéven,	donner,	ik geef,	ik gaf.
Leézen,	lire,	ik lees,	ik las.
Meéten,	mesurer,	ik meet,	ik mat.
Neémen,	prendre,	ik neem,	ik nam.
Treéden,	marcher,	ik treed,	ik trad.
Spreéken,	parler,	ik spreek,	ik sprak.
Steéken,	piquer,	ik steek,	ik stak.
Vergeéten,	oublier,	ik vergeet,	ik vergat.
Breéken,	rompre,	ik breek,	ik brak.
Brengen,	apporter,	ik breng,	ik bragt.
Denken,	penser,	ik denk,	ik dagt.
Beveélen,	commander,	ik beveel,	ik beval.
Weéten,	savoir,	ik weet,	ik wist.
Gelden,	valoir,	ik geld,	ik gold.
Kerven,	tailler,	ik kerf,	ik korf.
Schelden,	invectiver,	ik scheld,	ik schold.
Schenken,	verser,	ik schenk,	ik schonk.
Weégen,	peser,	ik weeg,	ik woog.
Beweégen,	émouvoir,	ik beweeg,	ik bewoog.
Scheéren,	raser,	ik scheer,	ik schoor.
Zenden,	envoyer,	ik zend,	ik zond.
Zwellen,	enfler,	ik zwel,	ik zwol.
Smelten,	fondre,	ik smelt,	ik smolt.
Steélen,	derober,	ik steel,	ik stool.
Zwemmen,	nager,	ik zwem,	ik zwom.

Zweéren,	jurer,	ik zweér,	ik zwoór.
Trekken,	tirer,	ik trek,	ik trok.
Vegten,	se battre,	ik vegt,	ik vogt.

Verbes qui changent leur i au prétérit imparfait.

Infinitif.		Présent.	Imparfait.
Bidden,	prier,	ik bid,	ik bad.
Liggen,	se coucher,	ik lig,	ik lag.
Zien,	voir,	ik zien,	ik zag.
Zitten,	s'asseoir,	ik zit,	ik zat.
Bedriegen,	tromper,	ik bedrieg,	ik bedroóg.
Bieden,	offrir,	ik bied,	ik boód.
Binden,	lier,	ik bind,	ik bond.
Beginnen,	commencer,	ik begin,	ik begon.
Dingen,	marchander,	ik ding,	ik dong.
Dwingen,	forcer,	ik dwing,	ik dwong.
Drinken,	boire,	ik drink,	ik dronk.
Dringen,	presser,	ik dring,	ik drong.
Glimmen,	reluire,	ik glim,	ik glom.
Genieten,	jouir,	ik geniet,	ik genoót.
Gieten,	verser,	ik giet,	ik goót.
Kiezen,	choisir,	ik kies,	ik koós.
Klinken,	sonner,	ik klink,	ik klonk.
Klimmen,	monter,	ik klim,	ik klom.
Krimpen,	raccourcir,	ik krimp,	ik kromp.
Liegen,	mentir,	ik lieg,	ik loóg.
Stinken,	puer,	ik stink,	ik stonk.
Zinken,	aller au fond,	ik zink,	ik zonk.
Zingen,	chanter,	ik zing,	ik zong.
Springen,	sauter,	ik spring,	ik sprong.
Spinnen,	filer,	ik spin,	ik spon.
Vlieden,	fuir,	ik vlied,	ik vloód.
Vliegen,	voler,	ik vlieg,	ik vloóg.
Verslinden,	dévorer,	ik verslind,	ik verslond.
Vriezen,	geler,	het vriest,	het vroós.
Verdrieten,	ennuyer,	het verdriet,	het verdroót.
Verliezen,	perdre,	ik verlies,	ik verloór.
Verzinnen,	imaginer,	ik verzin,	ik verzon.

Vinden,	trouver,	ik vind,	ik vond.
Vingen,	tordre,	ik vring,	ik vrong.
Winnen,	gagner,	ik win,	ik won.
Winden,	guinder,	ik wind,	ik wond.

Verbes qui changent leur o au prétérit imparfait.

Infinitif.		Présent.	Imparfait.
Doen,	faire,	ik doen,	ik deéd.
Houden,	tenir,	ik houd,	ik hield.
Houwen,	hacher,	ik houw,	ik hieuw.
Komen,	venir,	ik kom,	ik kwam.
Loopen,	courir,	ik loop,	ik liep.
Roepen,	appeler,	ik roep,	ik riep.
Stooten,	pousser,	ik stoot,	ik stiet.
Worden,	devenir,	ik word,	ik wierd.

Verbes où uy changent à l'imparfait en oó.

Infinitif.		Présent.	Imparfait.
Buygen,	fléchir,	ik buyg,	ik boóg.
Kruypen,	ramper,	ik kruyp,	ik kroóp.
Snuyten,	moucher,	ik snuyt,	ik snoót.
Sluyten,	fermer,	ik sluyt,	ik sloót.
Schuyven,	reculer,	ik schuyf,	ik schoóf.
Ruyken,	flairer,	ik ruyk,	ik roók.
Sluyken,	frauder,	ik sluyk,	ik sloók.
Stuyven,	poudrer,	ik stuyf,	ik stoóf.
Zuygen,	sucer,	ik zuyg,	ik zoóg.
Zuypen,	boire,	ik zuyp,	ik zoóp.

On n'a mis ici que les verbes simples; tous les composés qui commencent par *be*, *ge*, *her*, *ver*, *weér* ou *wéder*, *aen*, *doór*, *in*, *over*, *voór*, etc., changent de la même manière que leurs primitifs.

De la Formation du Prétérit parfait.

Le *prétérit parfait* se forme du présent, et cela se fait régulièrement en mettant *ge* au commencement, et un *d* ou *t* à la fin, sans oublier le présent du verbe auxiliaire *hebben*, avoir, qui doit précéder; comme *leeren*, apprendre, *ik leer*, *ik heb geleerd*; *vreezen*, craindre, *ik vrees*, *ik heb gevreesd*; *maeken*, faire, *ik maek*, *ik heb gemaekt*.

Quelques verbes neutres demandent au parfait le verbe auxiliaire *zyn*, être, comme *komen*, venir, *ik ben gekomen*, je suis venu; *zwellen*, s'enfler, *ik ben gezwollen*, je suis enflé; car ce n'est pas bien parler que de dire: *ik heb gekomen, ik heb gezwollen*.

Exceptez de cette règle les verbes qui commencent par *be*, *ge*, *ver* ou *on*, qui n'admettent point *ge* au commencement, comme *beminnen*, aimer, *ik bemin*, *ik heb bemind*; *gelooven*, croire, *ik geloof*, *ik heb geloofd*; *verwagten*, attendre, *ik verwagt*, *ik heb verwagt*; *ontwennen*, désaccoutumer, *ik ontwen*, *ik heb ontwend*.

Tous les verbes qui changent quelque voyelle au prétérit imparfait, forment leurs parfaits en admettant *ge* devant leurs infinitifs, comme *leézen*, lire; *ik heb geleézen*; *blaezen*, souffler, *ik heb geblaezen*, qui ont au prétérit imparfait *ik blaesde, ik blies*.

Mais quand leurs premières syllabes commencent par *be*, *ge*, *ver*, ou *on*, qui ne se redoublent jamais, ils retiennent leur infinitif au prétérit parfait sans aucun changement, comme *beleézen*, exorciser, *ik heb beleézen*; *geneézen*, guérir, *ik heb geneézen*; *vergeéten*, oublier, *ik heb vergeéten*; *ontfangen*, recevoir, *ik heb ontfangen*, qui ont au prétérit imparfait *ik belas, ik genas, ik vergat, ik ontfing*.

Tous les verbes, qui ont au présent un *y* devant leur dernière consonne, forment leur parfait de la première ou troisième personne du pluriel du prétérit imparfait, en ajoutant *ge* à leur première syllabe, comme *ik blyf*, je demeure, au singulier du prétérit imparfait, *ik bleef*, au pluriel, *wy bleéven, ik ben gebleéven*, j'ai demeuré; *ik byt*, je mords, *ik beét, wy beéten, ik heb gebeéten*. J'ai dit de la première ou troisième personne du pluriel du prétérit imparfait, parce qu'elles sont toujours égales.

Plusieurs verbes qui changent quelque voyelle au prétérit imparfait, ne forment point leur prétérit parfait du présent, mais du prétérit imparfait, en recevant *ge* au commencement et *en* à la fin, comme les suivans :

Bieden,	*offrir,*	ik bied,	ik boód,
		ik heb geboóden.	
Bedriegen,	*tromper,*	ik bedrieg,	ik bedroóg,
		ik heb bedroógen.	
Binden,	*lier,*	ik bind,	ik bond,
		ik heb gebonden.	
Buygen,	*courber,*	ik buyg,	ik boóg,
		ik heb geboógen.	
Druypen,	*dégoutter,*	ik druyp,	ik droóp,
		ik heb gedroópen.	
Dingen,	*marchander,*	ik ding,	ik dong,
		ik heb gedongen.	
Dwingen,	*contraindre,*	ik dwing,	ik dwong,
		ik heb gedwongen.	
Drinken,	*boire,*	ik drink,	ik dronk,
		ik heb gedronken.	
Dringen,	*presser,*	ik dring,	ik drong,
		ik heb gedrongen.	
Glimmen,	*reluire,*	ik glim,	ik glom,
		ik heb geglommen.	
Genieten,	*jouir,*	ik geniet,	ik genoót,
		ik heb genoóten.	
Gieten,	*verser,*	ik giet,	ik goót,
		ik heb gegoóten.	
Kiezen,	*choisir,*	ik kies,	ik koós,
		ik heb gekoózen.	
Kerven,	*tailler,*	ik kerf,	ik korf,
		ik heb gekorven.	
Klinken,	*résonner,*	ik klink,	ik klonk,
		ik heb geklonken.	
Klimmen,	*monter,*	ik klim,	ik klom,
		ik heb geklommen.	

Kluyven,	ronger,	ik kluyf,	ik kloof,
		ik heb gekloóven.	
Krimpen,	rétrécir,	ik krimp,	ik kromp,
		ik heb gekrompen.	
Kruypen,	ramper,	ik kruyp,	ik kroop,
		ik heb gekroópen.	
Ruyken,	sentir,	ik ruyk,	ik rook,
		ik heb geroóken.	
Liegen,	mentir,	ik lieg,	ik loog,
		ik heb geloógen.	
Snuyten,	moucher,	ik snuyt,	ik snoot,
		ik heb gesnoóten.	
Sluyten,	fermer,	ik sluyt,	ik sloot,
		ik heb gesloóten.	
Schelden,	injurier,	ik scheld,	ik scheld,
		ik heb gescholden.	
Scheéren,	raser,	ik scheer,	ik schoor,
		ik heb geschoóren.	
Schenken,	verser,	ik schenk,	ik schonk,
		ik heb geschonken.	
Schuyven,	reculer,	ik schuyf,	ik schoof,
		ik heb geschoóven.	
Smelten,	fondre,	ik smelt,	ik smolt,
		ik heb gesmolten.	
Steélen,	dérober,	ik steel,	ik stool,
		ik heb gestoólen.	
Stinken,	puer,	ik stink,	ik stonk,
		ik heb gestonken.	
Stuyven,	poudrer,	ik stuyf,	ik stoof,
		ik heb gestoóven.	
Springen,	sauter,	ik spring,	ik sprong,
		ik heb gesprongen.	
Spinnen,	filer,	ik spin,	ik spon,
		ik heb gesponnen.	
Trekken,	tirer,	ik trek,	ik trok,
		ik heb getrokken.	
Vegten,	se battre,	ik vegt,	ik vogt,
		ik heb gevogten.	

Vlieden,	*fuir,*	ik vlied,	ik vlood,
		ik heb gevlooden.	
Vliegen,	*voler,*	ik vlieg,	ik vloog,
		ik heb gevloogen.	
Verslinden,	*dévorer,*	ik verslind,	ik verslond,
		ik heb verslonden.	
Vriezen,	*geler,*	het vriest,	het vroos,
		het heéft gevroozen.	
Verliezen,	*perdre,*	ik verlies,	ik verloor,
		ik heb verlooren.	
Vinden,	*trouver,*	ik vind,	ik vond,
		ik heb gevonden.	
Vringen,	*tordre,*	ik vring,	ik vrong,
		ik heb gevrongen.	
Winnen,	*gagner,*	ik win,	ik won,
		ik heb gewonnen.	
Winden,	*guinder,*	ik wind,	ik wond,
		ik heb gewonden.	
Zwellen,	*enfler,*	ik zwel,	ik zwol,
		ik heb gezwollen.	
Zwemmen,	*nager,*	ik zwem,	ik zwom,
		ik heb gezwommen.	
Zinken,	*couler à fond,*	ik zink,	ik zonk,
		ik heb gezonken.	
Zingen,	*chanter,*	ik zing,	ik zong,
		ik heb gezongen.	
Zenden,	*envoyer,*	ik zend,	ik zond,
		ik heb gezonden.	
Zuygen,	*sucer,*	ik zuyg,	ik zoog,
		ik heb gezoogen.	
Zuypen,	*boire,*	ik zuyp,	ik zoop,
		ik heb gezoopen.	
Zieden,	*bouillir,*	ik zied,	ik zood,
		ik heb gezooden.	

Verbes irréguliers au Prétérit parfait.

Pour mieux montrer leur irrégularité, nous mettrons aussi leur infinitif, leur présent de l'indicatif et le prétérit imparfait :

Bederven,	*gâter,*	ik bederf,	ik bedierf,
		ik heb bedorven.	
Brengen,	*apporter,*	ik breng,	ik bragt,
		ik heb gebragt.	
Breéken,	*rompre,*	ik breék,	ik brak,
		ik heb gebroken.	
Beveélen,	*commander,*	ik beveél,	ik beval,
		ik heb bevolen.	
Bidden,	*prier,*	ik bid,	ik bad,
		ik heb gebéden.	
Denken,	*penser,*	ik denk,	ik dagt,
		ik heb gedagt.	
Doen,	*faire,*	ik doen,	ik deéd,
		ik heb gedaen.	
Eéten,	*manger,*	ik eét,	ik at,
		ik heb geëéten.	
Helpen,	*aider,*	ik help,	ik hielp,
		ik heb geholpen.	
Koopen,	*acheter,*	ik koop,	ik kogt,
		ik heb gekogt.	
Neémen,	*prendre,*	ik neém,	ik nam,
		ik heb genomen.	
Scheppen,	*créer,*	ik schep,	ik schiep,
		ik heb geschaepen.	

Formation du Plusque parfait.

Le plusque parfait ne diffère du parfait qu'en ce qu'au lieu du présent du verbe auxiliaire *hebben*, avoir, on fait précéder le prétérit imparfait ; comme à la place de *ik heb geleerd*, j'ai appris, il faut mettre *ik had geleerd*, j'avais appris ; au lieu de *ik heb gevreesd*, j'ai craint, mettez *ik had gevreesd*, j'avais craint, et ainsi de tous les autres, tant réguliers qu'irréguliers.

Formation du Futur.

Pour former le futur on n'a qu'à joindre le présent du verbe auxiliaire *zullen* à l'infinitif du verbe que l'on veut conjuguer, comme *leeren*, apprendre, *ik zal leeren*, j'apprendrai, etc.

Le futur composé se fait du futur du verbe auxiliaire *hebben*, et du passé du verbe conjugué, qui se met au milieu; comme *ik zal geleerd hebben*, j'aurai appris.

Formation du Conditionnel.

Pour former ce temps, on n'a qu'à prendre l'infinitif du verbe, et y joindre l'auxiliaire *zouden*, comme *ik zou leeren, gy zoud leeren*, etc., j'apprendrais, tu apprendrais, etc.

Le conditionnel composé se fait du conditionnel du verbe auxiliaire, *hebben*, et du passé du verbe conjugué, qui se met au milieu, comme *ik zou geleerd hebben*, j'aurais appris.

De l'Impératif.

L'impératif doit être semblable au présent de l'indicatif en rejetant le pronom personnel, comme *ik leer*, j'apprends, *leer*, apprend; exceptez-en quelques-uns, comme *ik doen*, je fais, *doe*, fais, etc. : à la seconde personne du pluriel on ajoute un *t* : *leert, doet*.

Du Subjonctif.

Le présent du subjonctif se forme de l'infinitif, en rejetant l'*n*; comme *leeren*, apprendre, *dat ik leere*; *spreeken*, parler, *dat ik spreeke*.

L'imparfait du subjonctif suit l'imparfait de l'indicatif, excepté qu'on ajoute un *e* à la première et à la troisième personne du singulier, si cet *e* ne s'y trouve pas.

Le prétérit parfait se forme du présent du subjonctif du verbe *hebben*, et du passé, comme *dat ik hebbe geleerd*, que j'aie appris.

Le plusque parfait se forme de l'imparfait du subjonctif du verbe *hebben* et du passé, comme *dat ik hadde geleerd*, que j'eusse appris.

Il n'y a pas de différence entre le futur du subjonctif et celui de l'indicatif; mais on y substitue quelquefois le présent du subjonctif avec élégance.

De l'Infinitif.

Pour former le parfait, on n'a qu'à joindre au passé l'infinitif *hebben*, avoir, comme *geleerd hebben*, avoir appris.

Pour avoir le futur, on n'a qu'à ajouter au présent *te zullen*, comme *te zullen leeren*.

Des Participes.

Le participe présent se forme en ajoutant *de* à la fin de l'infinitif; comme *leeren*, apprendre, *leerende*, apprenant; *vreezen*, craindre, *vreezende*, craignant.

Le participe futur se fait en mettant *zullende* devant le présent de l'infinitif, comme *leeren*, *zullende leeren*.

RACINES DES VERBES ET EXEMPLES DE LA FORMATION DE LEURS TEMPS.

Verbes qui ont de au Prétérit imparfait.

Ik	Ik	Ik heb		
Adem,	ademde,	geademd,	ademen,	*respirer.*
Baer,	baerde,	gebaerd,	baeren,	*accoucher.*
Belg,	belgde,	gebelgd,	belgen,	*irriter.*
Blaes,	blaesde,	geblaesd,	blaezen,	*souffler.*
Bouw,	bouwde,	gebouwd,	bouwen,	*bâtir.*
Cyffer,	cyfferde,	gecyfferd,	cyfferen,	*chiffrer.*
Dael,	daelde,	gedaeld,	daelen,	*baisser.*
Durf,	durfde,	gedurfd,	durven,	*oser.*
Dien,	diende,	gediend,	dienen,	*servir.*
Eer,	eerde,	geëerd,	eeren,	*honorer.*
Eyndig,	eyndigde,	geëyndigd,	eyndigen,	*finir.*
Erf,	erfde,	geërfd,	erven,	*hériter.*
Flikker,	flikkerde,	geflikkerd,	flikkeren,	*étinceler.*
Gil,	gilde,	gegild,	gillen,	*crier.*
Grauw,	grauwde,	gegrauwd,	grauwen,	*rudoyer.*
Handel,	handelde,	gehandeld,	handelen,	*trafiquer.*
Hoor,	hoorde,	gehoord,	hooren,	*écouter.*
Huer,	huerde,	gehuerd,	hueren,	*louer.*
Jammer,	jammerde,	gejammerd,	jammeren,	*gémir.*
Kauw,	kauwde,	gekauwd,	kauwen,	*mâcher.*
Klaeg,	klaegde,	geklaegd,	klaegen,	*plaindre.*
Leéf,	leéfde,	geleéfd,	leéven,	*vivre.*
Louter,	louterde,	gelouterd,	louteren,	*purifier.*
Mergel,	mergelde,	gemergeld,	mergelen,	*engraisser.*
Nader,	naderde,	genaderd,	naderen,	*avancer.*
Nies,	niesde,	geniesd,	niezen,	*éternuer.*
Oórdeel,	oórdeelde,	geoórdeeld,	oórdeelen,	*juger.*
Pel,	pelde,	gepeld,	pellen,	*écorcher.*

Ik	Ik	Ik heb		
Plonder,	plonderde,	geplonderd,	plonderen,	*piller.*
Kweél,	kweélde,	gekweéld,	kweélen,	*ramager.*
Kwyn,	kwynde,	gekwynd,	kwynen,	*languir.*
Rammel,	rammelde,	gerammeld,	rammelen,	*secouer.*
Réken,	rékende,	gerékend,	rékenen,	*compter.*
Reys,	reysde,	gereysd,	reyzen,	*voyager.*
Scheél,	scheélde,	gescheéld,	scheélen,	*différer.*
Scheur,	scheurde,	gescheurd,	scheuren,	*déchirer.*
Sluymer,	sluymerde,	gesluymerd,	sluymeren,	*sommeiller.*
Tem,	temde,	getemd,	temmen,	*dompter.*
Tuymel,	tuymelde,	getuymel,	tuymelen,	*culbuter.*
Vloey,	vloeyde,	gevloeyd,	vloeyën,	*couler.*
Vrees,	vreesde,	gevreesd,	vreezen,	*craindre.*
Waeg,	waegde,	gewaegd,	waegen,	*hasarder.*
Woon,	woonde,	gewoond,	woonen,	*demeurer.*
Yl,	ylde,	geyld,	ylen,	*se hâter.*
Ys,	ysde,	geysd,	yzen,	*se glacer.*
Zaey,	zaeyde,	gezaeyd,	zaeyën,	*semer.*
Zégel,	zégelde,	gezégeld,	zégelen,	*cacheter.*

Les deux suivans ont à l'imparfait :

Jaeg,	jaegde, joeg,	gejaegd,	jaegen,	*chasser.*
Vraeg,	vraegde, vroeg,	gevraegd,	vraegen,	*demander.*

Verbes qui ont te *au Prétérit imparfait.*

Bak,	bakte,	gebakken,	bakken,	*cuire.*
Buk,	bukte,	gebukt,	bukken,	*se courber.*
Doop,	doopte,	gedoopt,	doopen,	*baptiser.*
Druk,	drukte,	gedrukt,	drukken,	*imprimer.*
Eysch,	eyschte,	geëyscht,	eysschen,	*exiger.*
Fop,	fopte,	gefopt,	foppen,	*railler.*
Gis,	giste,	gegist,	gissen,	*conjecturer.*
Hink,	hinkte,	gehinkt,	hinken,	*boiter.*
Hoóp,	hoópte,	gehoópt,	hoópen,	*espérer.*

Ik	Ik	Ik heb		
Jok,	jokte,	gejokt,	jokken,	*plaisanter.*
Kap,	kapte,	gekapt,	kappen,	*hacher.*
Kef,	kefte,	gekeft,	keffen,	*japper.*
Lach,	lachte,	gelachen,	lachen,	*rire.*
Lesch,	leschte,	gelescht,	lesschen,	*étancher.*
Maek,	maekte,	gemaekt,	maeken,	*faire.*
Merk,	merkte,	gemerkt,	merken,	*marquer.*
Mik,	mikte,	gemikt,	mikken,	*viser.*
Naek,	naekte,	genaekt,	naeken,	*approcher.*
Oogst,	oogste,	geoogst,	oogsten,	*moissonner,*
Pas,	paste,	gepast,	passen,	*essayer.*
Prédik,	prédikte,	geprédikt,	prédiken,	*prêcher.*
Kweek,	kweekte,	gekweekt,	kweeken,	*cultiver.*
Kwets,	kwetste,	gekwetst,	kwetsen,	*blesser.*
Raek,	raekte,	geraekt,	raeken,	*toucher.*
Schimp,	schimpte,	geschimpt,	schimpen,	*satyriser.*
Visch,	vischte,	gevischt,	visschen,	*pêcher.*
Vloek,	vloekte,	gevloekt,	vloeken,	*maudire.*
Wasch,	waschte,	gewasschen,	wasschen,	*laver.*
Wensch,	wenschte,	gewenscht,	wenschen,	*souhaiter.*
Werk,	werkte,	gewerkt,	werken,	*travailler.*
Yk,	ykte,	geykt,	yken,	*marquer.*
Zeep,	zeepte,	gezeept,	zeepen,	*savonner.*
Zwik,	zwikte,	gezwikt,	zwikken,	*vaciller.*
Zwets,	zwetste,	gezwetst,	zwetsen,	*habler.*

Verbes qui ont dde *ou* tte *au Prétérit imparfait.*

Agt,	achtte,	geagt,	agten,	*estimer.*
Bloed,	bloedde,	gebloed,	bloeden,	*saigner.*
Boet,	boette,	geboet,	boeten,	*expier.*
Braed,	braedde,	gebraeden,	braeden,	*rôtir.*
Dood,	doodde,	gedood,	dooden,	*tuer.*
Stuyt,	stuytte,	gestuyt,	stuyten,	*arrêter.*
Groet,	groette,	gegroet,	groeten,	*saluer.*
Hoed,	hoedde,	gehoed,	hoeden,	*garder.*
Haet,	haette,	gehaet,	haeten,	*haïr.*

Ik	Ik	Ik heb		
Jagt,	jagtte,	gejagt,	jagten,	se hâter.
Kleed,	kleedde,	gekleed,	kleeden,	habiller.
Knot,	knotte,	geknot,	knotten,	éteter.
Laed,	laedde,	gelaeden,	laeden,	charger.
Lust,	lustte,	gelust,	lusten,	désirer.
Mest,	mestte,	gemest,	mesten,	engraisser.
Myd,	mydde,	gemyd,	myden,	éviter.
Muyt,	muytte,	gemuyt,	muyten,	se mutiner.
Nood,	noodde,	genood,	nooden,	convier.
Nat,	natte,	genat,	natten,	mouiller.
Pagt,	pagte,	gepagt,	pagten,	affermer.
Kwist,	kwiste,	gekwist,	kwisten,	dépenser.
Raed,	raedde,	geraeden,	raeden,	conseiller.
Red,	redde,	gered,	redden,	sauver.
Rust,	rustte,	gerust,	rusten,	reposer.
Scheyd,	scheydde,	gescheyden,	scheyden,	séparer.
Smeéd,	smeédde,	gesmeéd,	smeéden,	forger.
Schat,	schatte,	geschat,	schatten,	priser.
Troost,	troostte,	getroost,	troosten,	consoler.
Uyt,	uytte,	geuyt,	uyten,	exprimer.
Voed,	voedde,	gevoed,	voeden,	nourrir.
Vast,	vastte,	gevast,	vasten,	jeûner.
Wend,	wendde,	gewend,	wenden,	tourner.
Wied,	wiedde,	gewied,	wieden,	sarcler.
Wagt,	wagtte,	gewagt,	wagten,	attendre.
Zift,	ziftte,	gezift,	ziften,	tamiser.
Zugt,	zugtte,	gezugt,	zugten,	soupirer.
Zweet,	zweette,	gezweet,	zweeten,	suer.

Verbes qui ont y au Présent et font eé au Prétérit imparfait.

Byt,	beét,	gebeéten,	byten,	mordre.
Blyf,	bleéf,	gebleéven,	blyven,	demeurer.
Dryf,	dreéf,	gedreéven,	dryven,	flotter.
Glyd,	gleéd,	gegleéden,	glyden,	glisser.
Gryp,	greép,	gegreépen,	grypen,	saisir.
Kryg,	kreég,	gekreégen,	krygen,	acquérir.

DES CONJUGAISONS. 141

Ik	Ik	Ik heb		
Kryt,	kreéten,	gekreéten,	kryten,	*pleurer.*
Kyk,	keék,	gekeéken,	kyken,	*regarder.*
Kyf,	keéf,	gekeéven,	kyven,	*gronder.*
Lyd,	leéd,	geleéden,	lyden,	*souffrir.*
Neyg,	neég,	geneégen,	neygen,	*pencher.*
Nyp,	neép,	geneépen,	nypen,	*pincer.*
Prys,	preés,	gepreézen,	pryzen,	*louer.*
Kwyt,	kweét,	gekweéten,	kwyten,	*acquitter.*
Ryd,	reéd,	gereéden,	ryden,	*voiturer.*
Ryg,	reég,	gereégen,	rygen,	*lacer.*
Rys,	reés,	gereézen,	ryzen,	*monter.*
Schryf,	schreéf,	geschreéven,	schryven,	*écrire.*
Schyn,	scheén,	gescheénen,	schynen,	*sembler.*
Slyt,	sleét,	gesleéten,	slyten,	*user.*
Slyp,	sleép,	gesleépen,	slypen,	*aiguiser.*
Smyt,	smeét,	gesmeéten,	smyten,	*jeter.*
Snyd,	sneéd,	gesneéden,	snyden,	*couper.*
Stryd,	streéd,	gestreéden,	stryden,	*combattre.*
Styg,	steég,	gesteégen,	stygen,	*monter.*
Verdwyn,	verdweén,	verdweénen,	verdwynen,	*disparaître.*
Vryf,	vreéf,	gevreéven,	vryven,	*frotter.*
Wyk,	weék,	geweéken,	wyken,	*reculer.*
Wys,	weés,	geweézen,	wyzen,	*montrer.*
Wyt,	weét,	geweéten,	wyten,	*imputer.*
Zwyg,	zweég,	gezweégen,	zwygen,	*se taire.*

Ceux-ci sont exceptés :

Hyg,	hygde,	gehygd,	hygen,	*haleter.*
Hys,	hyste,	gehyst,	hyssen,	*hisser.*
Krysch,	kryschte,	gekryscht,	krysschen,	*crier.*
Kryg,	krygde,	gekrygd,	krygen,	*guerroyer.*
Lyn,	lynde,	gelynd,	lynen,	*régler.*
Lym,	lymde,	gelymd,	lymen,	*coller.*
Myd,	mydde,	gemyd,	myden,	*éviter.*
Rym,	rymde,	gerymd,	rymen,	*rimer.*
Twyn,	twynde,	getwynd,	twynen,	*retordre.*
Vyl,	vylde,	gevyld,	vylen,	*limer.*

Verbes qui changent uy *en* oó *au prétérit imparfait.*

Ik	Ik	Ik heb		
Buyg,	boóg,	geboógen,	buygen,	*se courber.*
Druyp,	droóp,	gedroópen,	druypen,	*dégoutter.*
Duyk,	doók,	gedoóken,	duyken,	*plonger.*
Kruyp,	kroóp,	gekroópen,	kruypen,	*ramper.*
Luyk,	loók,	geloóken,	luyken,	*fermer.*
Ruyk,	roók,	geroóken,	ruyken,	*sentir.*
Schuyf,	schoóf,	geschoóven,	schuyven,	*reculer.*
Snuyt,	snoót,	gesnoóten,	snuyten,	*moucher.*
Sluyt,	sloót,	gesloóten,	sluyten,	*fermer.*
Spuyt,	spoót,	gespoóten,	spuyten.	*séringuer.*
Stuyf,	stoóf,	gestoóven,	stuyven,	*poudrer.*
Zuyg,	zoóg,	gezoógen,	zuygen,	*sucer.*
Zuyp,	zoóp,	gezoópen,	zuypen,	*boire.*

Ceux-ci sont exceptés :

Buyl,	buylde,	gebuyld,	buylen,	*blutter.*
Huys,	huysde,	gehuysd,	huyzen,	*loger.*
Huyl,	huylde,	gehuyld,	huylen,	*hurler.*
Kuyp,	kuypte,	gekuypt,	kuypen,	*intriguer.*
Pruyl,	pruylde,	gepruyld,	pruylen,	*bouder.*
Ruyl,	ruylde,	geruyld,	ruylen,	*changer.*
Ruym,	ruymde,	geruymd,	ruymen,	*vider.*
Stuyt,	stuytte,	gestuyt,	stuyten,	*arrêter.*

Les deux suivans ont à l'imparfait et au parfait :

Klyf,	kluyfde,	gekluyfd,	kluyven,	*fendre.*
	kloóf,	gekloóven,		
Schuyl,	schuylde,	geschuyld,	schuylen,	*cacher.*
	schoól,	geschoólen.		

Verbes qui changent in *en* on *au Prétérit imparfait.*

Begin,	begon,	begonnen,	beginnen,	*commencer.*
Bind,	bond,	gebonden,	binden,	*lier.*

DES CONJUGAISONS.

Ik	Ik	Ik heb		
Blink,	blonk,	geblonken,	blinken,	*reluire.*
Ding,	dong,	gedongen,	dingen,	*marchander.*
Dring,	drong,	gedrongen,	dringen,	*presser.*
Drink,	dronk,	gedronken,	drinken,	*boire.*
Dwing,	dwong,	gedwongen,	dwingen,	*forcer.*
Klink,	klonk,	geklonken,	klinken,	*résonner.*
Spin,	spon,	gesponnen,	spinnen,	*filer.*
Spring,	sprong,	gesprongen,	springen,	*sauter.*
Stink,	stonk,	gestonken,	stinken,	*puer.*
Verslind,	verslond,	verslonden,	verslinden,	*dévorer.*
Vind,	vond,	gevonden,	vinden,	*trouver.*
Win,	won,	gewonnen,	winnen,	*gagner.*
Wind,	wond,	gewonden,	winden,	*dévider.*
Vring,	vrong,	gevrongen,	vringen,	*tordre.*
Zing,	zong,	gezongen,	zingen,	*chanter.*
Zink,	zonk,	gezonken,	zinken,	*couler à fond.*

Ceux-ci changent *im* en *om* :

Glim,	glom,	geglommen,	glimmen,	*reluire.*
Klim,	klom,	geklommen,	klimmen,	*monter.*
Krimp,	kromp,	gekrompen,	krimpen,	*se rétrécir.*

Verbes qui changent ie *en* oó *au Prétérit imparfait.*

Bedrieg,	bedroóg,	bedroógen,	bedriegen,	*tromper.*
Gebied,	geboód,	geboóden,	gebieden,	*commander.*
Geniet,	genoót,	genoóten,	genieten,	*jouir.*
Giet,	goót,	gegoóten,	gieten,	*verser.*
Bied,	boód,	geboóden,	bieden,	*offrir.*
Kies,	koós,	gekoózen,	kiezen,	*choisir.*
Klief,	kloóf,	gekloóven,	klieven,	*fendre.*
Lieg,	loog,	geloógen,	liegen,	*mentir.*
Schiet,	schoót,	geschoóten,	schieten,	*tirer.*
Vlied,	vloód,	gevloóden,	vlieden,	*fuir.*
Vlieg,	vloóg,	gevloógen,	vliegen,	*voler.*
Verlies,	verloór,	verloóren,	verliezen,	*perdre.*
Zied,	zoód,	gezoóden,	zieden,	*bouillir.*

Ceux-ci sont exceptés :

Nies,	niesde,	geniesd,	niezen,	*éternuer.*
Wieg,	wiegde,	gewiegd,	wiegen,	*bercer.*

Verbes qui changent eé en a à l'Imparfait.

Ik	Ik	Ik heb		
Breék,	brak,	gebroken,	breéken,	*rompre.*
Beveél,	beval,	bevolen,	beveélen,	*commander.*
Eét,	at,	geëéten,	eéten,	*manger.*
Geéf,	gaf,	gegeéven,	geéven,	*donner.*
Geneés,	genas,	geneézen,	geneézen,	*guérir.*
Leés,	las,	geleézen,	leézen.	*lire.*
Meét,	mat,	gemeéten,	meéten,	*mesurer.*
Neém,	nam,	genomen,	neémen,	*prendre.*
Spreék,	sprak,	gesproken,	spreéken,	*parler.*
Steék,	stak,	gestoken,	steéken,	*piquer.*
Treéd,	trad,	getreéden,	treéden,	*marcher.*
Vergeét,	vergat,	vergeéten,	vergeéten,	*oublier.*
Vreét,	vrat,	gevreéten,	vreéten,	*bâfrer.*

Ceux-ci ne changent point *ee* à l'Imparfait :

Beéf,	beéfde,	gebeéfd,	beéven,	*trembler.*
Deel,	deelde,	gedeeld,	deelen,	*partager.*
Eer,	eerde,	geëerd,	eeren,	*honorer.*
Kleed,	kleedde,	gekleed,	kleeden,	*habiller.*
Leéf,	leéfde,	geleéfd,	leéven,	*vivre.*
Leer,	leerde,	geleerd,	leeren,	*apprendre.*
Kweél,	kweélde,	gekweéld,	kweélen,	*ramager.*
Smeêr,	smeêrde,	gesmeêrd,	smeêren,	*graisser.*
Teêr,	teêrde,	geteêrd,	teêren,	*digérer.*
Veég,	veégde,	geveégd,	veégen,	*balayer.*
Vrees,	vreesde,	gevreesd,	vreezen,	*craindre.*
Weéf,	weéfde,	geweéven,	weéven,	*ourdir.*
Zweet,	zweette,	gezweet,	zweeten,	*suer.*

Les verbes qui commencent par une préposition, prennent *ge* au participe passif entre la préposition et le verbe, comme

Aenwyzen,	*indiquer,*	aengeweézen.
Afbreéken,	*démolir,*	afgebroken.
Doórdringen,	*percer, pénétrer,*	doórgedrongen.
Ingaen,	*entrer,*	ingegaen.
Médedeelen,	*partager,*	médegedeeld.
Néderslaen,	*abattre,*	nédergeslagen.
Naspoóren,	*épier, suivre,*	nagespoórd.
Omkeeren,	*retourner,*	omgekeerd.
Ophouden,	*retenir,*	opgehouden.
Overzetten,	*passer, traduire,*	overgezet.
Toeschryven,	*attribuer,*	toegeschreéven.
Uytwerpen,	*rejeter,*	uytgeworpen.
Voórstellen,	*proposer,*	voórgesteld.
Voortbrengen,	*produire,*	voortgebragt.
Wéderkomen,	*revenir,*	wédergekomen.
Saemenstellen,	*composer,*	saemengesteld.

Ceux-ci ne prennent point *ge :*

Doórgronden,	*sonder,*	doórgrond.
Doórloopen,	*parcourir,*	doórloopen.
Doórstooten,	*percer,*	doórstooten.
Geneézen,	*guérir,*	geneézen.
Herroepen,	*révoquer,*	herroepen.
Herstellen,	*rétablir,*	hersteld.
Omringen,	*environner,*	omringd.
Onthoofden,	*décapiter,*	onthoofd.
Onthouden,	*retenir,*	onthouden.
Ontkomen,	*échapper,*	ontkomen.
Ontloopen,	*esquiver,*	ontloopen.
Ontslaepen,	*décéder,*	ontslaepen.
Verlaeten,	*abandonner,*	verlaeten.
Volherden,	*persévérer,*	volherd.
Volbrengen,	*accomplir,*	volbragt.
Wéderleggen,	*réfuter,*	wéderlegd.

Verbes irréguliers qui forment leurs temps d'une autre manière que les précédens.

Ik	Ik	Ik heb		
Bederf,	bedierf,	bedorven,	bederven,	gâter.
Ben,	was,	geweést,	zyn,	être.
Bid,	bad,	gebéden,	bidden,	prier.
Breng,	bragt,	gebragt,	brengen,	porter.
Denk,	dagt,	gedagt,	denken,	penser.
Doen,	deéd,	gedaen,	doen,	faire.
Draeg,	droeg,	gedraegen,	draegen,	porter.
Gaen,	ging,	gegaen,	gaen,	aller.
Hang,	hing,	gehangen,	hangen,	pendre.
Heb,	had,	gehad,	hebben,	avoir.
Help,	hielp,	geholpen,	helpen,	aider.
Heet,	hiet,	geheeten,	heeten,	nommer.
Houd,	hield,	gehouden,	houden,	tenir.
Houw,	hieuw,	gehouwen,	houwen,	couper.
Jaeg,	joeg,	gejaegd,	jaegen,	chasser.
Kerf,	korf,	gekorven,	kerven,	tailler.
Kan,	kon,	gekonnen,	konnen,	pouvoir.
Kom,	kwam,	gekomen,	komen,	venir.
Koop,	kogt,	gekogt,	koopen,	acheter.
Laet,	liet,	gelaeten,	laeten,	laisser.
Lach,	lachte,	gelachen,	lachen,	rire.
Lig,	lag,	gelégen,	liggen,	être couché.
Leg,	legde,	gelegd,	leggen,	poser.
Loop,	liep,	geloopen,	loopen,	courir.
Mag,	mogt,	gemoógd,	mogen,	pouvoir.
Melk,	molk,	gemolken,	melken,	traire.
Moet,	moest,	gemoeten,	moeten,	devoir.
Roep,	riep,	geroepen,	roepen,	appeler.
Scheêr,	schoór,	geschoóren,	scheêren,	raser.
Schep,	schiep,	geschaepen,	scheppen,	créer.

Quand *scheppen* signifie *puiser*, il fait *schepte* et *geschept*.

Scheld,	schold,	gescholden,	schelden,	injurier.
Schenk,	schonk,	geschonken,	schenken,	verser.

Ik	Ik	Ik heb		
Slaen,	sloeg,	geslagen,	slaen,	*frapper.*
Slaep,	sliep,	geslaepen,	slaepen,	*dormir.*
Smelt,	smolt,	gesmolten,	smelten,	*fondre.*
Staen,	stond,	gestaen,	staen,	*être debout.*
Steél,	stoól,	gestoólen,	steélen,	*voler.*
Sterf,	stierf,	gestorven,	sterven,	*mourir.*
Stoot,	stiet,	gestooten,	stooten,	*pousser.*
Tref,	trof,	getroffen,	treffen,	*toucher.*
Trek,	trok,	getrokken,	trekken,	*tirer.*
Vaer,	voer,	gevaeren,	vaeren,	*naviguer.*
Val,	viel,	gevallen,	vallen,	*tomber.*
Vang,	ving,	gevangen,	vangen,	*attrapper.*
Vegt,	vogt,	gevogten,	vegten,	*se battre.*
Verlaet,	verliet,	verlaeten,	verlaeten,	*délaisser.*
Vlegt,	vlogt,	gevlogten,	vlegten,	*tresser.*
Vraeg,	vroeg,	gevraegd,	vraegen,	*demander.*
Vreék,	vroók,	gevroken,	vreéken,	*venger.*
Was,	wies,	gewassen,	wassen,	*croître.*
Weét,	wist,	geweéten,	weéten,	*savoir.*
Weég,	woóg,	gewoógen,	weégen,	*peser.*
Werf,	wierf,	geworven,	werven,	*enrôler.*
Werp,	wierp,	geworpen,	werpen,	*jeter.*
Word,	wierd,	geworden,	worden,	*devenir.*
Zeg,	zeyde,	gezegd,	zeggen,	*dire.*
Zend,	zond,	gezonden,	zenden,	*envoyer.*
Zien,	zag,	gezien,	zien,	*voir.*
Zit,	zat,	gezéten,	zitten,	*s'asseoir.*
Zoek,	zogt,	gezogt,	zoeken,	*chercher.*
Zweêr,	zwoór,	gezwoóren,	zweêren,	*jurer.*
Zwel,	zwol,	gezwollen,	zwellen,	*enfler.*
Zwelg,	zwolg,	gezwolgen,	zwelgen,	*avaler.*
Zwem,	zwom,	gezwommen,	zwemmen,	*nager.*

Exemples des Verbes impersonnels.

Présent.		Imparfait.	Part. passif.
Het régent,	*il pleut,*	het régende,	gerégent.
Het vriest,	*il gèle,*	het vroós,	gevroózen.
Het waeyt,	*il vente,*	het waeyde,	gewaeyt.
Het dondert,	*il tonne,*	het donderde,	gedondert.
Het behoort,	*il appartient,*	het behoorde,	behoort.
Het schynt,	*il semble,*	het scheén,	gescheénen.
Het blykt,	*il paraît,*	het bleék,	gebleéken.
Het is noodig,	*il faut,*	het was noodig.	

Het berouwt my,	je m'en repens.
Het berouwde my,	je m'en répentais.
Het heéft my berouwt,	je m'en suis repenti.
Het walgt my,	j'en suis dégoûté.
Het walgde my,	j'en avais du dégoût.
Het heéft my gewalgt,	j'en ai eu du dégoût.
Het spyt my,	j'en suis fâché.
Het speét my,	j'en étais fâché.
Het heéft my gespeéten,	j'en ai été fâché.
Het verdriet my,	j'en suis ennuyé.
Het verdroót my,	j'en étais ennuyé.
Het heéft my verdroóten,	cela m'a ennuyé.
Het jammert my,	j'ai pitié.
Het jammerde my,	j'avais pitié.
Het heéft my gejammert,	j'ai eu pitié.
Het lust my,	j'ai envie.
Het lustte my,	j'avais envie.
Het heéft my gelust,	j'ai eu envie.

On dit aussi impersonnellement :

Men zegt, *on dit.*
Men hoort, *on entend.*
Men kan niet zien, *on ne peut voir.*
Men zeyde dat men het niet wist, *on disait que l'on n'en savait rien.*
Mag men het wel weéten? *est-il permis de le savoir?*

Men behoeft 'er geen geloof aen te slaen, *il ne faut pas y ajouter foi.*

'Er word gezegd, *on dit.*

'Er word geloofd, *on croit.*

Le verbe *il faut*, qui n'est qu'impersonnel en français, est aussi personnel en flamand, comme :

INDICATIF.

Présent.

ik moet doen,	il faut que je fasse.
gy moet doen,	il faut que tu fasses.
hy moet doen,	il faut qu'il fasse.
wy moeten doen,	il faut que nous fassions.
gy moet doen,	il faut que vous fassiez.
zy moeten doen,	il faut qu'ils fassent.

Imparfait.	Ik moest, il me fallait.
Parfait.	Ik heb gemoeten, il m'a fallu.
Plusque parf.	Ik had gemoeten, il m'avait fallu.
Futur.	Ik zal moeten, il me faudra.
Futur comp.	Ik zal hebben gemoeten, il m'aura fallu.
Conditionnel.	Ik zou moeten, il me faudrait.
Condit. comp.	Ik zou hebben gemoeten, il m'aurait fallu.

SUBJONCTIF.

Présent.	Dat ik moete.
Imparfait.	Dat ik moeste.
Parfait.	Dat ik hebbe gemoeten.
Plusque parf.	Dat ik hadde gemoeten.
Futur.	Dat ik zal moeten.

On dit impersonnellement :

Men moet,	il faut.
Men moest,	il fallait.
Men heéft gemoeten,	il a fallu.

Men had gemoeten,	il avait fallu.
Men zal moeten,	il faudra.

On dit encore impersonnellement :

Het scheelt,	il s'en faut.
Het scheelde,	il s'en fallait.
Het heéft gescheelt,	il s'en est fallu.
Het had gescheelt,	il s'en était fallu.
Het zal scheélen,	il s'en faudra.

Le *que*, après un verbe, s'exprime en flamand par *dat*.

Ik wil dat,	je veux que.
Ik wilde dat,	je voulais que.
Ik heb gewilt dat,	j'ai voulu que.
Ik had gewilt dat,	j'avais voulu que.
Ik zal willen dat,	je voudrai que.

Des Participes.

Il y a trois participes : un pour le présent, un pour le passé et un pour le futur.

Le participe du temps présent se forme, comme nous avons déjà dit page 136, en ajoutant *de* à l'infinitif : comme *beminnen*, aimer ; *beminnende*, aimant.

Le participe qui marque le temps passé, comme *bedroefd*, affligé ; *belégerd*, assiégé ; *verwoest*, désolé, est déclinable, quand il précède le substantif : comme *eene bedroefde vrouw*, une femme affligée ; alors ce n'est plus un participe, mais un adjectif. Ces sortes d'adjectifs peuvent s'appeler adjectifs verbaux, parce qu'ils viennent des verbes. Tous les participes ne sont déclinables que lorsqu'ils sont employés adjectivement.

Le participe qui marque le temps futur, se forme en recevant *zullende*, qui est le participe du verbe auxiliaire *zullen*;

comme *zullende leeren*, qui apprendra, et pour lors il est actif : ou en recevant *zullende worden*, comme *zullende geleerd worden*, qui sera enseigné, et pour lors il est passif.

DES AUTRES PARTIES DE L'ORAISON.

Des Adverbes.

L'ADVERBE est un mot qui ne change que dans les degrés de comparaison, et qui se joint à un nom, pronom, verbe ou participe, pour en marquer quelque circonstance.

Afin de traiter distinctement des adverbes, nous devons les considérer dans leurs *signification, comparaison* et *espèce*.

Leur *signification* est fort différente; il y en a qui sont *de lieu, de temps, de nombre, d'interrogation, d'affirmation, de négation, de quantité, de qualité, de ressemblance, d'ordre, d'interdiction, de doute, de conjonction, de séparation, de démonstration, d'exhortation* et *d'élection*.

Les adverbes de lieu sont de quatre sortes.

1. *Adverbes qui signifient le repos dans un lieu.*

Waer, où.
Hier, ici.
Daer, là.
Ergens, quelque part.
Nergens, nulle part.
Ergens anders, autre part.
Nergens anders, nulle part ailleurs.
Elders, ailleurs.
Binnen, dedans.
Buyten, dehors.
Boven, en haut.

Benéden, en bas.
Gints, ginter, là-bas.
Onder, dessous.
Voór, devant.
Agter, derrière.
Over-al, partout.
Ver, verre, loin.
Naby, } tout près,
Digt by, } proche.

Rondom, à l'entour.
Opwaerts, vers en haut.
Nederwaerts, vers en bas.
Derwaerts, là.
Herwaerts, ici.
Binnenwaerts, en dedans.
Buytenwaerts, en dehors.
Agterwaerts, derrière.
Agteruyt, en arrière.

2. *Adverbes qui signifient le mouvement d'un lieu.*

Van waer, d'où.
Waer van daen, d'où.
Hier van daen, d'ici.
Daer van daen, de-là.
Ergens van daen, de quelque part.
Nergens van daen, de nulle part.
Ergens anders van daen, de quelque autre part.
Nergens anders van daen, de nulle autre part.
Elders van daen, d'ailleurs.

Van binnen, de dedans.
Van buyten, de dehors.
Van boven, d'en haut.
Van benéden, d'en bas.
Ginter van daen, de là-bas.
Van voóren, de devant, d'avant.
Van agteren, de derrière, d'arrière.
Herwaerts van daen, de ces quartiers-ci.
Derwaerts van daen, de ces quartiers-là.

3. *Adverbes de mouvement vers un lieu.*

Waer naer toe, où.
Hier naer toe, ici.
Daer naer toe, là.
Ergens naer toe, quelque part.
Nergens naer toe, nulle part.
Elders naer toe, ailleurs.

Naer binnen, dedans.
Naer buyten, dehors.
Naer boven, en haut.
Naer benéden, en bas.
Om hoog, là-haut.
Om leeg, en bas.
Ginter naer toe, là-bas.

4. *Adverbes de mouvement par un lieu.*

Waer doór, par où.
Hier doór, par ici.
Daer doór, par-là.
Ergens doór, par quelque part.
Nergens doór, par nulle part.
Elders doór, par ailleurs.
Binnen doór, par dedans.
Buyten doór, par dehors.
Boven doór, par en haut.
Onder doór, par en bas.
Boven om, par en haut.
Buyten om, par dehors.

Agter om, par derrière.
Gints heén, par là-bas.
Ergens heén, par quelque lieu.
Nergens heén, par nul endroit.
Elders heén, par ailleurs.
Binnen heén, par dedans.
Boven heén, par en haut.
Onder heén, par dessous.
Voór heén, par devant.
Agter heén, par derrière.

Adverbes de Temps.

Héden, aujourd'hui.
Van daeg, ce jourd'hui.
Gisteren, hier.
Gisteren avond, hier au soir.
Gisteren laet, hier bien tard.
Gisteren na middag, hier après-midi.
Gisteren tusschen licht en donker, hier à la brune ou entre chien et loup.
Gisteren voór middag, hier avant midi.
Gisteren ochtend, hier matin.
Eergisteren, avant-hier.
Morgen, demain.
Morgen ochtend, demain matin.
Morgen vroeg, demain de bonne heure.
Zeer vroeg, de grand matin.
Op den avond, sur le soir.

Overmorgen, après demain.
Over een jaer, dans un an.
Over veertien dagen, dans quinze jours.
Over een uer, dans une heure.
Over dag, de jour.
Van dien tyd af, dès lors.
Sédert gisteren, depuis hier.
Sédert een jaer, depuis un an.
Sédert lang, depuis longtemps.
Zoo dra, aussitôt.
Op dien tyd, en ce temps-là.
Daer na, après.
Hier na, ci-après.
Voórlaen, dorénavant.
Aenstonds, d'abord.
Straks, tout à l'heure.
Vervolgens, ensuite.
Reeds, alreede, déjà.
Haest, bientôt.

Ceux-ci dénotent quelque temps :

Terstond, daedelyk, incontinent, tout à l'heure.
Op staende voet, sur-le-champ.
Flus, tantôt.
Nu, tégenwoórdig, présentement, à présent, à cette heure, maintenant.
Dan, alsdan, alors.
'S morgens, au matin.
'S avonds, au soir.
Vroeg, de bonne heure, tôt.
Laet, tard.
In tyds, by tyds, à temps.
Altyd, altoos, toujours.
Dagelyks, tous les jours, journellement.
Zelden, rarement.
Dikwils, veéltyds, souvent.
Nimmer, nooyt, jamais.
Ooyt, immer, jamais.
Eyndelyk, ten laetsten, enfin.
Eer, eerder, plutôt.
Ménig-mael, ménig-werf, souvent.
Altemets, bywylen, quelquefois.
Somtyds, quelquefois.
Terwyl, ondertusschen, middelerwyl, cependant.
Voórtyds, eertyds, autrefois.
Eens, alsdan, toen, als toen alors.
Wanneer, als, quand.
Voór deézen, voórheén, ci-devant.
Nu deézen, ci-après.

De Nombre.

Eens, een-mael, une fois.
Twee-mael, deux fois.
Dry-mael, trois fois.
Tien-mael, dix fois.
Twintig-mael, vingt fois.
Hondert-mael, cent fois.
Duyzend-mael, mille fois.
Meermaels, plus de fois.
Veélmaels, plusieurs fois.
Zoo veél mael, autant de fois.
Hoe veél mael, combien de fois.
Doórgaens, souvent.
Dikwils, souvent.
Zelden, rarement.
Wéder, encore.
Zoo dikwils, si souvent.
Hoe ménig-mael, combien de fois.
Ten eersten, premièrement.
Ten tweeden, secondement.
Ten derden, troisièmement.
Ten tienden, dixièmement.

D'Interrogation.

Waerom? pourquo
Hoe? comment?
Hoe zoo? comment cela?
Wanneer? quand?

D'Affirmation.

Ja, oui.
Voörwaer, zéker, voorzéker, certes.
Waerlyk, véritablement.
Immers, certes.
Naemlyk, savoir, à savoir.
Te weéten, savoir.
Wel verstaende, bien entendu.
Voórnaementlyk, principalement.
Gewisselyk, assurément.
In de daed, en effet.
Ongetwyffeld, sans doute.
Rond uyt, rondement.
Gantschelyk, totalement, tout-à-fait.

De Négation.

Neen, non.
Niets, rien.
Niet met al, rien du tout.
Nog niet, pas encore.
Geenzins, nullement.
In geenen deele, en aucune façon, en aucune manière.

De Quantité.

Veél, beaucoup.
Al te veél, trop.
Weynig, peu.
Genoeg, assez.
Meer, plus.
Min, moins.
Allengskens, insensiblement, petit à petit.
Byna, peu à peu.
Schaers, chichement.
Bykans, schier, presque, à peu près.
Nauwelyks, à peine.
Overvloediglyk, abondamment.
Maetiglyk, médiocrement.
Ten minsten, au moins, du moins.
Grootelyks, grandement.
Ten hoogsten, au plus haut degré, au plus.
Hoe veél, combien.
Zeer, beaucoup.
Hoe zeer, combien.

De Qualité.

Wel, bien.
Kwalyk, mal.
Rédelyk, passablement.
Armelyk, pauvrement.
Wyslyk, sagement.
Voórzigtiglyk, prudemment.
Zagtjes, zoetjes, doucement.
Ras, vite, vitement.

De Ressemblance.

Gelyk, gelykerwys, gelyk als, comme.
Insgelyks, desgelyks, pareillement, de même.
Als of, even als, comme si.
Béter, mieux.
Erger, pire.

D'Ordre.

Eerstelyk, premièrement.
Daer na, puis, ensuite.
Van te voóren, préalablement, auparavant.
Geduerig, gestadig, continuellement.
Daerenboven, de plus.

De Doute.

Mogelyk, misschien, peut-être.
Waerschynelyk, probablement.

De Conjonction.

Saémen, te gelyk, tévens, gelykelyk, ensemble.
Overhoop, sens dessus dessous.
Heel en al, tout-à-fait.
Geheelyk, gantschelyk, entièrement.
Als méde, ainsi.

De Séparation.

Afzonderlyk, séparément.
Alleenelyk, seulement.
Ter zyde, à part.
Eeniglyk, uniquement.

De Démonstration.

Zie hier, voici.
Zie daer, voilà.

D'Exhortation.

Wel aen, sus.
Lustig, wakker, courage.
Fluks, vite, vitement.
Op, debout.

D'Élection.

Eer, eerder, plutôt.
Liever, mieux, plutôt.

Inzonderlyk, voórnaemelyk, principalement.

Il y a des adverbes que nous pouvons appeler de comparaison, comme *daerentégen*, par contre; *in tégendeel*, au contraire.

Ceux-ci peuvent se nommer adverbes de conclusion ou de raison, comme

Derhalven, daerom, c'est pourquoi.
Dieshalven, overzulks, pour cela.

Il y en a encore qui signifient quelque autre circonstance, comme

Geêrne, volontiers.
Noode, ongeêrne, à regret.
Schier, bykans, byna, presque.

Et beaucoup d'autres.

Remarque sur ooyt et immer, nooyt et nimmer, jamais.

Ooyt et *immer*, *nooyt* et *nimmer*, jamais, s'emploient différemment; on se sert de *ooyt* et *nooyt*, pour le temps passé, et d'*immer* et *nimmer* pour le futur.

La différente signification des mots al et als.

Al peut se prendre pour un adjectif et pour un adverbe: pour un adjectif, quand il signifie *tout*, comme *al de wéreld*, tout le monde.

Quelquefois pour un adverbe, quand il marque *alreede*, déjà, comme *hebt gy dat al gedaen?* avez-vous déjà fait cela?

Al signifie aussi *alhoewel*, quoique, comme *al heb ik de magt niet*, quoique je n'aie pas le pouvoir.

Als se met pour *wanneer*, quand, comme *als gy gedaen zult hebben*, quand vous aurez fait.

Quelquefois aussi pour *gelyk*; comme par exemple : *hy doet niet als het behoort*, il ne fait pas comme il faut.

On s'en sert aussi en comparaison, et alors il signifie *que*, comme *hy is zoo groot als ik*, il est aussi grand que moi.

Il y a beaucoup d'adverbes qui se font des adjectifs, en y ajoutant *lyk*; comme *bekwaem*, propre, *bekwaemlyk*, proprement; *zuyver*, net, *zuyverlyk*, nettement; *zot*, sot, *zotlyk*, sottement, et beaucoup d'autres.

Il y a une infinité d'adjectifs dont on se sert au lieu d'adverbes, à l'imitation des Grecs; comme *spreekt klaer*, parlez clairement, au lieu de *spreek klaerlyk*; *hy heéft zig vroóm verweérd*, il s'est défendu vaillamment, au lieu de *vroómlyk*.

De la Comparaison des Adverbes.

Les adverbes se changent dans leur comparaison, tout de même que les adjectifs, comme *voórzigtiglyk*, prudemment; *voórzigtiglyker*, plus prudemment; *voórzigtiglykst*, le plus prudemment; *vroeg*, tôt, matin, *vroeger*, plus tôt, *vroegst*, le plus matin; etc.

De la Comparaison des Irréguliers.

Wel, bien; *beter*, mieux; *best*, le mieux; *kwalyk*, mal; *erger*, pis; *ergst*, le pis.

Veél, beaucoup; *meer*, plus; *meest*, le plus.

Weynig, peu; *minder*, moins; *minst*, le moins.

Eer, *eerder*, plutôt; *eerst*, le plutôt, le premier, qui n'a point de positif.

Quand on se sert des superlatifs, on fait précéder d'ordinaire l'article *het*, comme *hy heéft het meest gezegt*, il a le plus dit; *hy heéft het best gehad*, il a eu le meilleur.

De leur Espèce.

Ils sont *primitifs* ou *dérivatifs*.

Les *primitifs* sont ceux qui ne proviennent d'aucun autre, comme *hier*, ici ; *héden*, aujourd'hui ; *vroeg*, de bonne heure.

Les *dérivatifs* sont ceux qui descendent de quelque autre, comme *tydig*, de bonne heure ; *daedlyk*, incontinent ; *dagelyks*, journellement ; *maetiglyk*, sobrement ; *eergisteren*, avant-hier ; *overmorgen*, après-demain ; *néderwaerts*, vers en bas, etc., qui dérivent de *tyd*, temps ; *daed*, action ; *dag*, jour ; *maetig*, sobre ; *gisteren*, hier ; *morgen*, demain ; *néder*, en bas.

Des Prépositions.

Les prépositions sont des mots qui ne changent point, et qui se mettent devant d'autres, pour signifier quelque circonstance.

Elles sont *séparables* ou *inséparables*.

Les *séparables* sont les suivantes : *tot, te, ten, ter*, à, au ; *by*, auprès, chez ; *voór*, devant, pour ; *agter*, derrière ; *tégen*, contre ; *jégens*, envers ; *névens*, avec ; *doór*, par ; *op, boven*, dessus ; *onder*, dessous ; *binnen*, dedans ; *buyten*, hors, dehors ; *om, rondom*, à l'entour ; *omtrent*, environ ; *tusschen*, entre ; *na*, après, à ; *naer*, selon ; *aen*, à ; *in*, dans, en ; *uyt*, dehors, de ; *van*, de ; *met*, avec ; *zonder*, sans ; *behalven*, hormis, qui régissent l'accusatif.

De la Préposition tot.

Tot, à, dénote toujours un mouvement vers un lieu, comme *komt tot my*, venez à moi ; *gaet tot hem*, allez à lui : de sorte que ce n'est pas bien dit, *gedrukt tot Leyden*, tot

Amsteldam, comme cela se voit sur le titre de quelques livres, mais il faut dire, *te Leyden, te Amsteldam*.

Tot se dit aussi dans les phrases suivantes : *Christus sprak tot de Phariséën*, Jésus-Christ parlait aux Pharisiens; *tot Gods eere*, à l'honneur de Dieu; *tot nadeel van de kroon*, au préjudice de la couronne; *tot het eynde*, jusqu'à la fin; *tot morgen*, jusqu'à demain; *tot mynent*, chez moi, *tot uwent*, chez vous; *tot zynent*, chez lui; *tot onzent*, chez nous; *tot nogt toe*, jusqu'à présent; *tot wanneer*, jusqu'à quand; *tot wien*, chez qui.

De la Signification du Mot te.

Te dénote aussi bien quelque temps que quelque lieu, comme *te* ou *ten dry ueren*, à trois heures; *te Paesschen*, à Pâques; *te Parys*, à Paris; *te Brussel*, à Bruxelles.

Te marque ordinairement dans un lieu, et non vers un lieu; car on ne parle pas correctement, quand on dit *hy gaet te Amsteldam*, au lieu de dire *hy gaet naer Amsteldam*, il va à Amsterdam; *hy gaet te huys*, pour *hy gaet naer huys*, il va au logis : mais on dit bien *hy is te huys*, il est au logis; *t'huys* se dit communément pour *te huys*, *hy komt t'huys*, il vient au logis; *hy kwam te Leuven*, il arriva à Louvain; *hy zal binnen eene maend te Brugge koómen*, il viendra dans un mois à Bruges.

Te se met aussi souvent devant un verbe, comme *te bewaeren geéven*, donner en garde; *iets te doen hebben*, avoir quelque chose à faire; *beginnen te spreéken*, commencer à parler.

Te est aussi bien en usage pour *al te*, trop, comme *te klein*, trop petit; *te weynig*, trop peu; *te veél*, trop, etc.

Te se dit encore en beaucoup d'autres manières, dont nous mettons les plus connues.

Te nagt, cette nuit.
Te gelyk, te saemen, ensemble.
Te regt, bien, à bon droit.
Te vergeéfs, en vain, à pure perte.
Te vooren, auparavant.
Te scheép gaen, s'embarquer.
Te binnen brengen, se rappeler.
Te bed, au lit.
Te voet, à pied.
Te peérd, à cheval.
Te land, par terre.
Te water, par eau, par mer.
Te pas, à propos.
Wel te pas zyn, être en bonne disposition.
Te vréden, content.
Te gemoet gaen, aller au devant.
Te niet doen, annuler, détruire.
Te gast nooden, inviter.
Te gronde gaen, aller à fond.
Te niet gaen, périr.
Te wége brengen, faire, effectuer.
Te beurt vallen, tomber en partage.
Te bruyloft gaen, aller aux nôces.

Du Mot ten.

Ten marque quelquefois le temps, quelquefois le lieu, comme *ten derden dage*, au troisième jour; *ten tyde van Augustus*, du temps d'Auguste; *ten huyze van zynen vader*, à la maison de son père.

Ten se met aussi devant les mots suivans :

Ten zy, ten ware, à moins que.
Ten eersten, premièrement.
Ten tweeden, secondement.
Ten derden, troisièmement.
Ten hoogsten, au plus.
Ten laetsten, enfin.
Ten minsten, au moins.
Ten langsten, le plus tard.
Ten tempel geleyden, conduire au temple.
Ten troon verheffen, élever au trône.
Ten deele gevallen, échu en partage.
By eenen vriend ten eéten gaen, aller dîner chez un ami.

Du Mot ter.

Ter marque aussi le temps et le lieu, comme *ter goeder uere*, à la bonne heure; *ter regter hand*, à la droite; *ter slinker hand*, à la gauche. Les substantifs féminins et les substantifs pris au pluriel, soit masculins, féminins ou neutres, ne souffrent point la préposition *ten*, mais exigent absolument *ter*, comme il appert par les exemples suivans :

Ter eere Gods, à la gloire de Dieu.
Ter zyden af, à côté, à part.
Ter oorzaeke, à cause, parce que.
Ter tafel, à table.
Ter wéreld, au monde.
Ter aerde bestellen, enterrer.
Ter ooren komen, venir aux oreilles.

De la Préposition onder.

Ce mot *onder* a deux significations fort différentes; car premièrement il signifie dessous, sous, comme *onder de tafel*, dessous ou sous la table; en second lieu il signifie entre, parmi, comme *onder de menschen*, parmi les hommes; *onder dat getal*, entre ce nombre.

Il signifie aussi quelquefois, sous, comme *onder het gebied van den keyzer Augustus*, sous le règne de l'empereur Auguste; *onder schyn*, sous prétexte.

Eenig werk onder handen hebben, avoir quelque ouvrage en main, est une phrase fort usitée.

De la Préposition om.

Om signifie quelquefois à l'entour ou autour, comme *hy wandelde om de kerk*, il se promenait à l'entour ou autour de l'église; on dit aussi *hy wandelde de kerk om*, en mettant *om* après le substantif.

Om signifie quelquefois pour, comme *om te spreéken*, pour parler : *om het geld*, pour l'argent; *om de eer*, pour l'honneur; *om niet*, pour rien; *om mynent wil*, pour l'amour de moi; *om zynent wil*, pour l'amour de lui.

Om a encore une autre signification, qui est fort usitée, comme *den wind is om*, le vent est changé; *dien tyd is om*, ce temps est passé.

De la Différence entre na et naer.

Na signifie après, comme *na het avond-mael*, après le souper.

Naer signifie selon, comme *naer myn gevoelen*, selon mon opinion; *naer het beéld Gods*, à l'image de Dieu.

On s'en sert aussi pour marquer le mouvement vers un lieu, comme *hy is naer Parys vertrokken*, il est parti pour Paris.

De la Préposition uyt.

Uyt a trois diverses significations, et marque premièrement dehors ou hors, comme *gaet uyt myne kamer*, sortez, allez hors de ma chambre.

En second lieu il signifie de, comme *uyt alle myne magt*, de tout mon pouvoir, de toute ma force.

En troisième lieu il dénote par, comme *uyt liefde*, par amour; *uyt nood*, par nécessité.

On dit aussi *uyt wat oorzaek*, pourquoi, pour quelle raison.

Toutes ces prépositions se nomment séparables, parce qu'elles s'employent aussi sans faire partie d'un mot.

D'une autre sorte de Prépositions séparables.

C'est de ces prépositions séparables qu'on a dit, au commencement de cette Grammaire, que dans la langue française on n'en a aucune idée; savoir, lorsqu'elles sont jointes aux verbes, dont elles font la première partie. Car au lieu qu'en français les prépositions restent toujours attachées à leurs verbes, en flamand on les en sépare, en les plaçant à la fin du sens, au présent et à l'imparfait de l'indicatif, de même qu'à la deuxième personne de l'impératif, comme ces trois verbes: *uyt-preéken*, *indrukken*, *nazien*, le démontrent clairement dans les exemples suivans :

Gy spreékt dat woórd niet wel uyt, vous ne prononcez pas bien ce mot.

Hy drukte 'er eenen zégel in, il y imprima un cachet.

Ziet de rékening na; examinez le compte.

Lorsque l'infinitif demande la particule *te*, comme cela arrive très-souvent, ce *te* doit être mis entre la préposition et la suite du verbe, entre deux traits d'union, comme *uyt-te-spreéken*, *in-te-drukken*, *na-te-zien*.

Il en est de même des verbes qui commencent par une autre préposition, comme *omdraeyën*, tourner, *ik draey om*, je tourne : *bybrengen*, alléguer ; *ik brugt by*, j'alléguais ; *om-te-draeyën*, *by-te-brengen*, etc.

Mais si le présent et l'imparfait de l'indicatif sont précédés d'une conjonction, la préposition reste attachée à son verbe, comme dans tous les autres temps, par ex. *als gy dat woórd niet wel uytspreékt*, si vous ne prononcez pas bien ce mot; *wanneer hy daer eenen zégel indrukte*, lorsqu'il y imprima un cachet.

Pour ce qui est des prépositions *doór*, *onder*, *voór*, etc., il y a beaucoup de verbes auxquels elles restent toujours attachées; ce que l'usage seul peut apprendre.

Remarques sur les Prépositions inséparables.

Elles sont appelées inséparables, parce qu'elles ne peuvent jamais être employées seules, comme les suivantes : *be*, *ge*, *her*, *on*, *ont*, *ver*, *wan*, qu'on trouve en ces mots : *bekeeren*, convertir; *geleyden*, conduire; *herdoen*, refaire; *onbeschaemd*, effronté; *ontraeden*, déconseiller; *verdraegen*, souffrir; *wantrouw*, méfiance ; *wanorder*, désordre, etc.

La signification de ces prépositions inséparables varie beaucoup, et par conséquent on doit en acquérir l'exacte connaissance par l'usage ; néanmoins nous en dirons quelque chose pour la facilité des commençans.

Ge marque dans les participes passifs une action faite, comme *gewonnen*, gagné ; *geleézen*, lu ; *geraekt*, touché.

Her signifie une réitération de quelque chose, et vaut autant que la préposition *re* en français, comme *herneémen*, reprendre ; *hervormen*, réformer ; *herleézen*, relire.

On marque un défaut et une imperfection, et vaut presque autant que *in* en français, comme *onbekwaem*, incapable ; *ongetrouw*, infidèle ; *onstandvastig*, inconstant. Il se joint ordinairement à un adjectif, participe ou adverbe, et jamais, ou fort rarement, à un verbe.

Ont a quelquefois la même signification, mais il n'est jamais joint aux adjectifs, et toujours aux verbes ou aux participes.

Ver signifie aussi quelquefois une réitération de quelque chose, comme *vernaeyën*, recoudre ; *ververwen*, reteindre. Mais outre cette signification, il y en a encore plusieurs autres qu'on ne saurait déterminer, et qui s'apprennent par l'usage.

Wan ne se trouve ordinairement composé que dans les mots suivans :

Wangeloovig, infidèle.
Wangunstig, envieux.
Wanhoóp, désespoir.
Wanhoópen, désespérer.
Wanlust, dégoût.
Wanlustig, dégoûté.
Wanorder, désordre.
Wanschapen, difforme.

Wanschapenheyd, difformité.
Wanschiklyk, confus, en désordre.
Wantrouwen, méfiance.
Wantrouwig, méfiant.
Wanvoeglyk, indécent.
Wanvoeglykheyd, indécence.

Des Conjonctions.

La *conjonction* est une partie de l'oraison, qui lie et qui joint les mots et les discours.

Il y a plusieurs conjonctions ; leur signification est fort différente ; il y en a qu'on peut nommer *copulatives*, d'autres *disjonctives*, d'autres *de condition*, *de contrariété* et *de cause*.

Les *copulatives* sont celles qui joignent les mots et le sens du discours, comme.

En, et.	*Hier toe*, à ceci.
Ook, aussi.	*Daer toe*, à cela.
Insgelyks, pareillement.	*Daerenboven*, outre cela.
Met, méde, avec.	*Mitsgaders*, ainsi que.
Als méde, aussi, ainsi que.	*Nog*, encore.

Les *disjonctives* sont celles qui joignent bien les mots, mais qui distinguent les sens, comme.

Noch, ni.	*Het zy*, soit.
Of, ou.	*Het zy hy leéve of sterve*, soit
Doch, pourtant, mais.	qu'il vive ou qu'il meure.

Celles qui marquent quelque condition, sont les suivantes :

Zoo, indien,		*In gevalle dat*, en cas que.
By aldien, is 't zaeke,	si.	*Het zy, ten zy*, à moins.
Waer het zaeke,		

Is het zaeke, si, se met toujours avec le présent, le parfait ou le futur ; *waere het zaeke*, avec l'imparfait ou le plusque parfait, comme *is het zaeke dat wy wel leéven*, si nous vivons bien ; *waer het zaeke dat hy met ons gekoómen was*, s'il était venu avec nous.

Les *conjonctions adversaires* ou de *contrariété* sont celles qui marquent dans ce qui suit quelque chose de contraire à ce qui précède, comme.

Maer,	Mais.
Maer of,	Mais si.
Al is het, of schoon,	
Schoon dat, hoewel,	Quoique.
Alhoewel,	
Echter, nogtans,	
Evenwel, niettemin,	Cependant, néanmoins.
In tégendeel,	Au contraire.
Daerentégen,	Par contre.

Cette dernière se peut prendre pour un adverbe.

Les *conjonctions de cause*, sont celles qui donnent raison du discours précédent, comme

Want,	Car.
Vermits, aengezien dat,	
Naer dien, dewyl,	Vu que, puisque.
Nademael, gemerkt dat,	
Om dieswille, daerom,	Pour cela.
Om dat, ter oorzaeke dat,	
Uyt oorzaeke,	A cause.
Op dat, ten eynde dat,	Afin que.
Derhalven,	Pourtant.
Weshalven,	C'est pourquoi.
Hierom, daerom,	Pour ceci, pour cela.

Des Interjections.

L'INTERJECTION est un mot qui donne à connaître quelque passion de l'ame : il y en a de plusieurs sortes.

D'exclamation : *ô!*

De prière ou de flatterie : *ey! ey lieve!*

De souhait : *och! ou och of! of dat!*
D'admiration : *hoe!*
De menace : *wee! wee u!*
De douleur et de tristesse : *helaes! ô! och! och arme! ach! ay my!*
De mépris : *fi! foey! ô schande!*
De raillerie : *jou! jou!*
De joie : *ha! hey! he la!*
Pour appeler : *hem! hola! ho!*
De silence : *sus! stil!*
D'arme : *wapen! moord!*
Pour marquer le pleurer : *he! hu!*
Pour marquer le rire : *ha! ha! ha!*
Pour marquer le danger : } *help! help!* au secours! *brand! brand!* au feu!

DE LA SYNTAXE.

La Syntaxe est une partie de la Grammaire, qui apprend à bien joindre et arranger les mots, pour en faire un discours parfait.

Nous allons la traiter par ordre de l'arrangement et de la construction de chaque partie de la Grammaire.

De l'Article.

Les noms substantifs s'expriment ordinairement par l'article : comme *eenen mensch*, un homme ; *een peêrd*, un cheval.

Quant le substantif est accompagné d'un adjectif, qui doit précéder ordinairement, l'article doit toujours se mettre devant l'adjectif et le substantif, comme par exemple : *eenen eerlyken man*, un honnête homme, et non *eerlyken eenen man*; *den geheelen nagt*, toute la nuit, et non *geheelen den nagt*. On excepte pourtant *alle* au pluriel, qui se met devant l'article, comme *alle de menschen*, tous les hommes; *alle de nagten*, toutes les nuits. Mais on dit aussi sans l'article, *alle menschen*, etc.

Souvent les substantifs du pluriel ne demandent point d'article, comme

Vrouwen zyn niet te betrouwen, on ne doit point se fier aux femmes.

Gy hebt u gedraegen als mannen van eer, vous vous êtes comportés en gens d'honneur.

De plus, on ne doit jamais s'en servir quand on ne détermine pas la quantité d'une chose, comme

Geéft my brood, donnez-moi du pain.

Hebt gy volk gezien? avez-vous vu du monde?

Mais quand on marque la chose entière, il faut nécessairement s'en servir, comme

Geéft my het bier, dat in de kan is, donnez-moi la bière qui est dans le pot.

Ceci peut facilement s'observer, si l'on prend garde que quand on ne met pas l'article, les Français se servent toujours de l'article passif, comme

Ik heb geld ontfangen, j'ai reçu de l'argent.

Mais quand on dit : *ik heb het geld ontfangen, het welk hy my schuldig was*, j'ai reçu l'argent qu'il me devait, on fait toujours précéder l'article.

Quand les adverbes de quantité sont mis devant un substantif, ce substantif n'admet jamais l'article devant soi, comme

Veele goede zaeken, beaucoup de bonnes choses.

Weynige dingen, peu de choses.

Reden genoeg, assez de raison.

Meer boeken, plus de livres.

15

Les noms suivans s'écrivent souvent sans article :

God, Dieu.
Wyn, du vin.
Bier, de la bière.
Water, de l'eau.
Zout, du sel.
Rykdom, richesse.
Armoede, pauvreté.
Deugd, vertu.

Aussi les noms des métaux :

Goud, de l'or.
Zilver, de l'argent.
Koper, du cuivre.
Yzer, du fer.

Et tous les autres qui signifient une masse.

Mais on ne doit pas omettre l'article au pluriel, comme

De goden, les dieux.   *De wateren*, les eaux.

Les noms de villes, pays et royaumes s'expriment aussi sans article, comme

Vrankryk is een magtig koningryk, la France est un puissant royaume.

Antwerpen is eene schoone stad, Anvers est une belle ville.

Les noms des mois et les noms propres s'écrivent aussi sans article, comme en français, par ex. :

In january aenstaende, en janvier prochain.

Jan is eenen dronkaert, Jean est un ivrogne.

Pieter is eenen goeden knegt, Pierre est un bon valet.

Mais quand on met un adjectif devant un nom propre, on se sert ordinairement de l'article, comme

Den wysen Séneca, le sage Sénèque.

De kuysche Susanna, la chaste Susanne

Des Noms et des Pronoms.

Le nom adjectif neutre se prend quelquefois pour un nom substantif, comme

Het goed, le bien.	*Het zyne*, le sien.
Het kwaed, le mal.	*Het geestlyke*, le spirituel.
Het myne, le mien.	*Het beste*, le meilleur.
Het italiaensch, l'italien.	*Het engelsch*, l'anglais.
Het fransch, le français.	*Het spaensch*, l'espagnol.

Au lieu de dire :

De italiaensche tael, etc.   La langue italienne, etc.

On dit de même :

Op zyn spaensch,   à l'espagnole.
Op zyn fransch,   à la française.

Des Adjectifs et des Substantifs.

Lorsque l'adjectif précède, il doit s'accorder avec son substantif, exprimé ou sous-entendu en genre, en nombre et en cas, comme

Eenen vroómen man,   un honnête homme.
Een schoone vrouw,   une belle femme.

Eenen voórzigtigen (en sous-entendant *man*) *peyst veél en spreékt weynig*, un (homme) prudent pense beaucoup et parle peu. *Men verdeelt de menschen in ryke en in arme*, (en sous-entendant *menschen*, ou en prenant ces deux adjectifs substantivement) on divise les hommes en riches et en pauvres.

Mais quand l'adjectif suit son substantif, et qu'il ne peut se prendre substantivement, il est indéclinable, c'est-à-dire, au neutre du singulier, quand même son substantif antécédent serait au pluriel ou d'un autre genre, comme

Het is eenen persoon, weérdig om bemind te worden, c'est une personne digne d'être aimée.

Hy heeft zynen zak vol geld, il a la poche pleine d'argent.

Het is eenen man, zeer ervaeren in het H. Schrift, c'est un homme consommé dans les SS. Écritures.

Myne broeders en zusters zyn droef, mes frères et mes sœurs sont tristes.

Myne ouders zyn arm, mes parens sont pauvres. Nonobstant qu'on dise au pluriel : *droeve broeders en zusters ; arme ouders*.

On dit : *Den nagt voorléden*, la nuit passée.
Zyn léven lang, sa vie durant.
Eene uer lang, pendant une heure.
Een pond zwaer, une livre pesant.
Dry ellen lang, long de trois aunes.
Zes duymen breed, large de six pouces.

Quand les adjectifs n'ont aucun rapport avec un substantif, ils sont au genre neutre, comme *het is voordeelig te studeéren*, il est utile d'étudier ; *het is schoon om zien*, il est beau à voir. —

On dit : *Hendrik den vierden*, Henri quatre.
Philippus den tweeden, Philippe second.

L'usage veut que l'on dise : *mynen vader zaliger*, feu mon père ; *myne moeder zaliger*, feue ma mère, et non *mynen zaliger vader, myne zaliger moeder* ; mais il faut observer que c'est proprement une ellipse ; car *zaliger* veut dire *zaliger gedagtenis*, d'heureuse mémoire.

Du Pronom relatif.

Un pronom relatif s'accorde bien toujours avec le nom précédent en genre et en nombre ; mais le cas peut être différent, si le verbe suivant reçoit un autre cas, comme

Den man dien gy gesproken hebt, l'homme à qui vous avez parlé.

Des Substantifs.

Les substantifs d'une même chose s'accordent en cas, comme

De stal Amsteldam, la ville d'Amsterdam.
De rivier den Rhyn, la rivière du Rhin.
Myne zuster Anna, ma sœur Anne.

Den graef van Staremberg, bevelhebber der stad Weenen, heéft zich tot het uyterste onverwinbaer getoont, le comte de Staremberg, gouverneur de la ville de Vienne, s'est montré invincible jusqu'à l'extrémité.

Mais il n'est pas nécessaire qu'ils conviennent en nombre et en genre, comme

De boeken, myn vermaek, les livres, ma récréation.
De kinderen, de vreugd hunner moeder, les enfans, la joie de leur mère.

Du Génitif.

Les substantifs d'une chose différente étant joints, l'un doit se mettre au génitif, comme

Pieters boek, le livre de Pierre.

Pour savoir lequel des deux doit se mettre au génitif, il faut que la chose dont on parle soit au nominatif, comme *Pieters boek*, le livre de Pierre; vous voyez que le livre étant la chose dont on parle, est mis au nominatif, et Pierre au génitif, qui doit ordinairement précéder, en y ajoutant une *s*.

Je dis ordinairement, parce qu'il arrive souvent qu'il doit suivre, et principalement quand il se trouve un article devant les substantifs, comme

De zuyverheyd des geweétens, la pureté de la conscience.
De zonden der menschen, les péchés des hommes.
De meyd van het huys, la servante du logis.
De onagtzaemheyd der vrouwen, la négligence des femmes,

L'usage permet pourtant de dire : *het vaders goed*, les biens du père, *het moeders goed*, les biens de la mère, etc.

Néanmoins on trouve quelquefois deux substantifs joints ensemble au nominatif, comme

Eenen zak koórn, un sac de blé.
Eenen roomer wyn, un verre de vin.
Eene mand turf, un panier de tourbes.

L'usage seul souffre ces expressions ; car il faut dire *eenen zak koórns*, *eenen roomer wyns*, etc., comme nous allons l'indiquer.

Quoique, quand deux substantifs sont mis ensemble, l'un doive être au génitif, et que les pronoms ou les adjectifs doivent s'accorder en cas avec leurs substantifs, cependant cette règle n'a pas toujours lieu, comme par exemple on dit :

Myne vrouws zuster, la sœur de ma femme, pour *myner vrouws zuster*.

Uw' mans eer, l'honneur de votre mari, pour *uws mans eer*.

In zyn' vaders plaets, à la place de son père, pour *in zyns vaders plaets*.

Quand deux génitifs de même nombre et genre, ou du genre masculin et neutre, s'entresuivent, il est nécessaire que l'un des génitifs soit exprimé par la préposition *van den* ou *van het*, comme

De liefde van het volk des konings, l'amour du peuple du roi, et non, *de liefde des volks des konings*.

De magt van de vyanden der Christenen, la puissance des ennemis des Chrétiens, et non, *de magt der vyanden der Christenen*. Ce qui se fait pour éviter la cacophonie que cause la répétition des mêmes articles.

Je dis deux génitifs de même nombre et genre, ou au genre masculin et neutre, à cause que si les articles sont différens, et n'ont point la même terminaison, il est quelquefois permis de s'en servir, comme

De magt des grooten heers der Turken, la puissance du grand-seigneur des Turcs.

DE LA SYNTAXE.

On se sert aussi du génitif dans les façons de parler suivantes :

Eenen teug biers,	un coup de bière.
Eenen roomer wyns,	un verre de vin.
Eenen dronk waters,	un coup d'eau.
Eene koól vuers,	un charbon de feu.
Veél goeds,	beaucoup de bien.
Weynig gelds,	peu d'argent.
Gelds genoeg,	assez d'argent.
Vol waters,	plein d'eau.
Goed kinds,	qui aime les enfans.
Goed peèrds,	qui aime les chevaux.
Myns bedunkens,	à ce qui me semble.
Goeds moeds,	de bon courage.
Bloots voets,	les pieds nus.
Bloots hoofds,	la tête découverte.
Luyd keéls,	à gorge déployée.
Ik gaen myns wegs,	je vais mon chemin.
Hy is links,	il est gaucher.
Eens 's weéks,	une fois la semaine.
Dry-mael 's jaers,	trois fois l'an.
Twee-mael 's dags,	deux fois le jour.
'S morgens,	du matin.
'S avonds,	du soir.
'S nagts,	de la nuit.
Spottender wyze,	pour rire.
Onvoórziens,	à l'improviste.
Onverhoeds,	sans y penser.
Om des meschen wille,	à cause des hommes.
Om zynent wille,	à cause ou pour l'amour de lui.
Om haerent wille,	à cause ou pour l'amour d'elle.
Om mynent wille,	à cause ou pour l'amour de moi.
Van hunnent wége,	de leur part.
Van haerent wége,	de sa part.
Mynent halve,	pour l'amour de moi.
Vriendschaps halve,	par amitié.

Le Datif.

On se sert du datif dans les manières de parler suivantes :

Hy is zynen vader gelyk, il ressemble à son père.

Den volke iets voórdraegen, proposer quelque chose au peuple.

Het plakkaet wierd den volke opentlyk voórgeleézen, le placard fut lu publiquement devant le peuple.

Het lachen is de menschen eygen, le rire est le propre des hommes.

Die zaek is allen gemeén, cette affaire est commune à tous.

Hy is aen de wéreld nog niet gestorven, il n'est pas encore mort au monde.

Ten eeuwigen léven overgevoerd, conduit à la vie éternelle.

Ter helle vaeren, descendre aux enfers.

Ten grave gaen, descendre au tombeau.

Ten vuere gedoemd, condamné au feu.

Ten oórdeele gedagvaerd, appelé en jugement.

Ik heb het hem gezegd, je le lui ai dit.

Hy heéft het my gegeéven, il me l'a donné.

Eenen zoón die hem lief was, un fils qui lui était cher.

Weés my genadig, ayez pitié de moi.

Ik ben openbaer geworden den geénen, die naer my niet vraegde, je me suis découvert à celui qui ne me demandait pas.

Het is den lande onttrokken, cela est retranché au pays.

Den dégen wierd hem ontnomen, l'épée lui fut ôtée.

Men moet God meer gehoorzaemen dan de menschen, il faut plutôt obéir à Dieu qu'aux hommes.

Deézen geéven alle de profeéten getuygenis, tous les prophètes lui rendent témoignage.

L'Accusatif.

L'accusatif se met ordinairement après les verbes transitifs, comme :

Den smid maekt eenen hamer, le maréchal fait un marteau.

Hy sloeg zynen zoon, il frappait son fils.

Hy stiet my, il me poussa.

Zy bespotte hem, elle se moquait de lui.

Den os schopte den jongen, le bœuf donna un coup de pied au garçon.

Ik brandde mynen vinger, je me brûlai le doigt.

Hy wierp den steen weg, il jeta la pierre.

Zy at eenen appel, elle mangeait une pomme.

Hy drinkt liefst rooden wyn, il préfère le vin rouge.

Ik heb hem niet gezien, je ne l'ai point vu.

Volgt my, suivez-moi.

Ik hoorde hem niet, je ne l'entendais point.

Ik bemin mynen vader, j'aime mon père.

Le Vocatif.

Le vocatif est pour appeler et pour parler à quelqu'un, sans ou avec l'interjection ô !

O God ! ô Dieu !

Vader, niet mynen wille, maer den uwen geschiede, mon père, que ma volonté ne soit pas faite, mais la vôtre.

Gae weg, Satan ; Satan, retire-toi.

Gelooft gy, ô koning Agrippa ! de profeeten ? ô roi Agrippa, croyez-vous les prophètes ?

L'Ablatif.

L'usage de l'ablatif se peut remarquer dans les phrases suivantes :

Daer is eenen brief van hem gekomen, il est venu une lettre de sa part.

Ik heb een boek van mynen broeder gekreegen, j'ai reçu un livre de mon frère.

Des Adjectifs.

Tous les comparatifs ont après eux la conjonction *als* ou *dan*, que, avec un nominatif ; *als* quand on parle d'une égalité, comme *zy is zoo groot als hy*, elle est aussi grande que lui; *dan*, quand il est question d'une pluralité ou minorité, comme *daer is niets kostelyker dan den tyd*, il n'y a rien de plus précieux que le temps.

Tous les superlatifs demandent un génitif, comme

Hy was den geleerdsten der Grieken, il était le plus savant des Grecs.

Salomon is geweest den wysten aller koningen, Salomon a été le plus sage des tous les rois.

Il est pourtant aussi permis de se servir d'une préposition, comme

Hy is den besten onder myne vrienden, il est le meilleur parmi mes amis.

De même aussi les mots des nombres cardinaux et ordinaux veulent un génitif, comme

Hy is eenen der geenen, die my haeten, il est un de ceux qui me haïssent.

Augustus was den eersten der roomsche keyzeren, Auguste était le premier des empereurs romains.

Gelyk, semblable, se met avec un génitif ou datif, comme

Wie is myns gelyk? qui est semblable à moi?
Wie is hem gelyk? qui est semblable à lui?
Eenen gierigaert is den waterzugtigen gelyk, un avare est semblable à un hydropique.

La plupart des autres adjectifs demandent un datif, et sont en fort grand nombre.

Les adjectifs de dimension régissent la mesure de la chose à l'accusatif, et se mettent ordinairement à la fin après la mesure, comme

Die tafel is tien voeten lang, en zes voeten breed, cette table a dix pieds de long et six de large.

Les adjectifs *begaefd*, doué; *vergenoegd* ou *te vreden*, content, ne s'employent jamais sans la préposition *met*, comme :

Hy is met een goed verstand begaefd, il est doué d'un bon esprit.

Hy is vergenoegd ou *te vreden met het geéne God hem gegeéven heéft*, il est content de ce que Dieu lui a donné.

Ryk, riche, se met ordinairement avec la préposition *aen* ou *in*, comme

Ryk aen ou *in juweelen*, riche en pierreries.

Ryk in landen, riche en terres.

Quelquefois aussi sans préposition avec un accusatif, comme

Hy is wel tien duyzend guldens ryk, il est bien riche de dix mille florins.

Vol, plein, se met souvent sans préposition, comme

Vol liefde, plein d'amour; *vol gelds*, plein d'argent.

Mais quand le substantif se trouve accompagné de quelque pronom, on doit toujours se servir de la préposition *van*, comme

Hy is vol van die liefde, il est plein de cet amour.

Ik heb mynen zak vol van zyn geld, j'ai ma poche pleine de son argent.

On s'en sert aussi quelquefois, quoique le substantif soit sans pronom, comme

Vol van ondeugd, plein de malice; *vol van liefde*, plein d'amour.

Des Pronoms.

Les pronoms doivent convenir en genre et en nombre, mais pas toujours en cas, comme nous l'avons montré ci-dessus par le pronom relatif.

Dien ou *den geénen* demande toujours après soi un pronom relatif, comme

Dien is waerlyk een kind Gods, die zyne geboden tragt te onderhouden, celui-là est vraiment un enfant de Dieu, qui tâche d'observer ses commandemens.

Wat est un pronom qui a beaucoup de significations, et qui marque quelquefois *que*, comme dans les interrogations suivantes:

Wat zegt gy? que dites-vous?

Wat zoekt gy? que cherchez-vous?

Wat se met souvent pour *welken* et *welke*, quel, quelle, comme

Wat man, quel homme; *wat vrouw*, quelle femme, au lieu de *welken man*, *welke vrouw*.

Wat se met aussi pour *hoe veel*, combien, comme

Wat heeft dat gekost? combien cela a-t-il coûté?

Wat looft gy dat? combien faites-vous cela?

Wat geld dat? combien cela vaut-il?

Wat se met encore au lieu de *hoe zeer*, que, comme

Wat zyt gy bedroefd! que vous êtes triste!

Wat marque aussi quelquefois *hoe*, comment, quoi, comme

Wat! hebt gy reden van te klaegen? quoi! avez-vous raison de vous plaindre?

Wat! is het mogelyk! comment! est-il possible!

Wie, qui peut servir d'interrogation et de démonstration : comme

Wie heeft dat gedaen? qui a fait cela?

Wie niet wel eyndigt, doet niet met al, celui-là ne fait rien, qui n'achève bien.

Observez bien l'usage de *hem*, lui, qui est le datif et l'accusatif de *hy*, pris pour un autre, et de *zich*, le datif et l'accusatif de *hy*, pris pour la personne même, il faut dire :

Hy heeft hem daer mede groote schade gedaen, il lui a fait grand tort par-là, et non, il s'est fait grand tort; car alors on ne pourrait savoir si c'est question de lui-même ou d'un autre; il faut donc se servir de *zich*, quand cela s'entend de lui-même, et de *hem*, quand on parle d'un autre; pour marquer donc qu'il s'est fait grand tort à lui-même, il faut dire : *hy heeft zich groote schade gedaen*; mais quand cela se rapporte à un autre, on dit : *hy heeft hem groote schade gedaen*; et ainsi on prévient tout doute.

Remarquez ici cette manière de parler dans les pronoms suivans :

Tot mynent, chez moi.   *Tot uwent*, chez vous.
Tot onzent, chez nous.   *Tot zynent*, chez lui.

Over mynent,   vis-à-vis chez moi.
Over uwent,   vis-à-vis chez vous.
Over zynent,   vis-à-vis chez lui.
Om mynent wil,   pour l'amour de moi.
Om uwent wil,   pour l'amour de vous.
Om zynent wil,   pour l'amour de lui.
Om onzent wil,   pour l'amour de nous.

On peut voir dans les exemples suivans l'usage des pronoms, et de quelle manière l'on peut s'en servir :

Mynen vader, mon père.   *Zyne vrouw*, sa femme.
Uwen broeder, votre frère.   *Myne zusters*, mes sœurs.
Zynen oom, son oncle.   *Waer is uwen broeder en uwe zuster?* où est votre frère et votre sœur?
Haeren knegt, son valet.
Myne vrienden, mes amis.
Uwe broeders, vos frères.   *Waer zyne uwe neéven?* où sont vos cousins?
Zyne vaders, ses pères.
Haere knegten, ses valets.
Myne moeder, ma mère.   *Myne broeders en myne zusters zyn boven*, mes frères et mes sœurs sont là-haut.
Uwe zuster, votre sœur.
Zyne meyd, sa servante.

Onzen vader, notre père.   *Onze broeders*, nos frères.
Uwen vader, votre père.   *Uwe broeders*, vos frères.
Hunnen vader, leur père.   *Hunne broeders*, leurs frères.
Haeren vader, son père.   *Haere broeders*, ses frères.

Onze moeder, notre mère.   *Onze zusters*, nos sœurs.
Uwe moeder, votre mère.   *Uwe zusters*, vos sœurs.
Hunne moeder, leur mère.   *Hunne zusters*, leurs sœurs.
Haere moeder, sa mère.   *Haere zusters*, ses sœurs.
Den mynen, le mien.   *De zyne*, la sienne.
Den uwen, le vôtre.   *De haere*, la sienne.
Den zynen, le sien.

De myne, la mienne.   *De myne*, les miens, les miennes.

De uwe, la vôtre.   *De uwe*, les tiens, les tiennes.

De zyne; les siens, les siennes.
De haere, les siens, les siennes.
De onze, les nôtres.
De uwe, les vôtres.
De hunne, les leurs.
De haere, les leurs.
Welken knegt is dat? quel valet est-ce?
Welke meyd zal dit draegen? quelle servante portera ceci?
Welken man? quel homme?
Dien knegt, ce valet.
Dat kind, cet enfant.
Die kinderen, ces enfans.
Die meyd, cette servante.
Deezen knegt, ce valet.
Dit kind, cet enfant.
Deeze meyd, cette servante.
Deezen of dien, celui-ci ou celui-là.
Deeze of die, celle-ci ou celle-là.
Dit en dat, ceci et cela.
Den geenen die, celui qui.
Het geen, ce qui.
Dien van, celui de.
Die van, celle de.
Waer van, van dien, de quoi, dont, de qui.
Waer op, ergens op, à quoi.

'Er, het, de zelve, het zelve, daer over, 'er over, der zelve, van het zelve.

'Er op, daer op, op den zelven, op de zelve, 'er om, op dien, op die, ergens op.

'Er van, daer van, van den zelven, van de zelve, daer af, 'er af, daer uyt, uyt de zelve.

Het, van dat, van dit, op dat, op zulks, den zelven, de zelve, het zelve, etc., se mettent en français par *en, y, le, la, les*.

Eenigen man, quelque homme.
Iederen burger, chaque citoyen.
Elke vrouw, chaque femme.
Eenen zekeren koopman, un certain marchand.
Sommige menschen, quelques hommes.
Den eenen en den anderen, l'un et l'autre.
Een ander, un autre.
Hoe ryk gy ook zyt, quelque riche que vous soyez.
Wie gy ook zyt, qui que vous soyez.
Den zelven man, le même homme.
Niet eenen, niemand, geenen man, aucun, personne, nul, pas un.
Zoo eenen, un tel.
Zulk eenen knegt, un tel valet.

Zoodanige dogters, de telles filles.
Zulk eene meyd, une telle servante.
Al het brood, } tout le
Het geheel brood, } pain.
De geheele wéreld, } tout le
Al de wéreld, } monde.
Alle de boeken, tous les livres.
Alle de tafels, toutes les tables.
Veéle mannen en vrouwen, plusieurs hommes et femmes.

Den man dien spraekt, l'homme qui parle.
De vrouw waer van ou van welke ik spreek, la femme dont je parle.
Daer ik aen ou aen welk ik spreek, à qui je parle.
De mannen die spreeken, les hommes qui parlent.
Waer van wy spreeken, dont nous parlons.
Waer aen wy spreeken, à qui nous parlons.
Dat ik ken, que je connais.

Des Verbes.

Tout verbe personnel, c'est-à-dire, qui se conjugue par les pronoms *je, tu, il*, demande devant soi un nominatif de la même personne et du même nombre, comme :

De vreeze des Heere is het beginsel van alle wysheyd, la crainte de Dieu est le principe de toute sagesse.

Alle menschen hebben hunne gebreken, tous les hommes ont leurs défauts.

Deux ou plusieurs singuliers différens, joints par la conjonction *en*, veulent que le verbe soit mis au pluriel, mais de manière que le verbe s'accorde avec la personne principale, comme

Mynen meester en ik hebben 'er gisteren geweést, mon maître et moi y fûmes hier.

On voit que dans cette phrase le verbe s'accorde avec la première personne *ik*, moi, qui est la plus noble; le second rang appartient à la seconde *gy*, vous, et enfin le dernier à la troisième *hy*, lui, et à tous les autres noms et pronoms.

Les trois personnes se mettent quelquefois devant, et quelquefois après les verbes, comme

Ik heb geëten, j'ai mangé.

Gisteren waeren wy saemen in gezelschap, hier nous fûmes ensemble en compagnie.

Mais quand il s'agit d'une interrogation, la personne se met ordinairement après le verbe, comme

Hebt gy tot mynent geweést, avez-vous été chez moi?

Je dis ordinairement, car elle peut se mettre aussi quelquefois devant le verbe, comme

Ik zou als schuldig vlugten? je prendrais la fuite comme coupable? quoiqu'il semble que cette phrase dénote un étonnement.

Le verbe auxiliaire *zyn* ou *wézen*, être, demande le génitif, quand il se prend pour appartenir, comme

Wy zyn des Heere, nous sommes au Seigneur.

Wiens is 't? à qui est-ce?

Het is Pieters, cela appartient à Pierre.

Tous les verbes actifs régissent l'accusatif, comme

De moeders beminnen haere kinderen, les mères aiment leurs enfans.

Et cet accusatif doit se mettre après le verbe dans les temps simples, comme

Ik heb geld, j'ai de l'argent.

Hy beminde huer zeer, il l'aimait fort.

Mais dans les temps composés l'accusatif se met entre le verbe et son auxiliaire, comme

Ik heb geld gehad, j'ai eu de l'argent.
Ik had werk gehad, j'avais eu de l'ouvrage.
Ik zal myn woórd houden, je tiendrai ma parole.
Ik zou de waerheyd spreéken, je dirais la vérité.

Quand on parle d'une chose qui se rapporte à quelque personne, alors la personne se met ordinairement devant la chose au datif, comme

Hy heéft my zyn woórd gegeéven, il m'a donné sa parole.

Hy betaelt my zyne schuld, il me paie sa dette.
Zy ontnamen hem al zyn geld, ils lui prirent tout son argent.

Quand il se trouve une chose, ou une personne, avec un verbe qui précède l'accusatif, ou qui en est comme la cause instrumentale, alors on met la chose ou la personne après l'accusatif du verbe, comme

Ik heb dat geld van hem, j'ai cet argent de lui.

Ik bevoorder de saek door eenen goeden vriend, j'avance l'affaire par un bon ami.

Hy doet alles voor geld, il fait tout pour de l'argent.

Nous n'indiquons ici qu'en passant l'arrangement et l'ordre des mots, mais nous en traiterons plus amplement ci-après.

Zich vergelyken, se comparer, demande après soi l'accusatif avec la préposition *by*, comme

Het voegt niet, dat den dienaer zich by zynen meester vergelyke, il ne convient pas que le serviteur se compare à son maître.

Zich erbarmen ou *ontfermen*, avoir pitié, demande l'accusatif avec la préposition *over*, comme

Ik erbarm ou *ontferm my over u*, j'ai pitié ou compassion de vous.

Quelquefois aussi le génitif sans préposition, comme

Ik ontferm my uwer, j'ai pitié de vous.
Ontferm u onzer, ayez pitié de nous.

Mais *médelyden* ou *mededoogen hebben*, avoir compassion, demande après soi la préposition *met*, comme

Zy hebben médelyden ou mededoogen met hem, ils ont compassion de lui.

Devant les noms des villes où l'action a lieu, on doit toujours mettre la particule *te*, comme

Hy studeért te Leyden, il étudie à Leide.
Hy is te Méchelen, il est à Malines.
Hy woont te Parys, il demeure à Paris.

Sur ce pied-là, il faut mettre sur le dessus d'une lettre,

te Amsteldam, *te Parys*, et non *tot Amsteldam*; quoiqu'on néglige souvent cette règle.

Quelquefois on se sert aussi de la préposition *binnen*, comme

Ik heb dat binnen Londen gezien, j'ai vu cela à Londres.

Mais les noms de pays et de royaumes demandent la préposition *in*, comme

Ik heb myne jeugd in Duytsland doórgebragt, j'ai passé ma jeunesse en Allemagne, et non *te Duytsland*.

Quand il se fait un mouvement vers la ville dont on parle, il est nécessaire de se servir de la préposition *naer*, comme

Hy gaet naer Leyden, il va à Leide.

Mais on se sert de *te*, quand on dit :

Ik gaen te Leyden woonen, je vais demeurer à Leide.

Ik gaen te Keulen studeéren, je vais étudier à Cologne.

Quoique plusieurs disent : *ik gaen naer Leyden woonen*; cette façon de parler est vicieuse, parce que *te* doit se mettre pour signifier une action qui se fait en un lieu : cette action est ici la chose principale, et non le mouvement.

Les noms de pays et de royaumes demandent la préposition *naer*, comme

Zy zullen saemen naer Italiën gaen, ils iront ensemble en Italie.

Enfin, quand il se fait un mouvement de la ville, comme aussi d'un pays ou royaume, on se sert de la préposition *van* ou *uyt*, comme

Hy komt van Roomen, il vient de Rome.

Hy is uyt Antwerpen gebannen, il est banni d'Anvers.

Hy is uyt Engeland wédergekomen, il est de retour d'Angleterre.

Nous mettrons ici les quatre questions de lieu, pour en faciliter la pratique.

Première question : *Waer is hy?* où est-il? *Te Parys*, à Paris. *Te bed*, au lit.

T'huys, au logis, à la maison.   *Aen de deur*, à la porte.
Op de merkt, au marché.
In de kerk, à l'église.   *In het hof*, à la cour.
In den hof, au jardin.   *Op het land*, à la campagne.
In Vrankryk, en France.   *Op de beurs*, à la bourse.
In den Haeg, à la Haye.   *Op den zolder*, au grenier.

Seconde question : *Waer gaet hy naer toe?* où va-t-il?

Naer huys, au logis.   *Naer het land*, à la campagne.
Naer het pak-huys, au magasin.
Te bruyloft, aux nôces.
Naer den kelder, à la cave.   *Naer Madrid*, à Madrid.

Troisième question : *Waer komt hy van daen?* d'où vient-il?

Van huys, de la maison.   *Uyt Portugal*, de Portugal.
Van de kerk, de l'église.   *Van Londen*, de Londres.
Van het land, de la campagne.   *Uyt de herberg*, du cabaret.
Van Weenen, de Vienne.

Quatrième question : *Waer is hy doór gegaen?* par où a-t-il passé?

Den hof doór, par le jardin.   *Doór Parys*, par Paris.
Doór de voórstéden, par les faubourgs.   *Doór het huys heén*, par la maison.
Doór Poólen, par la Pologne.   *Doór de kerk heén*, par l'église.

Le temps, quand la chose se fait, demande devant soi la particule *ten*, comme *ten dry ueren*, à trois heures; *ten middag*, à midi; *t'avond*, au soir, qui admet une apostrophe au lieu de l'*e*, à cause de la voyelle qui suit immédiatement,

On dit néanmoins :

'S morgens, le matin, pour *des morgens*.
'S middags, à midi, pour *des middags*.
'S agtermiddags, l'après-midi, pour *des agtermiddags*.
'S avonds, le soir, pour *des avonds*.
'S winters, en hiver, pour *des winters*.

Le temps s'exprime quelquefois par la préposition *binnen*, comme

Binnen kort, sous peu.
Binnen vier-en-twintig ueren, dans vingt-quatre heures.
Binnen veertien dagen, dans quinze jours.

Quelquefois par la préposition *over*, comme

Hy zal over een jaer trouwen, il se mariera dans un an.
Ik zal over eene uer wéderkomen, je serai de retour dans une heure.

Te ne se met point, quand le substantif se trouve accompagné de quelque autre mot, comme

Dien zelven dag, ce même jour.

Den voórléden nagt, la nuit passée.

Mais la durée du temps se met à l'accusatif sans préposition, comme

Hy heéft den gantschen nagt gewaekt, il a veillé toute la nuit.

Quelquefois on y ajoute aussi le mot *lang*, comme

Ik heb 'er dry ueren lang aen geárbeyd, j'y ai travaillé trois heures.

On dit aussi : *in eene maend*, dans un mois; *in eene uer*, dans une heure.

Règles touchant l'Infinitif.

Quand deux verbes se rencontrent, le deuxième doit se mettre à l'infinitif, comme en français.

Ik kan niet komen, je ne puis pas venir.

Ik begin te leeren, je commence à apprendre.

Quand *de* ou *à* en français se trouve joint à un infinitif, il s'exprime ordinairement par la particule *te* en flamand, comme

Een ieder moet tragten wel te leéven, chacun doit tâcher de bien vivre.

Hy heéft voórgenomen zulks te doen, il s'est proposé de faire cela.

Ik meende vroeger te komen, je pensais venir plutôt.

Quand l'infinitif suit après le prétérit parfait ou plusque parfait, ceux-ci se changent en infinitifs, comme

Ik heb hem hooren spreéken, je l'ai entendu parler, et non *ik heb hem gehoord spreéken*.

Ik heb hem zien sterven, je l'ai vu mourir, et non *ik heb hem gezien sterven*.

Ik had hem zoeken te helpen, j'avais tâché de l'aider; quoiqu'on dise aussi *ik had gezogt hem te helpen* : cette dernière façon de parler est plus tolérable, à cause du *te*, qui précède l'infinitif.

Règles touchant les Gérondifs.

Les flamands n'ont point de gérondifs, au lieu desquels ils se servent de l'infinitif avec *van te* ou *om te*, en français *de* ou *pour*, comme

Hy heéft de gaef van wel te spreéken, il a le don de bien parler.

Ik kom om u te groeten van wége mynheer, je viens pour vous saluer de la part de monsieur.

Ceci se doit entendre des gérondifs qui finissent en latin en *di* ou *dum*; car le gérondif en *do* s'exprime par le participe présent, en y ajoutant *al*, comme *al speélende*, en jouant; *al dansende*, en dansant; *al eétende*, en mangeant.

La langue flamande n'a pas de *supins*.

Règles touchant les Participes.

Les participes régissent le cas de leur verbe, comme

Ziende eenen man, voyant un homme.
Zich ontfermende over hem, ayant pitié de lui.
Eene vrouw gezien hebbende, ayant vu une femme.

RÈGLES TOUCHANT LES ADVERBES, PRÉPOSITIONS, CONJONCTIONS ET INTERROGATIONS.

Des Adverbes.

Les adverbes de quantité, comme *veél*, beaucoup; *weynig*, peu; *meer*, plus; *minder*, moins, se mettent avec le génitif, comme

Veél goeds, beaucoup de bien.
Weynig moeds, peu de courage.
Meer verstands, plus d'esprit.
Minder tyds, moins de temps.

Genoeg, assez, se met ordinairement avec le génitif, comme *gelds genoeg*, assez d'argent; *moeds genoeg*, assez de courage. On ne parle donc pas bien, quand on dit *hy heeft wyn genoeg*, il a assez de vin; *hy heeft geld genoeg*, il a assez d'argent, comme nous l'avons déjà observé.

Des Prépositions.

La pluplart des prépositions régissent l'accusatif, comme
Dat is niet naer mynen zin, cela n'est pas à mon goût.
Dit stryd tegen de wet, ceci est contraire à la loi.

Des Conjonctions.

Il y en a quelques-unes qui demandent le subjonctif, comme par exemple:

'T zy hy leéve of sterve, soit qu'il vive ou qu'il meure.
Op dat hy in staet blyve, afin qu'il demeure en état.
Genomen dat het zoo zy, supposé qu'il soit ainsi.

Des Interjections.

Il s'en trouve dans cette langue qui régissent le datif ou l'accusatif, comme

Ach my rampzaligen ! ah malheureux que je suis.
Wee de gcéne die, enz., malheur à ceux qui, etc.

DE L'ORDRE ET DE L'ARRANGEMENT DES MOTS.

Du Discours affirmatif de l'Indicatif.

Dans un discours affirmatif du présent ou du prétérit imparfait de l'indicatif, on doit observer cet ordre : le nominatif doit précéder, n'importe que ce soit un nom ou un pronom ; le verbe doit être mis après ; le datif de la personne ou du pronom doit suivre le verbe ; l'adverbe ou le cas du verbe, ou bien les autres cas avec leur préposition, se mettent à la fin, comme

Ik gaf hem dat gisteren in zyne handen, hier je lui donndis cela dans ses mains.

Ik zeg u altoos de waerheyd in myne brieven, je vous dis toujours la vérité dans mes lettres.

On dit néanmoins :

Ik gaf het hem, pour *ik gaf hem dat*, je le lui donnais.

Quand le datif et l'accusatif se rencontrent dans une même phrase, tellement que le datif est de la chose, et l'accusatif de la personne ; alors l'accusatif de la personne doit se mettre devant le datif de la chose, qui peut être joint immédiatement après l'accusatif, ou bien après l'adverbe, s'il s'y en trouve quelqu'un, comme :

Hy geéft zich geheel aen God over; il s'abandonne entièrement à Dieu.

Si le datif et l'accusatif se trouvent ensemble dans une même phrase, et que l'un et l'autre soit personnel, il faut que l'accusatif soit mis devant le datif, et que le datif suive immédiatement après, comme

Ik heb hem aen haer bevoólen, je l'ai recommandé à elle.

Ces trois remarques doivent être observées dans tous les temps et dans tous les modes, ainsi que dans d'autres cas, comme

Ik ontferm my uwer, j'ai pitié de vous.

Du Prétérit parfait, Plusque parfait et du Futur de l'Indicatif.

Le nominatif doit toujours se mettre le premier; le verbe auxiliaire le second; le datif, l'adverbe ou le cas du verbe, ou bien un autre cas avec sa préposition, le troisième, et enfin le participe ou l'infinitif du verbe conjugué doit tenir le dernier rang, comme

Ik heb u eenen brief doór mynen broeder laeten toekomen; je vous ai fait tenir une lettre par mon frère.

Ik zal u morgen de tyding doór eenen brief laeten weéten, je vous instruirai demain de la nouvelle par une lettre.

Le cas avec la préposition peut aussi se mettre après le participe ou l'infinitif du verbe conjugué, comme

Ik zal u dat overzenden doór mynen neéf, je vous enverrai cela par mon neveu.

Si quelqu'une des particules suivantes : *wie*, qui; *die* ou *de geéne*, celui, qui; *al is het, schoon dat, hoewel, alhoewel*, quoique; *zoo, indien*, si, avec les conjonctions *dewyl, vermits dat, aengezien dat, nademael*, vu que; *zoo haest, zoo dra*, aussitôt; *als, wanneer*, quand, se trouve au commencement d'une période, le verbe doit être mis à la fin, comme au subjonctif; exemples :

Als ik hem daer van sprak, quand je lui parlais de cela.

Indien gy uwen evennaesten bemint, si vous aimez votre prochain.

Die zynen broeder beledigt, enz. celui qui offense son frère, etc.

Il faut excepter *wie*, quand il est interrogatif, comme

Wie brengt my dat? qui m'apporte cela?

Le même ordre, que nous avons prescrit pour le présent de l'indicatif, doit s'observer dans l'impératif; on n'a qu'à remarquer que le nominatif du pronom personnel ne s'exprime jamais à la seconde personne, tant au singulier qu'au pluriel, comme *gae,* va; *spreek*, parle, au singulier, et *gaet spreekt*, pour le pluriel.

J'ai spécifié le nominatif du pronom personnel, parce qu'on fait souvent précéder un autre nom, que l'on peut prendre pour le nominatif, comme

Pieter, geef my wyn, Pierre, donnez-moi du vin.

Du Subjonctif.

Le subjonctif garde l'ordre de l'indicatif, avec cette différence, que le verbe simple se met à la fin au présent, et à l'imparfait, et que le verbe auxiliaire se met aussi à la fin dans tous les autres temps qui en sont composés, comme

Gy ziet wel dat ik myn woord houde, vous voyez bien que je tiens ma parole.

Hy zeyde dat hy het aen u gegeéven hadde, il disait qu'il vous l'avait donné.

Du Discours négatif.

On doit observer dans le discours négatif le même ordre que dans l'affirmatif ou le positif.

Toute la difficulté se rencontre dans la particule négative dont nous allons traiter.

La particule négative doit se mettre à la fin, au présent et à l'imparfait, comme :

Ik begeer dat niet, je ne veux pas cela.

Ik verstond u niet, je ne vous comprenais pas.

Mais si après le présent ou l'imparfait il se rencontre un verbe à l'infinitif, sans ou avec la particule *te*, alors le mot négatif se met immédiatement devant ces infinitifs, comme

Ik wil hem niet bedriegen, je ne veux pas le tromper.

Hy meende u daer mede niet te beledigen, il ne pensait pas vous offenser en cela.

Si un cas avec une préposition se trouve dans les temps susdits, ou dans les autres, dont nous allons parler, alors la particule négative peut être mise quelquefois devant, comme

Ik woon niet by mynen broeder, je ne demeure pas chez mon frère.

Au parfait, au plusque parfait et au futur, la particule négative se met immédiatement avant le participe ou l'infinitif du verbe conjugué, comme

Ik heb hem sedert langen tyd niet gezien, je ne l'ai pas vu depuis long-temps.

Hy heeft dat niet willen zeggen, il n'a pas voulu dire cela.

Il en est de même du conditionnel qui se trouve composé de *zou*, comme

Op dat ik het niet zou zeggen, afin que je ne le dise pas.

Au présent et à l'imparfait du subjonctif la particule négative *niet* se met immédiatement devant le verbe, qui se met à la fin, comme

Op dat hy my niet bedriege, afin qu'il ne me trompe pas.

Indien hy my niet haette, s'il ne me haïssait pas.

Au parfait, au plusque parfait et au futur, elle doit être mise immédiatement devant le participe, comme

Hoewel ik dat niet gedaen hebbe, quoique je n'aie pas fait cela.

Ik wenschte wel, dat ik hem niet ontmoet hadde, je voudrais bien ne l'avoir pas rencontré.

Si la particule négative *niet* se rencontre avec un des adverbes suivans :

Veél, beaucoup.
Te veél, trop.
Weynig, peu.
Te weynig, trop peu.
Zoo veél, autant.
Genoeg, assez.
Wel, bien.
Meer, davantage.

Ou avec d'autres adverbes de quantité ou de qualité, elle doit être mise immédiatement devant ces adverbes, comme

Ik heb niet veél gelds, je n'ai pas beaucoup d'argent.
Dat is niet wel gedaen, cela n'est pas bien fait.
Zy hebben zich niet genoeg verweerd, ils ne se sont pas assez défendus.

Mais quand *genoeg* est accompagné d'un substantif, on ajoute ordinairement *geen*, comme

Ik heb geen gelds genoeg, je n'ai pas assez d'argent.
Hy heeft geene plaets genoeg, il n'a pas assez de place.

Dans ce cas *genoeg* doit se mettre après le substantif et devant le verbe, comme

Ik heb geen werk genoeg te doen, je n'ai pas assez d'ouvrage à faire.

Quand *nog*, encore, se trouve avec *niet*, pas; *nog* doit toujours être mis devant, comme

Hebt gy nog niet geëten? n'avez-vous pas encore mangé?

Remarque touchant le mot al.

Al, quand il signifie *alhoewel*, quoique, veut que dans une phrase la personne soit mise après le verbe, comme

Al ware hy mynen vriend, quand même il serait mon ami.

Dans le parfait, le plusque parfait et le futur, la personne se met entre le participe ou l'infinitif du verbe conjugué, comme

Al heeft Adam gezondigt, quoique Adam ait péché.

De l'Interrogation.

Le même ordre s'observe dans l'interrogation affirmative ou négative, avec cette seule différence, que le nominatif est mis après le verbe, comme

Bemint zy hem? l'aime-t-elle?
Bemint gy hem niet? ne l'aime-t-elle pas?

On peut néanmoins quelquefois faire précéder le nominatif, pour donner plus de force au discours, comme

Ik zou myn bloed verraeden! je trahirais mon sang!

Il en faut aussi excepter ces pronoms, *wie*, qui, lequel; *welke*, quel, quelle; lequel, laquelle, qui se mettent toujours devant leur verbe, comme

Wie heéft dat gedaen? qui a fait cela?
Welke vrouw was het? quelle femme était-ce?

De même aussi, quand ils sont au génitif, comme

Wiens geld is dat? à qui est cet argent?
Wiens boeken zyn dat? à qui sont ces livres?

Du mot wil et de quelques autres.

Ce mot suit le génitif, comme
Om myns vaders wil, pour l'amour de mon père.
Om uwent wil, pour l'amour de vous.
Om best wil, pour le mieux.

Observez aussi ces façons de parler au génitif :
Barrevoets, à pied nu.
Grootdeels, pour la plupart.
Eensdeels, en partie.
By tyds, à temps.
Eershalven, pour l'honneur.
Pligtshalven, par devoir, par obligation.
Diesaengaende, touchant cela.
Hy gaet zyns wegs, il va son chemin.

L'usage permet aussi de dire :
Zes voet lang, long de six pieds, pour *zes voeten lang.*
Tien duym breed, large de dix pouces, pour *tien duymen breed.*

Twee pond, deux livres, pour *twee ponden*.

Honderd duyzend man, cent mille hommes, pour *honderd duyzend mannen*.

Vous voyez qu'ici le singulier du substantif est pris pour le pluriel.

Remarquez encore ces mots, où *er* se rencontre à la fin, sans qu'on en puisse donner aucune raison, sinon qu'il marque un génitif, comme

Regter hand, main droite.
Slinker hand, main gauche.
Zuyder zee, mer méridionale.
Ter goeder uere, à la bonne heure.
Ter dood, à la mort.
Et quelque peu d'autres.

Zulks, se met également pour *zulke dingen*, telles choses, comme

Ik heb noyt de gedagten gehad om zulks te doen, je n'ai jamais eu la pensée de faire de telles choses.

VOCABULAIRE FLAMAND ET FRANÇAIS.

De Dieu, des Saints, etc.

God,	Dieu.
God den Vader,	Dieu le Père.
God den Zoón,	Dieu le Fils.
God den H. Geest,	Dieu le St. Esprit.
Schepper,	Créateur.
Verlosser,	Rédempteur.
Heyligmaeker,	Sanctificateur.
de H. Maegd Maria,	la Sainte Vierge Marie.
de Heyligen,	les Saints.
de Gelukzaligen,	les Bienheureux.
Martelaer,	Martyr.
Profeét, voórzegger,	Prophète.

Evangelist,	Evangéliste.
Apostel,	Apôtre.
Belyder,	Confesseur.
den Hemel,	le Ciel.
de Helle,	l'Enfer.
het Vageouer,	le Purgatoire.
het schepsel,	la créature.
de natuer,	la nature.
het lichaem,	le corps.
den geest,	l'esprit.
de ziele,	l'ame.
het Paradys,	le Paradis.
de glorie,	la gloire.
den Engel,	l'Ange.
Aerts-Engel,	Archange.
Chérubien,	Chérubin.
Séraphien,	Séraphin.
den duyvel,	le diable.

Les Élémens.

Het vuer,	le feu.
de locht,	l'air.
de aerde,	la terre.
het water,	l'eau.
de zee,	la mer.
het firmament,	le firmament.
de sterren,	les étoiles.
de zon,	le soleil.
de maen,	la lune.
de planeet, dwaelsterre,	la planète.
de comeet, steèrtsterre,	la comète.
de straelen der zonne,	les rayons du soleil.
het licht,	la lumière.
de duysternissen,	les ténèbres.
de hitte,	la chaleur.
de koude,	le froid.
den damp,	la vapeur.
den wind,	le vent.
den oosten,	l'est.

den westen,	l'ouest.
den zuyden,	le sud.
den noórden,	le nord.
eene wolk,	une nuée.
den régen,	la pluie.
den hagel,	la grêle.
den sneeuw,	la neige.
den vorst,	la gelée.
den dooy,	le dégel.
den dauw,	la rosée.
den névèl,	le brouillard.
het onwéder,	l'orage.
het tempeest,	la tempête.
den storm-wind,	le tourbillon.
den bliksem,	la foudre.
den donder,	le tonnerre.
den régen-boog,	l'arc-en-ciel.
de aerd-beéving,	le tremblement de terre.
den vloed,	l'inondation.

Du Temps.

Den dag,	le jour.
den dagenraet,	l'aube du jour.
den zonnen opgang,	le lever du soleil.
den nagt,	la nuit.
midder-nagt,	minuit.
den noen,	le midi.
den morgend,	le matin.
den avond,	le soir.
den zonnen ondergang,	le coucher du soleil.
morgen,	demain.
van daeg,	aujourd'hui.
eene uere,	une heure.
een quartier uers,	un quart d'heure.
eenen minuet,	une minute.
eenen oogenblik,	un moment.
eene week,	une semaine.
eene maend,	un mois.

een jaer,	un an.
eene eeuw,	un siècle.
de eeuwigheyd,	l'éternité.
het beginsel,	le commencement.
het midden,	le milieu.
het eynde,	la fin.

Les Jours de la Semaine.

Zondag,	dimanche.
maendag,	lundi.
dynsdag,	mardi.
woensdag,	mercredi.
donderdag,	jeudi.
vrydag,	vendredi.
zaterdag,	samedi.

Les Mois de l'An.

Januarius,	louw-maend,	janvier.
februarius,	sprokkel-maend,	février.
meêrt,	lente-maend,	mars.
april,	gras-maend,	avril.
mey,	bloey-maend,	mai.
junius,	zomer-maend,	juin.
julius,	hooy-maend,	juillet.
augustus,	oogst-maend,	août.
september,	herft-maend,	septembre.
october,	wyn-maend,	octobre.
november,	slagt-maend,	novembre.
december,	winter-maend,	décembre.

Les quatre Saisons de l'année.

de lente,	le printemps.
den zomer,	l'été.
den herft,	l'automne.
den winter,	l'hiver.

Les Temps remarquables de l'Année.

Nieuw jaer,	le jour de l'an.
Koningen-dag,	le jour des Rois.

licht-misse,	la chandeleur.
vasten-avond,	le carnaval.
den vasten,	le carême.
de quater-tempers,	les quatre-temps.
de goede week,	la semaine-sainte.
palmen-zondag,	dimanche des rameaux.
goeden vrydag,	vendredi-saint.
paesschen,	pâques.
beloken paesschen,	pâques fleuries.
sinxen ou pinxteren,	pentecôte.
sint Jans misse,	la saint Jean.
bamis ou baefmis,	la saint Rémi.
aller heyligen,	la Toussaint.
aller zielen,	le jour des ames.
den advent,	l'avent.
kersmisse,	la Noël.
aller kinderen-dog,	le jour des Innocens.
den oogst,	la moisson.

Du Genre humain.

Eenen man,	un homme.
eene vrouw,	une femme.
eenen jongeling,	un garçon.
eene dogter,	une fille.
een meysken,	une fillette.
een kind,	un enfant.
eenen reus,	un géant.

Les Ages de l'Homme.

De kindsheyd,	l'enfance.
de jonkheyd,	la jeunesse.
de mannelyke jaeren,	la virilité.
den ouderdom,	la vieillesse.

Les Parties du Corps humain.

Het lichaem,	le corps.
een lid,	un membre.

het hoofd,	la tête.
het voorhoofd,	le front.
de hairen,	les cheveux.
het gezigt,	le visage.
de oog,	l'œil.
de wynbrouw,	le sourcil.
den neus,	le nez.
de neus-gaten,	les narines.
de wang,	la joue.
de lip,	la lèvre.
den mond,	la bouche.
den tand,	la dent.
het tand-vleesch,	la gencive.
het kaeks-been,	la mâchoire.
het gehémelt,	le palais.
de tong,	la langue.
de keel, de stroot,	la gorge.
het keel-gat,	le gosier.
de oor,	l'oreille.
de kin,	le menton.
den hals,	le cou.
den nek,	la nuque.
den schoot,	le sein.
de borst,	la poitrine.
den tépel,	le téton.
de schouder,	l'épaule.
den arm,	le bras.
den elleboog,	le coude.
de vuyst,	le poing.
de hand,	la main.
den vinger,	le doigt.
den duym,	le pouce.
den nagel,	l'ongle.
den buyk,	le ventre.
den navel,	le nombril.
den rug,	le dos.
de lendenen,	les reins.
de rug-grael,	l'épine du dos.
eene rib,	une côte.

de heup,	la hanche.
de billen,	les fesses.
de dye,	la cuisse.
de knie,	le genou.
den schinkel,	le jarret.
het been,	la jambe.
de braey,	le gras de la jambe.
den hiel,	le talon.
eenen teen,	un orteil.
het vel.	la peau.

Parties intérieures du Corps.

Een been,	un os.
het merg,	la moëlle.
het vleesch,	la chair.
het vet,	la graisse.
het bloed,	le sang.
eene ader,	une veine.
eene slag-ader,	une artère.
de zweet-gaten,	les pores.
eene zenuwe,	un nerf.
eene muskel,	un muscle.
het bekkeneel,	le crâne.
het breyn, de herssenen,	la cervelle.
het ingewand,	l'intestin.
de darmen,	les entrailles.
de maeg,	l'estomac.
het hert,	le cœur.
de long,	le poumon.
de lever,	le foie.
de nieren,	les rognons.
de milt,	la rate.
de gal,	le fiel.
de blaes,	la vessie.
het melk,	le lait.

Excrémens du Corps.

Het hair,	le poil, les cheveux.
den baerd,	la barbe.

de knevels, les moustaches.
de traenen, les larmes.
het snot, la morve.
het speeksel, la salive.
het spouwsel, le crachat.
den pis, l'urine.

Certains accidens et Propriétés du Corps.

Het gelach, le ris.
het geween, les pleurs.
den adem, le souffle.
het gezugt, le gémissement.
de verzugtingen, les soupirs.
het genies, l'éternument.
den hik, le hoquet.
den slaep, le sommeil.
den vaek, l'envie de dormir.
het geronk, le ronflement.
eenen droom, un songe.
de stem, la voix.
de spraek, het woórd, la parole.
de schoonheyd, la beauté.
de leelykheyd, la laideur.
de dikheyd, de vetheyd, l'embonpoint.
de magerheyd, la maigreur.
de gezondheyd, la santé.
de lengde, la taille.
het gelaet, la mine.

Les cinq Sens et leurs Objets.

Het gezigt, la vue.
het gehoor, l'ouie.
den reuk, l'odorat.
den smaek, le goût.
het gevoelen, l'attouchement.
een koleur, une couleur.
eenen klank, un son.
eenen reuk, une odeur.

de pyn, la douleur.
eene lekkerny, une friandise.

Défauts du Corps.

Een bleyn, une pustule.
eene vrat, une verrue.
sproeten, des lentilles.
eene rimpel, une ride.
eene puyst, un bouton.
eene zweêr, une ulcère.
eenen bult, une bosse.
eene buyl, une tumeur.
een lit-teeken, wond-teeken, une cicatrice.
eene ekster-oog, un cor au pied.

Des Maladies.

Eene ziekte, une maladie.
eene kwael, un mal.
eene onpasselykheyd, une indisposition.
eene pyn, une douleur.
den hoofd-zweêr, la migraine.
de koórts, la fièvre.
eenen toeval, un accès.
de raezerny, la rage.
den hoest, la toux.
eene verkoudheyd, un rhume.
eene heeshheyd, un enrouement.
het geél, la jaunisse.
de vallende ziekte, le mal caduc.
eene flauwte, une défaillance.
de draeyingen, les vertiges.
het scheurbuyk, le scorbut.
de melaetsheyd, lazery, la lèpre.
de pest, la peste.
de schorftheyd, la gale.
de mazelen, la rougeole.
de pokskens, la petite vérole.
den vloed, le flux de sang.

de teéring,	la phthisie.
de darm-pyn, koliek,	la colique.
het flerecyn,	la goutte.
den steen,	la pierre.
het graveel,	la gravelle,
een pleuris,	une pleurésie.
de waterzugt,	une hydropisie.
eene geraektheyd,	une paralysie.
een gezwel,	une enflure.
eene verzweéring,	un abcès.
den etter,	le pus.
den kanker,	la grangrène.
eene kwetsuer, eene wond,	une blessure.
eene snede,	une coupure.
eene blauwe plek,	une contusion.
eenen kaeg-slag,	un soufflet.
eenen vuyst-slag,	un coup de poing.
eenen houw,	un coup de sabre, etc.
eenen steék,	un coup d'épée, etc.
eenen worp,	un coup de pierre, etc.
eenen schup,	un coup de pied.
eenen scheut,	un coup de fusil, etc.
eenen slag,	un coup de bâton, etc.
eenen beét,	une morsure.
eenen val,	une chûte.
het léven,	la vie.
de dood,	la mort.

De l'Ame.

De ziel,	l'ame.
den geest,	l'esprit.
het verstand,	l'entendement.
den wil,	la volonté.
de réde,	la raison.
de zinnen,	les sens.
het oórdeel,	le jugement.
de vernuftheyd,	l'industrie.
de botheyd,	la stupidité.
de lévendigheyd,	la vivacité.

de memorie,	la mémoire.
de vergétendheyd,	l'oubli.
de wysheyd,	la sagesse.
de zotheyd,	la folie.
de weetenschap,	la science.
de kennis,	la connaissance.
de veragting,	le mépris.
de dwaeling,	l'erreur.
de liefde,	l'amour.
den haet,	la haine.
de trouw,	la foi.
de hoóp,	l'espoir.
de vrees,	la crainte.
de wanhoóp,	le désespoir.
de gerustheyd,	la tranquillité.
de vreugd,	la joie.
de droefheyd,	la douleur.
de genugten,	les plaisirs.
het misnoegen,	les déplaisirs.
den afkeer,	l'aversion.
den walg,	le dégoût.
de twyffeling,	le doute.
het vermoeden,	le soupçon.
den drift,	le désir.
den wensch,	le souhait.
de stoutheyd,	la hardiesse.
de bevreesdheyd,	la timidité.
de schaemte,	la honte.
de genégenheyd,	l'inclination.
den nyd,	l'envie.
het betrouwen,	la confiance.
de gramschap,	la colère.
de verduldigheyd,	la patience.
de bermhertigheyd,	la miséricorde.
het médelyden,	la compassion.

Des Habits et des Choses qu'on porte sur soi.

Een kleedsel,	un vêtement.
een kleed,	un habit.

eene vest,	une veste.
een slaeplyf,	une camisole.
eene broek,	une culotte.
de mouw,	la manche.
de voeyering,	la doublure.
den knop,	le bouton.
het knop-gat,	la boutonnière.
den zak,	la poche.
het borzeken,	le gousset.
den muntel,	le manteau.
den nagt-jupon,	la robe de chambre.
het lynwaet,	le linge.
een hemd,	une chemise.
de hand-lobben,	les manchettes.
de mouwkens,	les fausses manches.
een halsken, dasken,	un collet.
eenen krawat,	une cravatte.
eenen neus-doek,	un mouchoir.
eene muts,	un bonnet.
de zokken,	les chaussons.
de koussen,	les bas.
de kousse-banden,	les jarretières.
de schoenen,	les souliers.
de zoól van den schoen,	la semelle du soulier.
de gesp,	la boucle.
de muylen,	les pantoufles.
den hoed,	le chapeau.
de lits,	le cordon du chapeau.
de kalot,	la perruque.
de hand-schoenen,	les gants.
de moffel,	le manchon.
den kam,	le peigne.
den borstel,	les vergettes.
den dégen,	l'épée.
den bandelier,	la bandoulière.
de leérzen,	les bottes.
de spooren,	les éperons.
den ring,	la bague.
het zak-uer-week,	la montre.

de snuyf-doos,	la tabatière.
de borze,	la bourse.
den koker,	l'étui.
den bril,	les lunettes.
het scheêr-mes,	le rasoir.

Du Manger.

Het voedsel,	la nourriture.
de levens-middelen,	les vivres.
eene maeltyd,	un repas.
eenen ontbyt,	un déjeûné.
een noen-mael,	un dîné.
een achternoen-mael,	un goûté.
een avond-mael,	un soupé.
eene feest,	un festin.
het brood,	le pain.
de kruym,	la mie.
de korst,	la croûte.
het meél,	la farine.
de bloem,	la fleur.
de zémelen,	du son.
den deeg,	la pâte.
den heef,	le levain.
de beschuyt,	le biscuit.
een stuk,	une pièce.
eene brok,	un morceau.
eene snéde,	une tranche.
eene spys,	un mets.
vleesch,	de la viande.
gezoóden vleesch,	du bouilli.
gebraeden vleesch,	du rôti.
gekapt vleesch,	un hachis.
geroostert vleesch,	une grillade.
gebakken vleesch,	un fricassé.
gezouten vleesch,	de la viande salée.
hamelen vleesch,	du mouton.
kalfs vleesch,	du veau.
runds vleesch,	du bœuf.
verkens vleesch,	du porc,

spek,	du lard.
eene hesp,	un jambon.
eene pastey,	un pâté.
het sop,	le bouillon.
een geley,	une gelée.
de sop,	la soupe.
de potagie,	les légumes.
melk,	du lait.
den room van het melk,	la crême.
boter,	du beurre.
den kaes,	le fromage.
eene vlaey,	un flan.
eene waeffel,	une gaufre.
eene taert,	une tarte.
eene eyër-struyf,	une omelette.
eenen panne-koek,	une galette.
eene salaed,	une salade.
zout,	du sel.
olie,	huile.
azyn,	vinaigre.
eenen scheut azyn,	un filet de vinaigre.
eene saus,	une sauce.
mostaert,	moutarde.
kappers,	câpres.
kampernoeliën,	champignons.
anchovis.	anchois.
spéceryën,	épiceries.
suyker,	sucre.
péper,	poivre.
gember,	gingembre.
péper-koek, kruyd-koek,	pain d'épice.
kaneel,	canelle.
kruyd-nagels,	cloux de girofle.
nóoten muskaet,	noix de muscade.
safraen,	safran.
kallissie,	de la réglisse.
lekkernyën,	des friandises.
suyker-bollekens,	dragées.
confitueren,	confitures.

het eerste geregt,	le premier service.
den drank,	la boisson.
het water,	l'eau.
het bier,	la bière.
den wyn,	le vin.
eenen pot,	un pot.
eene flesch,	une bouteille.
een glas,	un verre.
eene pint,	une pinte.
een uperken,	une chopine.
eenen dronk,	un coup.

Degrés de Parenté.

Den vader,	le père.
de moeder,	la mère.
de ouders,	les parens.
een kind,	un enfant.
eenen zoón,	un fils.
eene dogter,	une fille.
den groot-vader,	le grand père.
de groot-moeder,	la grand'mère.
oud-groot-vader,	bisaïeul.
oud-groot-moeder,	bisaïeule.
den kleyn-zoón,	le petit-fils.
de kleyn-dogter,	la petite-fille.
den broeder,	le frère.
de zuster,	la sœur.
den oudsten,	l'aîné.
de oudste,	l'aînée.
den jongsten,	le cadet.
de jongste,	la cadette.
de tweelingen,	les jumeaux.
den oom,	l'oncle.
de moeye,	la tante.
den neéf,	le neveu.
de nigt,	la nièce, la cousine.
den kozyn,	le cousin.
kozyn germeyn,	cousin germain.
nigt germeyn,	cousine germaine.

de voórouders,	les ancêtres.
de nakomelingen,	les descendans.
het maegschap,	la parenté.
de trouw,	le mariage.
de bruyloft,	les nôces.
den bruydegom,	l'époux.
de bruyd,	l'épouse.
de houwelyks gift,	la dot.
den man,	le mari.
de vrouw,	la femme.
schoon-vader, stief-vader,	beau-père.
schoon-moeder,	belle-mère.
stief-moeder,	marâtre.
schoon-zoón, stief-zoón,	beau-fils, gendre.
schoon-dogter, stief-dogter,	belle-fille, bru.
den zwager,	le beau-frère.
de zwagerin,	la belle-sœur.
den doop,	le baptême.
gevader,	compère.
gemoeder,	commère.
den péter,	le parrain.
de méter,	la marraine.
den erfgenaem,	l'héritier.
het erfdeel,	l'héritage.
eenen wéduwenaer,	un veuf.
eene wéduwe,	une veuve.
eenen voogd,	un tuteur.
eenen wees,	un orphelin.
eene weeze,	une orpheline.
eene vroed-vrouw,	une sage-femme.
de vrouw-waerster,	la garde.
de voedster,	la nourrice.
het voedster-kind,	le nourrisson.
eenen bastaerd,	un bâtard.
eenen vriend,	un ami.
eenen gebuer-man,	un voisin.
eene gebuer-vrouw,	une voisine.
eenen méde-gezel,	un compagnon.

eenen weérd, un hôte.
eene weérdinne, une hôtesse.

Dignités temporelles.

Den keyzer, l'empereur.
de keyzerin, l'impératrice.
den koning, le roi.
de koningin, la reine.
den prins, le prince.
de princesse, la princesse.
den aerts-hertog, l'archiduc.
de aerts-hertogin, l'archiduchesse.
den hertog, le duc.
de hertogin, la duchesse.
den markgraef, le marquis.
de markgraévin, la marquise.
den graef, le comte.
de graevin, la comtesse.
den borggraef, le vicomte.
de borggraevin, la vicomtesse.
den vry-heer, le baron.
de baronesse, la baronne.
den ridder, le chevalier.
den heer, le seigneur.
de vrouw, la dame.
de jong-vrouw, la demoiselle.
den afgezant, l'ambassadeur.
den land-voogd, le gouverneur.

Officiers de Justice.

Het parlement, le parlement.
den raed, le conseil.
den cancelier, le chancelier.
den hooft-président, le chef-président.
den commissaris, le commissaire.
den fiscael, le fiscal.
den raedsheer, le conseiller.
den advocaet, l'avocat.

den procureur,	le procureur.
den notaris,	le notaire.
den deurweêrder,	l'huissier.
den drossaerd,	le sénéchal.
den baillieuw,	le bailli.
den stad-houder,	le lieutenant.
den meyër,	le maire.
den schépenen,	l'échevin.
den sécretaris,	le secrétaire.
den greffier,	le greffier.
den klerk,	le clerc.
den cipier,	le geolier.
den provost,	le prévôt.

De l'Église.

Eene kerk,	une église.
eenen tempel,	un temple.
eene kapelle,	une chapelle.
den beuk,	la nef.
de choor,	le chœur.
den autaer,	l'autel.
den prédik-stoel,	la chaire.
de sacristy,	la sacristie.
de doop-vont,	les fonds baptismaux.
een sermoen,	un sermon.
eene prédicatie,	une prédication.
de schriftuer,	l'écriture.
het évangélie,	l'évangile.
het capittel,	le chapitre.
den psalm,	le psaume.
een gebed,	une prière.
de orgel,	les orgues.
den toren,	le clocher.
het kerk-hof,	le cimetière.
het graf,	le sépulcre.
de dood-kist,	le cercueil.
eene begraevenis,	un enterrement.
de uytvaerd,	les obsèques.

Le Clergé ou les Officiers de l'église.

Paus,	pape.
cardinael,	cardinal.
primaet,	primat.
patriarch,	patriarche.
aertsbisschop,	archévêque.
bisschop,	évêque.
prelaet,	prélat.
abt,	abbé.
deken,	doyen.
kanonik,	chanoine.
kapellaen,	chapelain.
priester,	prêtre.
diaken,	diacre.
rector,	recteur.
pastoor,	curé.
onderpastoor,	vicaire.
kerk-meester,	marguillier.
koster,	sacristain.
korael,	enfant de chœur.

Du Pays.

Keyzerryk,	empire.
koningryk,	royaume.
staet,	état.
republiek,	république.
prinsdom,	principauté.
provincie,	province.
hertogdom,	duché.
graefschap,	comté.
markgraefschap,	marquisat.
vryheerlykheyd,	baronnie.
heerlykheyd,	seigneurie.
eyland,	île.
het vast-land,	le continent.
Europa,	Europe.
Asia,	Asie.
Africa,	Afrique.

América,	Amérique.
Vrankryk,	la France.
Spanjen,	l'Espagne.
Portugael,	le Portugal.
Engeland,	l'Angleterre.
Schotland,	l'Ecosse.
Ierland,	l'Irlande.
Holland,	la Hollande.
Vlaenderen,	la Flandre.
Braband,	le Brabant.
Duytsland,	l'Allemagne.
Bohémen,	la Bohême.
Pruyssen,	la Prusse.
Brandenborg,	le Brandebourg.
Hongariën,	la Hongrie.
Poólen,	la Pologne.
Zweéden,	la Suède.
Deénmarken,	le Danemarck.
Noórwégen,	la Norwège.
Zwitserland,	la Suisse.
Savoyën,	la Savoye.
Italiën,	l'Italie.
Toskaenen,	la Toscane.
Napels,	Naples.
Siciliën,	Sicile.
Moscoviën,	la Moscovie.
Rusland,	la Russie.
Turkyën,	la Turquie.
Griekenland,	la Grèce.
Persiën,	la Perse.

Des Nations.

Europeaen,	Européen.
Asiaen,	Asiatique.
Africaen,	Africain.
Amérikaen,	Américain.
Fransman,	Français.
Spanjaerd,	Espagnol.
Portugies,	Portugais.

Engelsman,	Anglais.
Schot,	Écossais.
Ierlander,	Irlandais.
Hollander,	Hollandais.
Vlaeming,	Flamand.
Brabander,	Brabançon.
Duytscher,	Allemand.
Bohémer,	Bohémien.
Saxer,	Saxon.
Brandenborger,	Brandebourgeois.
Hongaer,	Hongrois.
Polak,	Polonais.
Deénmarker,	Danois.
Zwitser,	Suisse.
Piémontéser,	Piémontais.
Italiaen,	Italien.
Toskaener,	Toscan.
Napolitaen,	Napolitain.
Moskoviet,	Moscovite.
Rus,	Russe.
Griek,	Grec.
Persiaen,	Persan.

Quelques Villes capitales.

Parys,	Paris.
Lisbon,	Lisbonne.
Londen,	Londres.
Brussel,	Bruxelles.
Antwerpen,	Anvers.
Weenen,	Vienne.
Praeg,	Prague.
Warschouw,	Varsovie.
Coppenhagen,	Coppenhague.
Roomen,	Rome.
Napels,	Naples.
Pétersborg,	Pétersbourg.
Constantinopelen,	Constantinople.
Smirna,	Smirne.
Aleppo,	Alep.

DIALOGUES FAMILIERS,
FLAMANDS ET FRANÇAIS.

I.ste SAEMENSPRAEK.   DIALOGUE I.er

OM NAER DE GEZONDHEYD TE VRAEGEN.   **POUR S'INFORMER DE LA SANTÉ.**

Goeden dag, mynheer.	Bonjour, monsieur.
Ik ben uwen dienaer.	Je suis votre serviteur.
Ik ben den uwen.	Je suis le vôtre.
Hoe gaet het met uwe gezondheyd?	Comment vous portez-vous?
Geheel wel tot uwen dienst.	Fort bien à votre service.
En hoe gaet het met u?	Et comment vous portez-vous?
Bereed om u te dienen.	Prêt à vous servir.
Hoe vaert mynheer?	Comment se porte monsieur?
Heel wel, God zy gedankt.	Fort bien, Dieu merci.
Ik ben verblyd u te zien in goede gezondheyd.	Je suis bien aise de vous voir en bonne santé.
Hoe gaet het met mynheer uwen broeder?	Comment se porte monsieur votre frère?
Hy vaert wel, God zy geloöft.	Il se porte bien, grâces à Dieu.
Waer is hy?	Où est-il?
Hy is t'huys.	Il est au logis.
Hy zal verblyd zyn u te zien.	Il sera ravi de vous voir.
Ik ben zynen dienaer.	Je suis son serviteur.
Ziet daer komt hy!	Voici qu'il vient.
Mynheer, ik ben uwen dienaer.	Monsieur je suis votre serviteur.
Hoe hebt gy gevaeren sedert dat ik u heb gezien?	Comment vous êtes-vous porté depuis que je vous ai vu?
Altyd wel, mynheer.	Toujours bien, monsieur.

Maer hoe vaert gy nu?	Mais comment vous portez-vous à présent?
Niet te wel.	Pas trop bien.
Wat kwelt u dan?	Qu'est-ce qui vous incommode?
Ik heb pyn in het hooft, de koórts.	J'ai mal de tête, la fièvre.
Is't langen tyd dat gy van deéze ziekte overvallen zyt?	Y a-t-il longtemps que vous êtes accablé de cette maladie?
Niet zeer lang.	Pas bien longtemps.
Ik bid God dat hy u wilt de gezondheyd wedergeéven.	Je prie Dieu qu'il veuille vous rendre la santé.
Maer zit een weynig.	Mais asseyez-vous un peu.
In der waerheyd, ik zou niet konnen.	En vérité, je ne saurais.
Ik keer naer huys.	Je retourne au logis.
Verzékert mynheer uwen broeder van myne eerbieding.	Assurez monsieur votre frère de mes respects.
Ik zal uwe boodschap doen.	Je ferai votre message.
Ik zal het niet nalaeten.	Je n'y manquerai pas.
Vaer wel, mynheer.	Adieu, monsieur.
Ik bedank u van deéze bezoeking.	Je vous remercie de cette visite.
En ik u, van de eer die ik genoóten heb.	Et moi, de l'honneur dont j'ai profité.
Goeden avond, mynheer.	Bonsoir, monsieur.

II. SAEMENSPRAEK. DIALOGUE II.

OM SLAEPEN TE GAEN. POUR ALLER COUCHER.

Den nagt naekt.	La nuit approche.
Het word laet.	Il devient tard.
'T is tyd om slaepen te gaen.	Il est temps d'aller coucher.
Staet op en gaet slaepen.	Levez-vous et allez coucher.
Koóm met my.	Venez avec moi.
Waerom wilt gy dat hy met u gae?	Pourquoi voulez-vous qu'il aille avec vous?

Hy slaept met my.	Il couche avec moi.
Ik wil slaepen gaen.	Je veux me coucher.
Gy zyt eenen slaeper.	Vous êtes un dormeur.
Hebt gy het bed gemaekt?	Avez-vous fait le lit ?
'Tis kwalyk gemaekt.	Il est mal fait.
Hermaekt het.	Refaites-le.
Schud de pluymen.	Remuez les plumes.
Sluyt de gordynen.	Fermez les rideaux.
Opent-ze.	Ouvrez-les.
Geeft my eene slaep-muts.	Donnez-moi un bonnet de nuit.
Ontkleed u.	Déshabillez-vous.
Doet uwe schoenen uyt.	Déchaussez-vous.
Trekt uwe koussen uyt.	Otez vos bas.
Helpt my myn kleed uyttrekken.	Aidez-moi à tirer mon habit.
Stelt uwe kleederen in order, op dat gy die haest vind.	Mettez vos hardes en ordre, afin que vous les trouviez bientôt.
Neemt myne broek.	Prenez ma culotte.
Legt die onder myn oorkussen.	Mettez-la sous mon oreiller.
Komt, haelt de keêrs.	Venez, cherchez la chandelle.
Neemt de keêrs weg.	Emportez la chandelle.
Laet de keêrs.	Laissez la chandelle.
Doet de keêrs uyt.	Éteignez la chandelle.
Ik zal die uytdoen.	Je l'éteindrai.
Wekt my morgen vroeg.	Éveillez-moi demain de bon matin.
Zult gy het gedenken?	Vous en souviendrez-vous ?
Laet het niet na.	N'y manquez pas.
Ik moet vroeg opstaen.	Je dois me lever de bon matin.
Zwygt, laet my slaepen.	Taisez-vous, laissez-moi dormir.
Gy belet my te slaepen.	Vous m'empêchez de dormir.
Laet ons slaepen.	Endormons-nous.
Goeden nagt.	Bonne nuit.

III. SAEMENSPRAEK.   DIALOGUE III.

OM OP-TE-STAEN.   POUR SE LEVER.

Wie klopt aen de deur?	Qui frappe à la porte?
Wie is daer?	Qui est là?
Slaept gy nog?	Dormez-vous encore?
Ontwaekt.	Éveillez-vous.
Staet op.	Levez-vous.
Op, op.	Debout, debout.
'T is tyd van op-te-staen.	Il est temps de se lever.
'T is klaeren dag.	Il fait grand jour.
'T is acht ueren.	Il est huit heures.
Opent de deur.	Ouvrez la porte.
Den sleutel is op het slot.	La clef est dans la serrure.
Heft de klink op.	Levez le loquet.
De deur is gegrendelt.	La porte est fermée au verrou.
Vertoeft een weynig.	Attendez un peu.
Ik zal opstaen.	Je me leverai.
Ik staen op.	Je me lève.
Waerom staet gy niet vroeger op?	Pourquoi ne vous levez-vous pas plus à bonne heure?
Ik waekte geheel laet voórleden nagt.	Je veillai fort tard la nuit passée.
Ik heb deézen nagt niet wel geslaepen.	J'ai mal dormi cette nuit.
Ik heb geene oog toegedaen deézen nagt.	Je n'ai pas fermé l'œil cette nuit.
Staet op.	Levez-vous.
Gy ziet dat ik opstaen.	Vous voyez que je me lève.

IV. SAEMENSPRAEK. DIALOGUE IV.

OM ZICH TE KLEEDEN. POUR S'HABILLER.

Kleed u.	Habillez-vous.
Jongeling, stoókt het vuer aen.	Garçon, faites du feu.
Brengt my een schoon hemd.	Apportez-moi une chemise blanche.
Dit hemd is wit genoeg.	Cette chemise est assez blanche.
Geéft my myne broek.	Donnez-moi ma culotte.
Mynen nagt-japon.	Ma robe de chambre.
Myne zyde koussen.	Mes bas de soie.
Geéft my myne gare koussen.	Donnez-moi mes bas de fil.
Jongen, geéft my myne zokken.	Garçon, donnez-moi mes chaussons.
Fooy luyerik! gy kleed u in het bed.	Fi paresseux! vous vous habillez dans le lit.
Geéft my myne koussebanden.	Donnez-moi mes jarretières.
Bind uwe koussen op.	Attachez vos bas.
Zy zyn vol gaeten.	Ils sont troués.
Daer zyn uwe schoenen.	Voilà vos souliers.
Maekt-ze schoon.	Décrottez-les.
Naedert my deézen stoel.	Avancez-moi cette chaise.
Schoent my.	Chaussez-moi.
Doet het zelfs.	Faites-le vous-même.
Ik kan my niet buygen.	Je ne saurais me baisser.
Kamt u.	Peignez-vous.
Kamt myn hair.	Peignez mes cheveux.
Leent my uwen ivoiren kam.	Prêtez-moi votre peigne d'ivoire.
Daer zyn vyf of zes tanden uyt gebroken.	Il a cinq à six dents rompues.
Poedert my.	Poudrez-moi.
Wascht u.	Lavez-vous.
Uwe handen, uwen mond, uw aenzigt.	Vos mains, votre bouche, votre visage.

Brengt water.	Apportez de l'eau.
Geéft my het bekken.	Donnez moi le bassin.
Droogt uwe handen.	Essuyez vos mains.
Geéft my den hand-doek.	Donnez-moi l'essuie-main.
Warmt myn hemd.	Chauffez ma chemise.
Geéft my eenen neusdoek.	Donnez-moi un mouchoir.
Myne hand-schoenen, mynen hoed.	Mes gants, mon chapeau.
Borstelt mynen hoed en myn kleed.	Vergetez mon chapeau et mon habit.
Waer is den borstel?	Où sont les vergettes?
Hy is verloóren.	Elles sont égarées.
Laet ons gaen.	Allons.
Men klopt aen de deur.	On frappe à la porte.
Wie is daer?	Qui est-là?
Den kleer-maeker.	Le tailleur.
Laet hem binnen koómen.	Laissez l'entrer.
Mynen vriend, ik heb tégenwoórdig geenen tyd, koomt morgen wéder op de zelve uer.	Mon ami, je n'ai pas de temps à présent, revenez demain à la même heure.
Mynheer, ik ben aen uwe orders.	Monsieur, je suis à vos ordres.

V. SAEMENSPRAEK.

VOÓR HET NOEN-MAEL.

DIALOGUE V.

POUR LE DÎNER.

Het is middag.	Il est midi.
Het is tyd van het noen-mael te neémen.	Il est temps de dîner.
Legt het ammelaken.	Mettez la nappe.
Brengt de servetten.	Apportez les serviettes.
Lépels, fourchetten, messen, tellooren, zout-vat, péperbus.	Cuillères, fourchettes, couteaux, assiettes, salière, poivrier.
Snyd brood.	Coupez du pain.
Spoelt de glazen.	Rincez les verres.

Zet de stoelen by.	Avancez les chaises.
De tafel is gedekt.	La table est couverte.
Dient het vleesch langs hier.	Servez la viande par ici.
De soep, koolen, raepen, wortelen, pastenaeken.	La soupe, des choux, navets, carottes, panais.
Gestoófd, gebraed, gezoóden, gekapt, gebakken.	De l'étuvée, du rôti, du bouilli, du hachis, de la fricassée.
Schenkt bier, wyn, water.	Versez de la bière, du vin, de l'eau.
Ik heb grooten dorst.	J'ai grand soif.
Dit vleesch is rouw, koud.	Cette viande est crue, froide.
Neémt de schotel weg.	Otez le plat.
Dient eene andere.	Servez-en un autre.
Dient my wit brood.	Servez-moi du pain blanc.
Brengt het nageregt.	Apportez le dessert.
Appelen, peéren, kerssen, pruymen, abrikoózen, persen, noóten, vygen, meloenen, oranie-appels, limoenen, citroenen, moerbéziën, olyven.	Des pommes, poires, bigarreaux, prunes, abricots, pêches, noix, figues, melons, oranges, limons, citrons, mûres, olives.
Laet ons God danken.	Rendons grâces à Dieu.
Wel bekome het u.	Bien vous fasse.

VI. SAEMENSPRAEK.

VAN DE VLAEMSCHE TAEL.

DIALOGUE VI.

DE LA LANGUE FLAMANDE.

Leert gy vlaemsch?	Apprenez-vous le flamand?
Ja, mynheer, ik leer het.	Oui, monsieur, je l'apprends.
Gy doet zeer wel.	Vous faites fort bien.
Ik geloof dat het eene moeyelyke tael is.	Je crois que c'est une langue difficile.
Vergeéft my; mits gebruykende en onderhoudende de régels by deéze spraekkonst voórgegeéven, vind men niet meerder moeye-	Pardonnez-moi; en se servant des règles prescrites par cette grammaire et en les observant, on n'y trouve pas plus de difficulté que

lykheyd in de zelve als in de fransche of andere taelen.	dans la française ou autres langues.
Zyt gy zeer ervaeren in de vlaemsche tael?	Etes-vous fort savant dans la langue flamande?
Niet te veel.	Pas trop.
Men zegt nogtans dat gy die wel spreekt.	On dit pourtant que vous la parlez bien.
Ik kan 'er genoeg van, om te zeggen, dat ik uwen dienaer ben.	J'en sais assez pour vous dire que je suis votre serviteur.
Verstaet gy alles wat gy leest?	Entendez-vous tout ce que vous lisez?
Ik verstaen beter, dan ik spreek.	J'entends mieux que je ne parle.
Wat boeken leest gy om vlaemsch te leeren?	Quels livres lisez-vous pour apprendre le flamand?
De werken van Hasaert, Cats, enz.	Les œuvres de Hasaert, de Cats, etc.
Het zyn goede boeken; maer wat Woórden-boek gebruykt gy?	Ce sont de bons livres; mais de quel Dictionnaire vous servez-vous?
Het Groot Woórden-boek van Halma, dat men zegt zeer goed te zyn; en ik gebruyk ook het nieuw Woórden-boek van Des Roches, dat om zyne nutheyd en bondige voórbeelden nu van een algemeyn gebruyk is.	Du grand Dictionnaire de Halma, qu'on dit être fort bon; et je me sers aussi du nouveau Dictionnaire de Des Roches, qui pour son utilité et solides exemples est à présent d'un usage universel.
Wat leert gy van buyten?	Q'apprenez-vous par cœur?
Ik leer eenige woórden uyt den woórdenschat.	J'apprends quelques mots du vocabulaire.
Spreek ik wel uyt?	Prononcé-je bien?
Wel genoeg.	Assez bien.
U ontbreekt maer een weynig oeffening.	Il ne vous manque qu'un peu d'exercice.
Men heeft niets zonder moeyte.	On n'a rien sans peine.

In geval gy arbeyd doet, gy zult vlaemsch leeren.	Si vous prenez de la peine, vous apprendrez la flamand.
Ik ben overtuygt van deéze waerheyd.	Je suis convaincu de cette vérité.

VII. SAEMENSPRAEK.
VAN EENE REYS.

DIALOGUE VII.
D'UN VOYAGE.

Waer goet gy, mynheer?	Où allez-vous, monsieur?
Ik gaen naer Parys.	Je vais à Paris.
Wanneer vertrekt gy?	Quand partez-vous?
Zoo aenstonds.	Tout à l'heure.
In eene koets of te peërd?	En carosse ou à cheval?
Te peërd.	A cheval.
Jongen, brengt myn peërd hier.	Garçon, amenez-moi mon cheval.
Daer is het, mynheer.	Le voici, monsieur.
Is het geroskamt?	Est-il étrillé?
Ja, mynheer.	Oui, monsieur.
Hoe veel mylen zyn'er van hier tot Parys?	Combien de lieues y a-t-il d'ici à Paris?
Zestig.	Soixante.
Zyn zy groot?	Sont-elles longues?
Neen, mynheer.	Non, monsieur.
Gelooft gy dat wy zoo veél weg op vier dagen konnen afleggen?	Croyez-vous que nous puissions faire tant de chemin en quatre jours?
Zonder twyffel.	Sans doute.
Is den weg goed?	Le chemin est-il bon?
Zeer goed.	Fort bon.
Zyn'er bosschen doór-te-reyzen?	Y a-t-il des bois à traverser?
Ja.	Oui.
Is'er perykel op de baen?	Y a-t-il du danger en chemin?
Men spreék daer niet af.	On n'en parle p...

Zegt men niet dat'er dieven in de bosschen zyn?	Ne dit-on pas qu'il y ait des voleurs dans les bois?
Daer is niet te vreézen, nog by dage nog by nagte.	Il n'y a rien à craindre, ni de jour ni de nuit.
'Tis eenen weg daer men alle oogenblikken volk vind.	C'est un chemin où l'on trouve du monde à tout moment.
Wat weg moet men neémen?	Quel chemin faut-il prendre?
Van Brussel gaet men doór Halle, Braine-le-Comte, Soignies, tot Bergen in Hénegouw, de welke is eene stad wel bewoond, en als wy daer zullen zyn, zullen wy zien alles het geéne daer het schoonste is.	De Bruxelles on va par Halle, Braine-le-Comte, Soignies, jusqu'à Mons en Hainaut, qui est une ville bien peuplée, et quand nous serons là, nous y verrons tout ce qu'il y a de plus beau.
En van Bergen waer zullen wy gaen?	Et de Mons où irons-nous?
Naer Valencyn, en van daer naer Kameryk, de verblyf-plaets van den aerts-bisschop van dien naem.	A Valenciennes, et de-là à Cambrai, lieu de résidence de l'Archevêque de ce nom.
Van daer zullen wy den weg langs Peronne en Roye tot Parys vervolgen.	De-là nous poursuivrons la route par Péronne et Roye jusqu'à Paris.
Laet ons te peérd stygen.	Montons à cheval.
Vaert wel, mynheeren, ik wensch ulieden gelukkige reys.	Adieu, messieurs, je vous souhaite bon voyage.

VIII. SAEMENSPRAEK.   DIALOGUE VIII.

OM EENE WOONING TE HUEREN.   POUR LOUER UN LOGEMENT.

Mynheer, wilt gy my eene gunst doen? — Monsieur, vous plaît il me faire un plaisir?

Zeer geérne; wat verzoekt gy van my? — De tout mon cœur; que souhaitez-vous de moi?

Dat gy met my komt, om eene wooning te hueren. — Que vous veniez avec moi, pour louer un logement.

Ik zal u over-al vergeleyden, waer gy wilt. — Je vous accompagnerai partout où il vous plaira.

Laet ons gaen in de Sint Jacobs-straet. — Allons dans la rue Saint Jacques.

Ik volg u. — Je vous suis.

Staet stil; ziet hier eenen huys-brief op deeze deur, waer op staet dar'er kamers te hueren zyn. — Arrêtez; voici un écriteau à cette porte, qui marque qu'il y a des chambres à louer.

Klopt op de deur. — Frappez à la porte.

Wie is daer? — Qui est là?

Vriend. — Ami.

Wie zoud gy geérne spreeken? — A qui souhaitez-vous parler?

Den meester of de meestersse van het huys. — Au maître, ou à la maîtresse du logis.

Hier is myne meestersse. — Voici ma maîtresse.

Jouffrouw, hebt gy kamers te verhueren? — Mademoiselle, avez-vous des chambres à louer.

Ja, mynheer, wilt gy die zien? — Oui, monsieur, vous plaît-il les voir?

'T is daerom, dat ik ben gekomen. — Je suis venu exprès pour cela.

Hoe veél moet gy'er hebben? — Combien vous en faut-il?

Ik moet eene eét-kamer en eene slaep-kamer voór my hebben, en eenen zolder voór mynen knegt. — Il me faut une chambre à manger et une à coucher pour moi, et un grenier pour mon valet.

Moeten uwe kamers gemeubeleérd zyn of niet? — Faut-il que vos chambres soient garnies ou non?

FAMILIERS.

Gemeubeleérd.	Garnies.
Zyt zoo goed van een weynig in deéze benédenzael te wagten; ik zal de sleutels gaen haelen.	Ayez la bonté d'attendre un moment dans cette salle basse; j'irai chercher les clefs.
Hebt gy de sleutels gevonden?	Avez-vous trouvé les clefs?
Ja; wilt gy de moeyte doen van boven te komen?	Oui; voulez-vous prendre la peine de monter?
Wy zullen u volgen, jouffrouw.	Nous vous suivrons, mademoiselle.
Hier is 't vertrek, dat gy geérne hebt op de eerste stagie.	Voici l'appartement que vous souhaitez au premier étage.
Gy ziet dat'er niets ontbreékt van alles dat'er noodig is op eene gemeubeleérde kamer.	Vous voyez qu'il y a tout ce qui est nécessaire dans une chambre garnie.
Hoe veél vraegt gy voór de maend?	Combien demandez-vous par mois?
Twaelf Brabandsche guldens.	Douze florins de Brabant.
'Tis te veél.	C'est trop.
Gy moet bemerken dat het hier het schoonste gewest der stad is.	Vous devez considérer que c'est ici le plus beau quartier de la ville.
En hoe veél vraegt gy voór den zolder van mynen knegt?	Et combien demandez-vous pour le grenier de mon valet?
De helft; dat is achtien guldens in het geheel.	La moitié; c'est dix-huit florins en tout.
Nu, om u te toonen dat ik niet geérne afding, ik zal'er u zestien geéven.	Hé bien, pour vous montrer que je n'aime pas à marchander, je vous en donnerai seize.
Ik verzéker u dat ik 'er aen verlies; maer het zou my spyten van u weg-te-zenden.	Je vous assure que j'y perds, mais il me fâcherait de vous renvoyer.

20

IX. SAEMENSPRAEK. ## DIALOGUE IX.

VAN HET NIEUWS. ### DES NOUVELLES.

Wat nieuws is'er? — Quelles nouvelles y a-t-il?
Ik weét'er geen. — Je n'en sais pas?
Waer van spreékt men in de stad? — De quoi parle-t-on en ville?
Men spreékt veél van den oórlog. — On parle beaucoup de la guerre.
Daer word gezeyt dat'er eenen slag op zee is voórgevallen, waer by veéle menschen 't leven hebben verloóren of gekwetst zyn. — On dit qu'il y a eu un combat sur mer, où beaucoup d'hommes ont perdu la vie ou sont blessés.
Men zeyde het; maer dit gerugt is valsch bevonden, alzoo wel als dat van eenen veld-slag. — On le disait; mais ce bruit s'est trouvé faux, aussi bien que celui d'une bataille.
Gelooft gy dat wy haest de vréde zullen hebben? — Croyez-vous que nous aurons bientôt la paix?
Ik geloof van ja, om dat ik zien dat de oórlogende mogendhéden éven zeer uytgeput zyn van geld en mannen. — Je crois qu'oui, parce que les puissances belligérentes sont également épuisées d'argent et d'hommes.
Iedereen heéft de vréde noodig, bezonderlyk de kooplieden en de schippers. — Tout le monde a besoin de la paix, surtout les marchands et les mariniers.
Den oórlog doet veél nadeel aen den koophandel. — La guerre fait beaucoup de tort au commerce.
Wat zegt men aen het hof? — Que dit-on à la cour?
Men spreékt van eene reys. — On parle d'un voyage.
Wanneer gelooft men dat den Koning vertrekken zal? — Quand croit-on que le Roi partira?
De gazette zegt'er niets van. — La gazette n'en dit rien.
Om u regt-uyt te spreéken, — Pour vous parler franchement;

men houd de voórneémens van het hof zoo geheym, dat ik geloof dat de nieuws-schryvers 'er niets van weéten.	on tient les desseins de la cour si secrets, que je crois que les nouvellistes n'en savent rien.
Ik bemoey my weynig met de staets-zaeken.	Je ne m'embarrasse guère des affaires d'état.
Laet ons van bezondere zaeken spreéken.	Parlons d'affaires particulières.
Hoe gaet het met dien heer daer ik u gisteren van sprak?	Comment se porte ce monsieur, dont je vous parlai hier?
Is het waer dat men van hem zegt?	Est-il vrai ce qu'on dit de lui?
Wat zegt men 'er van?	Qu'en dit-on?
Het gerugt loopt dat hy een geschil heéft gehad in het spel met eenen duytschen edelman, en dat hy in een twee-gevegt doodelyk gekwetst is.	Le bruit court qu'il a eu querelle au jeu avec un gentilhomme allemand, et qu'il est blessé mortellement dans un duel.
Dit spyt my, 't is een eerlyk man.	J'en suis fâché, c'est un honnête homme.
Daer is my van daeg vertelt dat uwe jongste zuster getrouwd is met eenen koopman van Antwerpen.	On m'a raconté aujourd'hui que votre sœur cadette est mariée à un marchand d'Anvers.
Dit is waer; zy is reeds vertrokken met haeren man.	Cela est vrai; elle est déjà partie avec son mari.
Hoe oud is zy?	Quel âge a-t-elle?
Zy is vier-en-twintig jaeren oud.	Elle a vingt-quatre ans.
Zy is in de bloem van haere dagen.	Elle est dans la fleur de ses jours.

X. SAEMENSPRAEK.

OM EENEN BRIEF TE SCHRYVEN.

Is't van daeg geenen postdag?
Waerom?
Om dat ik eenen brief te schryven heb.
Aen wie schryft gy?
Aen mynen oudsten broeder.
Is hy niet in de stad?
Neen, mynheer, hy woont te Londen zédert dry maenden om engelsch te leeren.
Geéft my een blad papier, eene pen en inkt.
Gael in myne kaemer, gy zult op de tafel vinden alles dat gy noodig hebt.
Daer zyn geene pennen.
Daer zyn 'er in den inktkoker.
Zy deugen niet.
Daer zyn 'er andere, maer zy zyn niet versneéden.
Waer is uw penne-mes?
Kont gy pennen versnyden?
Ik versnyd die op myne manier.
Terwylen ik deézen brief zal voltrekken, zyt zoo goed van een pakskeŋ te maeken van deéze boeken en die papieren.
Wat cachet wilt gy dat ik 'er op zette?
Wagt, ik heb 'er den datum niet opgezet?

DIALOGUE X.

POUR ÉCRIRE UNE LETTRE.

N'est-ce pas aujourd'hui jour de poste?
Pourquoi?
Parce que j'ai une lettre à écrire.
A qui écrivez-vous?
A mon frère aîné.
N'est-il pas en ville?
Non, monsieur, il demeure à Londres depuis trois mois pour apprendre l'anglais.
Donnez-moi une feuille de papier, une plume et de l'encre.
Entrez dans ma chambre, vous trouverez sur la table tout ce qu'il vous faut.
Il n'y a pas de plumes.
En voilà dans l'écritoire.
Elles ne valent rien.
En voilà d'autres, mais elles ne sont pas taillées.
Où est votre canif?
Savez-vous tailler des plumes?
Je les taille à ma manière.
Pendant que j'acheverai cette lettre, faites-moi la grâce de faire un paquet de ces livres et de ces papiers.
Quel cachet voulez-vous que j'y mette?
Attendez, je n'ai pas mis la date.

Wat dag van de maend hebben wy?	Quel jour du mois avons-nous?
Den twintigsten.	Le vingtième.
Droogt uw geschrift met klad-papier.	Séchez votre écriture avec du papier brouillard.
Mynen knegt zal hem naer de postery draegen, als gy dien aen hem wilt toebetrouwen.	Mon valet la portera à la poste, si vous voulez la lui confier.
Ik zal hem zelf draegen, om dat ik onder wége nog eene boodschap te doen heb.	Je la porterai moi-même parce que j'ai encore à faire une commission en chemin.
Doet dat.	Faites cela.
Als gy wilt wagten, ik zal binnen eene halve uer weér hier zyn.	Si vous voulez attendre, je serai de retour ici dans une demi-heure.
Ik gaen met u tot op de groote merkt.	Je vais avec vous jusqu'au grand marché.

XI. SAEMENSPRAEK.

OM NAER HET SCHOUWBURG TE GAEN.

DIALOGUE XI.

POUR ALLER A LA COMÉDIE.

Men zegt dat'er van daeg een nieuw stuk gespeelt word.	On dit qu'on joue aujourd'hui une nouvelle pièce.
Is het een bly-spel, een treurspel of een zang-spel?	Est-ce une comédie, une tragédie ou un opéra?
'T is een zang-spel; maer ik heb'er den naem van vergeéten, als ook dien van den auteur.	C'est un opéra; mais j'en ai oublié le nom, comme aussi celui de l'auteur.
Is't de eerste mael dat men dit speelt?	Est-ce la première fois qu'on le joue?
Neen, mynheer, het zal van daeg de tweede vertooning er van zyn.	Non, monsieur, c'en sera aujourd'hui la deuxième représentation.

Wat uytval heéft de eerste vertooning gehad?	Quel succès la première représentation a-t-elle eu?
Zy is aengenomen geweést met eene algemeyne toejuyging.	Elle a été reçue avec un applaudissement universel.
Wy zullen dit zang-spel zien.	Nous irons voir cet opéra.
Ik gaen aen den koetsier bevel geéven om de koets gereed te maeken, en wy zullen aenstonds gaen.	Je vais donner ordre au cocher d'apprêter le carrosse, et nous irons tout aussitôt.
'T is nog te vroeg.	C'est encore trop tôt.
Gy zult 'er meer volk vinden als gy u inbeéld, ter oorzaeke van het schoon muziek, het geéne de liefhebbers zeer verwonderen.	Vous y trouverez plus de monde que vous ne vous imaginez, à cause de la belle musique que les amateurs admirent fort.
Zullen wy in eene logie gaen?	Irons-nous dans une loge?
Ik zal doen dat u belieft; maer ik zou liever in het parterre gaen.	Je ferai ce qu'il vous plaira; mais j'aimerais mieux aller au parterre.
Wat dunkt u van dit muziek?	Comment trouvez-vous cette musique?
Ik bevind het zeer schoon.	Je la trouve très-belle.
Maer het gezigt van die schoone jouffrouwen, die het cieraed der logiën zyn, behaegt my zoo zeer als het zang-spel zelf.	Mais la vue de ces belles demoiselles qui font l'ornement des loges, me plaît autant que l'opéra même.
In der dued, 't is eenen schoonen oog-slag.	Vraiment, c'est un beau coup-d'œil.
Zy voegen de schoonhéden en bevalligheden van het lichaem by de kostelykheyd der kleedsels, en by den glans van hunne gesteenten.	Elles joignent les beautés et les agrémens du corps à la richesse des ajustemens et à l'éclat de leurs pierreries.
Bemerkt gy die jouffrouw die in de eerste logie is?	Remarquez-vous cette demoiselle qui est dans la 1re loge?

Ja, zy is schoon gelyk eenen engel, 't is eene volmaekte schoonheyd.	Oui, elle est belle comme un ange, c'est une beauté parfaite.
Kent gy haer?	La connaissez-vous?
Ik heb die eer; my dunkt dat zy zeer verstandig is.	J'ai cet honneur-là; il me semble qu'elle à beaucoup d'esprit.
Waert dat zy zoo veél verstand als schoonheyd had, men zou mogen zeggen dat zy een kort begryp van alle volmaekthéden is.	Si elle avait autant d'esprit que de beauté, on pourrait dire que c'est un abrégé de toute les perfections.
Ik ben te vréde van alles dat ik gezien en gehoort heb.	Je suis content de tout ce que j'ai vu et entendu.
Het schouwburg is rykelyk verciert, en ik prys de begaefthéden der acteurs en der muzikanten.	Le théâtre est richement décoré, et j'applaudis aux talens des acteurs et des musiciens.
Daer is geene stad in 't gantsche land, waer bétere muzikanten zyn als hier.	Il n'y a pas de ville dans tout le pays où il y a de meilleurs musiciens qu'ici.
De eerste zagster heéft wonderhéden gedaen, al is zy nog zoo jong.	La première chanteuse a fait des merveilles, quoiqu'elle soit si jeune.
Men maekt hier zeer veél werk van haere stem.	On fait ici beaucoup de cas de sa voix.

XII. SAEMENSPRAEK.

TUSSCHEN EENEN VREMDELING EN EENEN LAKEN-KOOPMAN.

Meester, hebt gy goede fransche lakens?

Ja, Mynheer, ik heb'er van alle soorten, en van alle koleuren.

Laet my zien het beste blauw laken dat gy hebt.

Neémt de moeyte van in mynen winkel te komen, ik zal u de schoonste lakens van Viviers laeten zien.

Gy moet my niet toonen als het geéne gy het schoonste en het beste hebt, ik wil deéze twee hoedanighéden in 't laken hebben.

Ziet daer een zeer fyn.

'Tis fyn genoeg, maer 't is niet zagt; daer-en-boven, dit laken is te dun, het is niet sterk genoeg.

Ziet of dit u béter zal aenstaen.

Het is goed, maer my dunkt dat het koleur niet schoon is.

Beziet dit laken in 't ligt, gy hebt nooyt schoonder blauw gezien.

Hoe veél verkoopt gy het d'elle?

Dertig schellingen.

DIALOGUE XII.

ENTRE UN ÉTRANGER ET UN MARCHAND DRAPIER.

Maître, avez-vous de bons draps de France?

Oui, monsieur, j'en ai de toutes sortes et de toutes couleurs.

Montrez-moi le meilleur drap bleu que vous ayez.

Prenez la peine d'entrer dans ma boutique, je vous ferai voir les plus beaux draps de Viviers.

Il ne faut me montrer que ce que vous avez de plus beau et de meilleur, je veux ces deux qualités réunies dans le drap.

Voilà un très-fin.

C'est assez fin, mais il n'est pas moëlleux; de plus ce drap est trop mince, il n'est pas assez fort.

Voyez si celui-ci vous agréera plus.

Il est bon, mais la couleur ne me semble pas belle.

Regardez ce drap au jour, vous n'en avez jamais vu d'un plus beau bleu.

Combien le vendez-vous l'aune?

Trente escalins.

'T is te veel; ik zal'er u vyf-en-twintig geéven.	C'est trop, je vous en donnerai vingt-cinq.
Gy bedenkt de deugd en de fynheyd van 't laken niet.	Vous ne considérez pas la bonté et la finesse du drap.
De kooplieden laeten nooyt naer van hunne goederen te pryzen.	Les marchands ne manquent jamais de louer leurs marchandises.
Zonder u eenen stuyver te overvraegen, ik verzéker u dat dit laken zoo veel weêrd is.	Sans vous surfaire d'un sou, je vous assure que ce drap vaut tant.
Ik ben niet gewoon te dingin, zegt my uw laetste woórd.	Je ne suis pas accoutumé de marchander, dites-moi votre dernier mot.
Ik heb het u gezeyd, mynheer.	Je vous l'ai dit, monsieur.
Men moet het verschil in twee verdeelen.	Il faut donc partager le différent.
Ik stem'er in toe; u verzékerende dat ik het u geéf gelyk het my instaet.	J'y consens; vous assurant que je vous le donne à prix d'achat.
'T is altyd by het verlies dat de kooplieden zoo ryk worden.	C'est toujours en perdant que les marchands deviennent si riches.
Hoe veéle ellen moet gy'er van hebben?	Combien d'aunes vous en faut-il?
Ik moet dry ellen hebben voór het kleed, eene elle voór de veste en eene voór de broek; in 't geheel vyf ellen.	Il me faut trois aunes pour l'habit, une aune pour la veste et une pour la culotte; en tout cinq aunes.
Daer zyn-ze, en goede maet boven de merkt.	Les voilà, et bonne mesure pardessus le marché.
Daer is uw geld; ziet of ik geenen misslag begaen heb, want ik zou u niet geêrne een oórd naedeel doen by myne weéte, maer het zou by onbedagtheyd konnen geschieden.	Tenez voilà votre argent; voyez si je ne me suis pas trompé, car je ne voudrais pas vous faire tort d'un liard par ma faute, mais cela pourrait arriver par mégarde.

Mynheer, het geld is wel getelt; ik ben u zeer verpligt.	Monsieur, l'argent est bien compté; je vous ai beaucoup d'obligations.
Ik beveél my in uwe gunst, als gy wéder koómt in deéze stad.	Je me recommande en votre grâce, si vous revenez dans cette ville.

XIII. SAEMENSPRAEK. DIALOGUE XIII.

TUSSCHEN DEN ZELVEN VREMDELING EN EENEN KLEER-MAEKER.
ENTRE LE MÊME ÉTRANGER ET UN TAILLEUR.

Mynen vriend, wilt gy my een kleed, eene vest en eene broek maeken?	Mon ami, voulez-vous me faire un habit, une veste et une culotte?
Zeer geêrne, mynheer; ik ben altyd gereed om u te dienen.	Très-volontiers, monsieur, je suis toujours prêt à vous servir.
Neémt my de maet; en wanneer zal ik myne kleederen hebben?	Prenez-moi la mesure, et quand aurai-je mes habits?
Ik zal-ze tragten t'huys te brengen toekomenden zaterdag.	Je tâcherai de les porter chez vous samedi prochain.
Meester, waer is myn kleed?	Maître, où est mon habit?
Het is nog niet gemaekt.	Il n'est pas encore fait.
Waerom beloóft gy dan, als gy uw woórd niet kont houden?	Pourquoi promettez-vous donc, si vous ne pouvez pas tenir votre parole?
Ik had niet gedagt zoo veél werk te hebben, en de andere willen zoo wel gedient zyn als gy.	Je ne m'attendais pas à avoir tant d'ouvrage, et les autres veulent être servis aussi bien que vous.
En ik zoo wel als d'andere; myn geld is zoo gued als het hunne.	Et moi aussi-bien que les autres; mon argent est aussi bon que le leur.

Mynheer, ik kan idereen niet te vreden stellen.	Monsieur, je ne saurais contenter tout le monde.
Gy hebt myn laken al langen tyd.	Il y a long-temps que vous avez mon drap.
'T is waer, maer ik heb dat van mynheer..... nog langer tyd.	Il est vrai, mais il y a encore plus long-temps que j'ai celui de monsieur...
He wel, wanneer zal ik myn kleed hebben?	Hé bien, quand aurai-je mon habit?
Overmorgen zonder faut.	Après demain, sans manquer.
Is 't dat gy 'er aen ontbreekt, gy zult voór my niet meer werken.	Si vous y manquez, vous ne travaillerez plus pour moi.
Brengt gy myn kleed t'huys?	Apportez-vous mon habit?
Ja, mynheer, hier is 't; belieft het u te passen.	Oui, monsieur, le voici; vous plaît-il de l'essayer?
Laet ons zien of het wel gemaekt is.	Voyons s'il est bien fait.
Ik hoóp dat het naer uwen zin zal zyn.	J'espère que vous en serez content.
My dunkt dat het zeer lang is.	Il me semble qu'il est bien long.
Men draegt-ze zoo kort niet meer als voór deézen; gy weét dat de mode alle dagen verandert.	On ne les porte plus si courts que ci-devant; vous savez que la mode change tous les jours.
Zyn de mouwen niet te wyd?	Les manches ne sont-elles pas trop larges?
Neen, mynheer, zy gaen zeer wel.	Non, monsieur, elles vont fort bien.
Zy zyn te lang, maer 't is de mode, zult gy zeggen, is 't niet waer?	Elles sont trop longues; mais, c'est la mode, direz-vous, n'est-ce pas?
Gy ziet ook, mynheer, dat het geheel naer de mode is.	Vous voyez aussi, monsieur, qu'il est tout-à-fait à la mode.
De vest is wel gemaekt; maer de broek is eng.	La veste est bien faite, mais la culotte est étroite.

De broek moet eng zyn voór eenen jongen persoon gelyk gy zyt, men zou u uytlachen en den kleermaeker ook, waer 't dat zy ruymer was.	Il faut que la culotte soit étroite pour une jeune personne comme vous êtes; on vous raillerait et le tailleur aussi si elle était plus large.
Gy weét uwe waeren zeer wel voór te doen; maer hoe veél ben ik u schuldig?	Vous savez très-bien étaler vos marchandises, mais combien vous dois-je?
Twee kroonen; 't is den gewoonelyken prys.	Deux couronnes; c'est le prix ordinaire.
Kleer-maeker, daer is uw geld; ik wil betaelen gelyk de andere.	Tailleur, voilà votre argent, je veux payer comme les autres.

XIV. SAEMENSPRAEK.

TUSSCHEN EENEN ZIEKEN EN ZYNEN GENEÉS-MEESTER.

DIALOGUE XIV.

ENTRE UN MALADE ET SON MÉDECIN.

Mynheer, ik heb u doen haelen.	Monsieur, je vous ai envoyé quérir.
Wat hebt gy, mynheer?	Qu'avez vous, monsieur?
Ik ben niet wel; ik geloof dat ik de koórts heb.	Je me porte mal, je crois que j'ai la fièvre.
'T is aen uw aenzigt wel te zien.	Vous en avez la mine.
Wat let u?	Qu'est-ce qui vous fait mal?
Ik heb pyn in 't hoofd, myn hert doet zeer, en myne maeg.	J'ai mal à la tête, le cœur me fait mal, et l'estomac.
Sédert wanneer?	Depuis quand?
Sédert gisteren avond.	Depuis hier au soir.
Hebt gy deézen nagt gerust?	Avez-vous reposé cette nuit?
Neen, ik heb niet geslaepen.	Non, je n'ai point dormi.
Ik heb den heelen nagt geene oog toegedaen.	Je n'ai point fermé l'œil de toute la nuit.

Hebt gy eétens lust?	Avez-vous appétit ?
Geenzins.	Point du tout.
Laet my uwen pols voelen.	Que je tâte votre pouls.
Toont my uwe tong.	Montrez-moi votre langue.
Uwen pols is niet gelyk, hy gaet te gauw.	Votre pouls n'est pas égal, il va trop vite.
Ik voel eene zwaerte in heel myn lichaem.	Je sens une pésanteur en tout mon corps.
Gy moet u doen laeten.	Il faut vous faire saigner.
Gy moet u de ader doen openen.	Il faut vous faire ouvrir la veine.
Ik heb my de voórléde week doen laeten.	Je me fis saigner la semaine passée.
Daer is niet aengelégen, gy zult morgen inneémen.	N'importe, demain vous prendrez médecine.
Wilt gy my niets voórschryven?	Ne voulez-vous me rien ordonner ?
Daer is myn voórschrift, zend het naer den apotheéker.	Tenez, voilà mon ordonnance, envoyez-la chez l'apothicaire.
Gaet van uwe kamer niet.	Gardez la chambre.
Blyft in uw bed.	Tenez-vous au lit.
Wat régel moet ik onderhouden?	Quel régime faut-il que je tienne ?
Neémt versche eyeren en hinne-zop.	Prenez des œufs frais et des bouillons de poulet.
Hebt gy eene zieke-dienster?	Avez-vous une garde ?
Neen, mynheer.	Non, monsieur.
Zend' er om eene, en schept moed.	Envoyez-en quérir une, et prenez courage.
Ik hoóp dat de laeting u goed zal doen.	J'espère que la saignée vous fera du bien.
Ik bid u van morgen weérte-komen.	Je vous prie de me revenir voir demain.
Ik zal 'er niet aen ontbreéken.	Je n'y manquerai pas.
Vrouw, gy moet eenen heelmeester gaen haelen.	Femme, allez-moi quérir un chirurgien.
Wie wilt gy hebben?	Qui voulez-vous avoir ?

Den zelven die my den anderen keer heéft gelaeten.	Le même qui me saigna l'autre fois.
Hoe heet hy?	Comment s'appelle-t-il?
Ik weét het niet; vraegt het benéden.	Je ne sais pas; demandez-le en bas.
Mynheer, hy is reeds hier tot uwen dienst.	Monsieur, il est déjà ici à votre service.
Mynen vriend, hebt gy een goed lancet?	Mon ami, avez-vous une bonne lancette?
Gy zult het niet voelen; geéft my uwen regten arm.	Vous ne la sentirez pas; donnez-moi votre bras droit.
Gy bind mynen arm te vast.	Vous bandez mon bras trop serré.
Maekt eene groote opening.	Faites une grande ouverture.
Het bloed loopt wel.	Le sang vient comme il faut.
Legt een goed verband.	Faites une bonne ligature.
Ik geloof, mynheer, dat gy te vréden zyt van den geringen dienst, die ik u beweézen heb.	Je crois, monsieur, que vous êtes content du petit service que je vous ai rendu.
Ja, komt morgen weér ten elf ueren.	Oui, revenez demain à onze heures.

XV. SAEMENSPRAEK.
OM IEMAND TE VERZOEKEN VAN TE ZINGEN.

DIALOGUE XV.
POUR PRIER QUELQU'UN DE CHANTER.

Mynheer, zyt zoo goed van een liedeken te zingen.	Monsieur, vous plaît-il chanter une chanson.
Jouffrouw, ik zou het zeer geérne doen, waert dat ik konde zingen.	Mademoiselle, je le ferais de tout mon cœur, si je savais chanter.
Waerom zegt gy my dat gy niet kont zingen?	Pourquoi me dites-vous que vous ne savez pas chanter.
Ik zeg u maer de waerheyd.	Je ne vous dis que la vérité.
Ik weét dat gy zeer wel zingt.	Je sais que vous chantez fort bien.

Waer van weét gy dit, jouffrouw?	Comment le savez-vous, mademoiselle?
Den meester die u leert zingen heéft het my gezeyd.	Votre maître à chanter me l'a dit.
Dit zegt hy, om zig zelven eer aen te doen.	Il dit cela pour se faire honneur.
Gy moet hem niet gelooven.	Il ne faut pas l'en croire.
Gy hebt schoon u te verweéren, ik ben verzékert dat gy zeer wel zingt, en dat gy een schoone stem hebt.	Vous avez beau vous en défendre, je suis persuadée que vous chantez fort bien, et que vous avez la voix belle.
Waerom zyt gy er van verzékert?	Pourquoi en êtes-vous persuadée?
Om dat alle goede zangers zig geérne veel laeten kwellen om te zingen.	Parce que tous les bons chanteurs aiment à se faire beaucoup prier pour chanter.
Daer is geenen régel zonder uytneéming.	Il n'y a point de règle sans exception.
Gy weygert my dan het vermaek van u te hooren zingen.	Vous me refusez donc le plaisir de vous entendre chanter.
Jouffrouw, ik wil u laeten in hed goed gedagt, dat gy hebt van myne stem.	Mademoiselle, je veux vous laisser dans la bonne opinion que vous avez de ma voix.
Gy zult het vermeerderen, als het u belieft my te verpligten.	Vous l'augmenterez, s'il vous plaît de m'obliger.
De zekerheyd, die ik heb van het tégenstrydige, zal my doen zwygen.	La certitude, que j'ai du contraire, me fera garder le silence.
Gy belédigt my voór altyd, is 't dat gy niet zingt.	Vous me désobligez pour jamais, si vous ne chantez pas.
Deéze bedreyging is genoeg om my te doen zingen; maer ik ben zeer verkoud.	Cette menace suffit pour m'obliger à chanter, mais je suis fort enroué.
Ik zal uwe ooren op de pynbank zetten.	Je mettrai vos oreilles sur la torture.
Goed, goed, alle deéze uytvlugten dienen u nergens toe.	Bon, bon, toutes ces excuses ne vous servent de rien.

Wel, jouffrouw, vermits ik u moet gehoorzaemen, wat lied wilt gy dat ik zinge?	Hé bien! mademoiselle, puisqu'il faut vous obéir quel air voulez-vous que je chante?
Als het my geoórloft is u te gebieden, bid ik u van te zingen het groot air van 't nieuw zang-spel dat men gisteren heéft gespeélt.	S'il m'est permis de vous commander, je vous prie de chanter le grand air de l'opéra nouveau qu'on a joué hier.
Ik ben zeer blyde dat ik u heb hooren zingen; en zonder u te vleyën, gy zingt wonderlyk wel.	Je suis ravie de vous avoir entendu chanter; et sans vous flatter, vous chantez admirablement bien.
Jouffrouw, gy zyt zeer beleéfd van met zoo veél goedheyd te verschoonen het gebrek van myne stem, en myne slegte manier van zingen.	Mademoiselle, vous êtes fort obligeante d'excuser avec tant de bonté le défaut de ma voix, et mon peu de méthode à chanter.
Mynheer, ik ben u oneyndelyk verpligt voór het vermaek, dat gy my hebt aengedaen; ik zal het nooyt vergeéten.	Monsieur, je vous suis infiniment obligée pour le plaisir que vous m'avez fait; je ne l'oublierai jamais.

XVI. SAEMENSPRAEK.

VAN DEN HOF.

'T is schoon wéder, laet ons eene wandeling doen.

Gelyk gy wilt, maer ik heb niet veél tyd, zoo dat de wandeling kort moet zyn.

Laet ons in uwen hof gaen; men heéft my gezeyt, dat hy zeer schoon en groot is.

Gy zult hem zien, en 'er zelf van oórdeelen.

De deur is geslooten.

Roept den jongen dat hy den sleutel brenge.

Peeter, waer is den sleutel van den hof?

Ik heb hem in mynen zak.

Doet dan de deur open.

Ziet, hier zyn schoone dreéven, beplant met fruytboomen.

Laet 'er ons gaen, de zon is te heet.

'T is een laf wéder.

Wy zyn uyt den zonneschyn.

Wie zou gezeyt hebben, dat uwen hof zoo groot is; hy is grooter als den mynen.

Dat belieft u te zeggen.

Wat zegt gy van die laurieren?

Zy hebben schoone kroonen.

Waer is mynen hovenier?

DIALOGUE XVI.

DU JARDIN.

Il fait beau temps, faisons une promenade.

Comme vous voulez, mais je n'ai que peu de temps, de sorte qu'il faut que la promenade soit courte.

Allons dans votre jardin, on m'a dit qu'il est fort beau et grand.

Vous le verrez, et en jugerez vous-même.

La porte est fermée.

Appelez le garçon, qu'il apporte la clef.

Pierre, où est la clef du jardin?

Je l'ai dans ma poche.

Ouvrez-donc la porte.

Voici des belles allées, plantées d'arbres fruitiers.

Allons-y; le soleil est trop chaud.

C'est un temps fade.

Nous sommes à l'abri du soleil.

Qui aurait dit que votre jardin est si grand; il est plus grand que le mien.

Cela vous plaît à dire.

Que dites-vous de ces lauriers?

Ils ont de belles couronnes.

Où est mon jardinier? il doit

hy moet de boomen en bloemen begieten.	arroser les arbres et les fleurs.
Het is niet lang geléden, dat het gerégent heéft.	Il a plu il y a peu de temps.
Dae is niet aengelégen; gy ziet wel, dat de bloemen alreede dorst hebben.	N'importe; vous voyez bien que les fleurs ont déjà soif.
Mynheer, ik gaen doen het geéne gy my gebied.	Monsieur, je vais faire ce que vous me commandez.
Daer is eene schoone tulpe.	Voilà une belle tulipe.
Neémt die, als gy wilt, of eene andere.	Prenez-la, si vous voulez, ou une autre.
Ik zien dat gy eenen grooten liefhebber van bloemen zyt, want gy hebt 'er van alle soórten, en zelf zeer uytgezogte.	Je vois que vous êtes un grand amateur de fleurs, car vous en avez de toutes sortes, et même de très-recherchées.
Ach! hoe goed rieken die violetten!	Ah! que ces violettes sentent bon!
Wilt gy, dat ik u een tuyltje maeke?	Voulez-vous que je vous fasse un bouquet?
De tuyltjes zyn goed voór de jouffrouwen.	Les bouquets sont bons pour les demoiselles.
Ik zal 'er een maeken voór jouffrouw uwe zuster.	J'en ferai un pour mademoiselle votre sœur.
Doet dat niet, bid ik u, zy kan zoo veéle tuyltjes maeken als zy wilt; daer zyn veéle bloemen in onzen hof.	Ne faites pas cela, je vous prie; elle peut faire tant de bouquets qu'elle veut; il y a bien des fleurs dans notre jardin.
Gy hebt t'huys ook eenen grooten hof, is 't niet?	Vous avez aussi un grand jardin chez vous, n'est-ce pas?
Ja, by-na zoo groot als deézen, maer den uwen is 'er wel dry weérd als den mynen, ten aenzien der régelmaetigheyd, netheyd en schoonheyd, die men hier bespeurt.	Oui, presqu'aussi grand que celui-ci, mais le vôtre en vaut bien trois comme le mien, eu égard à la régularité, propreté et beauté qu'on voit ici.

Ik zal uwen hof komen zien zoo haest als den tyd my het zal toelaeten.	Je viendrai voir votre jardin, aussitôt que le temps me le permettra.
Gy zult my veél eer aendoen.	Vous me ferez beaucoup d'honneur.
Maer gy hebt alles nog niet gezien, gaet daer binnen, daer zyn meer als twee honderd potten met vremde gewassen.	Mais vous n'avez pas encore tout vu, entrez là-dedans, il y a plus de deux cents pots avec des plantes exotiques.
Ah! wat zeldzaemhéden! 't is jammer, dat ik zoo weynig tyd heb.	Ah! quelles raretés! c'est dommage que j'aie si peu de temps.
Komt morgen wederom, gy zult my vermaek aendoen.	Revenez demain, vous me ferez du plaisir.
He wel, zoo gezeyt, zoo gedaen.	Hé bien, aussitôt dit, aussitôt fait.

XVII. SAEMENSPRAEK.

VAN DE STAD ANTWERPEN.

DIALOGUE XVII.

DE LA VILLE D'ANVERS.

Konnen wy hier logeéren, mynen vriend, wy en onze peérden?	Pouvons-nous loger ici, mon ami, nous et nos chevaux?
Ja, mynheeren, wy hebben schoone kamers en goede bedden.	Oui, messieurs, nous avons de belles chambres et de bons lits.
Goed; mynen gezel is te Antwerpen gekomen voór zaeken van koophandel, en ik om de stad te zien.	Bon; mon camarade est venu à Anvers pour affaires de commerce, et moi pour voir la ville.
Hebt gy nooyt hier geweést?	N'avez-vous jamais été ici?
Neen; men heéft my dikwils gesproken van Antwerpen als van eene der schoonste en aengenaem-	Non, on m'a souvent parlé d'Anvers comme d'une des plus belles et des plus agréables villes des Pays-bas; je

ste stéden der Néderlanden; ik wil zien en zelf oórdeelen of haere schoonheyd beantwoórd aen haere vermaerdheyd.

Ik heb veéle stéden gezien, maer weynige die haer gelyken.

Waerin doet gy haere schoonheyd bestaen?

Haere openbaere gebouwen, schoon en in groot getal, haere kerken, zeer rykelyk vercierd, haere straeten, breed en zuyver, doen my haer schoon noemen.

Daerenboven, Antwerpen heéft eene zeer schoone en zeer gerieflyke haven, en verscheyde groote vlieten in de stad, waer de schépen inkomen, gelyk gy zult zien, indien wy de stad heel rond-gaen.

Ik verwonder my niet meer over den wonderbaeren koophandel, die daer geschiedde over twee eeuwen.

Amsterdam heéft 'er haer het grootste deel van ontnomen, bezonderlyk sédert de vréde-verhandeling van Munster.

Het oosters-huys, gebouwd in 't jaer 1564, ten koste der hanze-stéden, geéft een groot denkbeéld van den koophandel van Antwerpen in dien tyd.

veux voir et juger moi-même si sa beauté répond à sa célébrité.

J'ai vu beaucoup de villes, mais peu qui lui ressemblent.

En quoi faites-vous consister sa beauté?

Ses édifices publics, beaux et en grand nombre, ses églises, très-richement décorées, ses rues, larges et propres, me la font appeler belle.

De plus, Anvers a un port très-beau et très-commode, et plusieurs grands canaux dans la ville, où les vaisseaux, entrent comme vous verrez, si nous faisons le tour de la ville.

Je ne m'étonne plus du commerce prodigieux qui s'y fit, il y a deux siècles.

Amsterdam lui en a enlevé la plus grande partie, principalement depuis le traité de Munster.

L'hôtel des osterlins, élevé en 1564, aux frais des villes anséatiques, donne une grande idée du commerce d'Anvers dans ce temps.

Dit gebouw is 250 voeten lang en 200 breed.	Ce bâtiment a 250 pieds de long sur 200 de large.
Waer toe diende dien bouw dan?	A quoi servait cet édifice donc?
De onderste stagie diende voór pak-huys; op de twee andere stagiën telt men 300 kamers, die geschikt waeren voór de wooningen der kooplieden van die steden.	Le rez-de-chaussée servait de magasin; dans les deux autres étages on compte 300 chambres, qui étaient destinées pour les logemens des négocians de ces villes.
Waer is dit gebouw geplaetst?	Où est ce bâtiment placé?
In de nieuw-stad, digt by de rivier, tusschen twee vlieten, die gemaekt zyn om de ontlaeding der koopgoederen gemaklyk te maeken.	Dans la ville neuve, près de la rivière, entre deux canaux, faits pour faciliter la décharge des marchandises.
Maer waerom zegt gy my niet een woórd van de borze, die ook gebouwd is ten dienste der kooplieden?	Mais pourquoi ne me dites-vous pas un mot de la bourse, qui est aussi bâtie à l'usage des marchands?
Om dat ik geloof, dat uwe oogen u béter zullen onderrigten als myne woórden.	Parce que je crois que vos yeux vous instruiront mieux que mes paroles.
Eene korte uylegging behaegt my zeer.	Une courte explication me plaît beaucoup.
Ik maek my eene pligt van u te voldoen: de borze is gebouwt in het jaer 1531, wanneer den koophandel het bloeyëndste was; zy is 194 voeten lang en 154 voeten breed.	Je me fais un devoir de vous satisfaire: la bourse est bâtie en 1531, lorsque le commerce était le plus florissant; elle a 194 pieds de longueur sur 154 de largeur.
Waer is zy geplaetst?	Où est-elle placée?

In 't midden der stad, en men komt daer op langs vier straeten, die uytkomen op het middenpunt; zy is omringt van eene boógs-wyze gaendery, die ondersteund is doór 50 pilaeren, die alle verscheydenlyk besneéden zyn.	Au milieu de la ville, et on y entre par quatre rues qui aboutissent au centre; elle est entourée d'une galerie en arcades, qui est soutenue par 50 piliers tous différemment taillés.
Laeten wy ons gespreék eyndigen; uw verhael heeft myne nieuwsgierigheyd ontsteéken, die ik hoóp morgen te zullen voldoen.	Finissons notre entretien; votre récit m'a piqué de curiosité que j'espère satisfaire demain.

XVIII. SAEMENSPRAEK.

VAN ONZE LIEVE VROUWE KERK VAN ANTWERPEN.

DIALOGUE XVIII.

DE L'ÉGLISE DE NOTRE-DAME D'ANVERS.

Mynen vriend, is hier niemand om my te geleyden langs de stad?	Mon ami, n'y a-t-il personne ici pour me conduire par la ville?
Ik weét dat gy lust hebt om te zien het geéne het merkweérdigste is in Antwerpen; ik ben bereyd u daer te vergezelschappen.	Je sais que vous avez envie de voir ce qu'il y a de plus remarquable à Anvers; je m'offre de vous y accompagner.
Zoo gy die moeyte wilt neémen, ik zal 'er u voór voldoen.	Si vous voulez prendre cette peine, je vous en satisferai.
Ik ben tot uwen dienst, en ik zal u alle de wonderhéden der konst toonen.	Je suis à votre service, et je vous montrerai toutes les merveilles de l'art.
Ik ben zeer verblyd dat ik zoo eenen leydsman gevonden heb.	Je suis bien aise d'avoir trouvé un tel guide.

Laet ons beginnen met de Kerk van Onze Lieve Vrouwe, vermaerd doór heel Europa, ter oorzaeke der rykdommen van de konst, die zy voór deézen bézat.	Commençons par l'Église de Notre-Dame, renommée par toute l'Europe à cause des richesses de l'art qu'elle posséda autrefois.
Beziet in 't voórbygaen den toren, die den schoonsten en hoogsten van 't land is.	Remarquez en passant la tour, qui est la plus belle et la plus haute du pays.
Alhoewel dat den toren op zyn gotisch gebouwd is, hy is zoo schoon als op zyn nieuws.	Quoique la tour soit bâtie à la gothique, elle est aussi belle qu'à la moderne.
'T is waer; hy is volkomentlyk wel gewerkt.	Il est vrai; elle est parfaitement bien travaillée.
Daer zyn tweé beyaerden wel voórzien van klokken waer van den eenen toebehoort aen de kerk en den anderen aen de stad.	Il y a deux carillons bien garnis de cloches, dont l'un appartient à l'église, et l'autre à la ville.
Men heéft eene eeuw bézig geweést met deézen toren te bouwen : Joannes Amélius, *bouwmeester, begonst hem in 't jaer* 1422.	On a employé un siècle à bâtir cette tour : *Jean Amélius*, architecte, la commença en 1422.
Laet ons nu de kerk intreéden.	Entrons à présent dans l'église.
O ! hoe groot en schoon is deéze kerk !	O ! que cette église est grande et belle !
Zy is vyf-honderd voeten lang, twee-honderd veertig voeten breed, en dry-honderd zestig hoog ; zy heéft zéven beuken.	Elle a cinq cents pieds de long, sur deux cent quarante de large, et trois cent soixante de haut; elle a sept nefs.
Laet ons uyt de kerk gaen. Beziet dat yzer-werk van de pomp, 't is het maeksel van Quinten Massys.	Sortons de l'église. Regardez cette ferraille de la Pompe; c'est l'ouvrage de *Quentin Massys*.

Dat is de aendagt der vremdelingen niet weêrdig.	Cela ne vaut pas l'attention des étrangers.
Men maekt 'er nu maer gewag van ter oorzaeke van den geénen, die het gemaekt heéft, nogtans men zegt, dat het een fraey werk is geweést, maer dat den tyd, die alles vernielt, de fynheyd er van heéft weggenomen.	On n'en fait mention à présent que par rapport à celui qui l'a faite; cependant on dit que ç'a été un ouvrage curieux, mais que le temps, qui détruit tout, en a ôté la délicatesse.
Het maekt altyd indagtig de wonderhéden, die de liefde in hem heéft uytgewerkt.	Il rappelle toujours les merveilles que l'amour a opérées en lui.
Is dat dien smit niet, van den welken de liefde eenen zeer goeden konstschilder gemaekt heeft?	N'est-ce pas ce forgeur dont l'amour a fait un très-bon peintre?
Ja; het is niet noodig u het vervolg van deéze geschiedenis uyt-te-leggen, ik hoor, dat gy die zoo wel weét als ik.	Oui, il n'est pas nécessaire de vous expliquer la suite de cette histoire, j'entends que vous la savez aussi bien que moi.
Iedereen is 'er van onderrigt.	Tout le monde en est instruit.

XIX. SAEMENSPRAEK.

DIALOGUE XIX.

VERVOLG DER STAD ANTWERPEN.

SUITE DE LA VILLE D'ANVERS.

Ziet hier het stad-huys; wat zegt gy 'er van?	Voici l'hôtel-de-ville; qu'en dites-vous?
Gy ziet alzoo wel als ik, dat het een groot gebouw is.	Vous voyez aussi bien que moi que c'est un grand bâtiment.
Groot, ik geloof het; den voórgével is twee honderd vyftig voeten lang, is hy niet schoon?	Grand, je le crois; la façade a deux cent cinquante pieds de longueur, n'est-elle pas belle?

Het uytspringend midden-gebouw is verciert met de vyf ordens boven malkander, alle de kolommen zyn van marmer met veéle cieraeden; met dit alles geéft deeze verciering geen denkbeeld van grootsheyd, voór zoo veél de bouwkunde betreft.	L'avant-corps du milieu est décoré des cinq ordres les uns sur les autres, toutes les colonnes sont de marbre avec beaucoup d'ornemens; avec tout cela cette décoration ne donne nulle idée de grandeur, quant à l'architecture.
Idereen is van uw gevoelen niet; wat my aengaet, ik kan 'er niet van oórdeelen.	Tout le monde n'est pas de votre sentiment; pour moi je n'en saurais juger.
Waer gaet gy my nu geleyden?	Où allez-vous me conduire à présent?
Naer de Schelde; zy is niet wyd van hier.	A l'Escaut; il n'est pas loin d'ici.
Wat schoone rivier! De stad is wonderlyk wel gelégen voór den koophandel.	Quelle belle rivière! La ville est admirablement bien située pour le commerce.
Gy ziet dat ik u eergisteren de waerheyd heb gezeyt.	Vous voyez qu'avant-hier je vous ai dit la vérité.
De kerk van den H. Paulus gaet maeken het voórwerp van uwe nieuwsgierigheyd; zy is niet verre van hier.	L'église de St Paul va faire l'objet de votre curiosité: elle n'est pas loin d'ici.
Wy zyn 'er alreeds.	Nous y sommes déjà.
Wat is dat?	Qu'est-ce que cela?
'T is eenen calvariën-berg.	C'est un Calvaire.
Hy is rykzinnig genoeg, de figueren zyn wel gemaekt, maer in te groot getal in zoo eene kleyne ruymte.	Il est assez ingénieux; les figures sont bien faites, mais en trop grand nombre dans un si petit espace.
Gy oórdeelt spoediglyk; indien men uwe manier volgde in de rechtsbanken,	Vous jugez promptement; si l'on suivait votre méthode dans les tribunaux, on ne

men zou zig zoo zeer niet beklaegen over de duerzaemheyd der processen.	se plaindrait pas tant de la longueur des procédures.
Gy gaet altyd te verre, mynen vriend.	Vous allez toujours trop loin, mon ami.
Ik zeg dat ik peys.	Je dis ce que je pense.
Dat is het kenteeken der voorzigtigheyd niet.	Ce n'est pas là le caractère de la prudence.
Maer wat zegt gy van het geéne, dat gy ziet?	Mais que dites-vous de ce que vous voyez?
De kerk is wel verciert, de koor is schoon, den hoogen autaer is pragtig, en de schildery uytneémende: 't is den schoonsten oogslag die men zien kan.	L'église est bien décorée; le chœur est beau; le maître-autel est magnifique, et le tableau excellent: c'est le plus beau coup-d'œil qu'on puisse voir.
Gy zegt veel in weynige woórden.	Vous dites beaucoup en peu de mots.

XX. SAEMENSPRAEK.

EYNDE DER ZELDZAEMHÉDEN VAN ANTWERPEN.

DIALOGUE XX.

FIN DES CURIOSITÉS D'ANVERS.

Hebt gy deézen nagt wel geslaepen, mynheer?	Avez-vous bien dormi cette nuit, monsieur?
Ja, zeer wel; ik was moede gisteren avond.	Oui, très-bien; j'étais las hier au soir.
Ik ook; wy hadden alles doórwandelt, vesten, straeten en kerken; wy hebben niet gerust als in het schouwburg.	Moi aussi; nous avions tout parcouru, remparts, rues et églises; nous ne nous sommes reposés qu'à la comédie.
Gy hebt nog niet gezien het wonderlyk water-werktuyg, gemaekt ten dienste der brouwers.	Vous n'avez pas encore vu la merveilleuse machine hydraulique, faite à l'usage des brasseurs.

'T is onmogelyk alles te zien in zoo weynig tyd.	Il est impossible de tout voir en si peu de temps.
Nog ook niet het groot stads pakhuys.	Ni le grand magazin de la ville non plus.
Wat vind men daer?	Qu'est-ce qu'on y trouve?
Men bewaert daer verscheyde schoone stukken, die dienen in de groote en openbaere vieringen; te weten: eenen reus, een schip, eenen walvisch, enz.	On y conserve plusieurs belles pièces qui servent dans les grandes et publiques réjouissances; savoir: un géant, un navire, une baleine, etc.
Ik ben t' Antwerpen niet gekomen om vodderyën te zien.	Je ne suis pas venu à Anvers pour voir des bagatelles.
Het volk oórdeelt 'er hier heel anders van: ik zien, dat de inbeëlding weêrde geéft aen dit alles.	Le peuple en juge tout autrement ici: je vois que l'imagination donne du prix à tout cela.
Het volk voed zich geêrne met die soórten van vertooningen.	Le peuple aime à se nourrir de ces sortes de spectacles.
Dat is waer, want alsdan is de héele stad in beweéging, en het volk der omliggende plaetsen komt 'er in ménigte naer toe geloopen.	Cela est vrai, car alors toute la ville est en mouvement, et le peuple d'alentour y accourt en foule.
Hoe word deeze schoone plaets genaemt, bezet met zoo pragtige gebouwen?	Comment s'appelle cette belle place, entourée de bâtimens si magnifiques?
'T is de meir.	C'est la place de mer.
'T is de schoonste en grootste plaets van Antwerpen, is 't niet?	C'est la plus belle et la plus grande place d'Anvers, n'est-ce pas?
Ja. Als den tyd het toelaet, zult gy ook zien de schoone kerk der ge-	Oui. Si le temps le permet, vous verrez aussi la belle église des ci-devant Jésuites,

weéze Jésuieten, die twee gaenderyën heéft boven de zy-beuken.	qui a deux galeries sur les bas côtés.
Zy is geheel van marmer is 't niet?	Elle est toute de marbre, n'est-ce pas?
Den hoogen autaer, verciert met eene schoone schildery, de koor en de twee kapellen, névens de kleyne beuken, zyn van marmer: de kerk was gantschelyk zoo, eer zy was afgebrand doór het vuer des hémels den 18 julius 1718.	Le maître-autel, décoré d'un beau tableau, le chœur et les deux chapelles, à côté des petites nefs, sont de marbre : l'église était entièrement de même, avant qu'elle fut brûlée par le feu du ciel le 18 juillet 1718.
Maer het geéne de liefhebbers het meest beklaegen, zyn de négen-en-dertig schilderyën van den vermaerden Rubens, die doór de vlammen verslonden zyn.	Mais ce que les amateurs regrettent le plus, ce sont les trente-neuf tableaux du fameux Rubens, dévorés par les flammes.
Laet ons loopen, om meer tyd te hebben van myne nieuwsgierigheyd te oeffenen.	Courons, pour avoir plus de temps d'exercer ma curiosité.
Laet ons de kerk van sint Jacobs intreéden.	Entrons dans l'église de Saint-Jacques.
Zy is groot, hoog, schoon en licht; den hoogen autaer is eenen der schoonste van de stad. De liefhebbers der beéldhouw-konst konnen hier hunnen smaek voldoen. Laet ons gaen.	Elle est grande, haute, belle claire ; le maître-autel est un des plus beaux de la ville. Les amateurs de la sculpture peuvent ici satisfaire leur goût. Allons.

LETTRES
FLAMANDES ET FRANÇAISES.

Mynheer, Ik heb door uwen laesten brief gezien die gy my geschreéven hebt hoe zeer gy genégen waert om de vlaemsche tael te leeren. Daer op zal ik u berigten, dat gy u voórnaementlyk moet bevlytigen om de conjugatiën wel te kennen, die niet min moeyelyk zyn als die der fransche tael. Behalven dit, moet gy groote zorg draegen om eenen merkelyken voórraed te maeken van de noodigste woórden zoo wel om te schryven als om te spreéken. En boven al zyt niet beschaemd om u in 't vlaemsch te verklaeren in alle gelégentheden die gy daertoe zult hebben onder uwe vrienden. Ik weét wel, dat gy het zelve in het begin niet zult konnen doen dan zeer onvolmaektelyk, en met groote moeyte; maer luet niet af daer in voort-te-gaen; en weét, dat men onder de leerjongers moet gaen, eer men kan komen névens de meesters. Het is met de weétenschap als met de rust, die men in den ouderdom niet

Monsieur, J'ai vu par la dernière lettre que vous m'avez écrite, quelle était votre passion d'apprendre la langue flamande. Là-dessus je vous avertirai, qu'il faut vous appliquer principalement à bien connaître les conjugaisons, qui ne sont pas moins difficiles que celles de la langue française. Outre cela, vous devez avoir grand soin de faire une provision considérable des mots les plus nécessaires, tant pour écrire que pour parler. Et sur-tout ne soyez point timide de vous exprimer en flamand, dans toutes les occasions que vous en aurez parmi vos amis. Je sais bien que vous ne le pourrez faire au commencement, que fort imparfaitement et avec beaucoup de peine; mais ne laissez pas de continuer, et sachez qu'il faut être au rang des apprentifs, avant que d'aller de pair avec les maîtres. Il en est de la science comme du repos, duquel on ne jouit point dans la vieillesse, si l'on n'a pas travaillé pendant la jeunesse. Vous aurez un jour le plaisir de recevoir les louanges qui sont

geniet, indien men gedueren-de de jonkheyd niet heeft gearbeyd. Gy zult nog eens het vermaek hebben van den lof te ontfangen, die uwe goede genegenthéden verdienen. Denkt alleen om die altyd te voorderen, en uwe goede begeérten in 't werk te stellen. U betuygende zonder plegt-woórden, maer met waerheyd, dat ik ben, enz.

dues à vos bonnes inclinations. Pensez seulement à les mettre toujours en exercice, et à effectuer vos bons désirs. Vous promettant sans complimens, mais avec vérité, que je suis, etc.

Mynheer, Is 't dat gy begeérig zyt om deézen boek te zien, gy zult veéle profytige en behaegende dingen daer in vinden. Ik heb gelooft u te verpligten met u dien te zenden. Ontfangt hem, indien 't u belieft, als een teeken van de genégentheyd, die ik heb om u eenig vergenoegen te bezorgen. Wy hoópen, mynen oom en ik, u met den eersten te koómen bezoeken, en dan zal ik u verscheyde bezonderhéden konnen zeggen raekende den persoon daer wy voór deézen van gesproken hebben. Ik bid God, dat hy u in goede gezondheyd bewaere, en ik ben, enz.

Monsieur, Si vous êtes curieux de voir ce livre, vous y trouverez beaucoup de choses fort utiles et divertissantes. J'ai cru vous obliger en vous l'envoyant : recevez-le, s'il vous plaît, comme une marque du désir que j'ai de vous procurer quelque contentement. Nous espérons, mon oncle et moi, de vous aller voir au premier jour, et alors je pourrai vous dire plusieurs particularités touchant la personne dont nous avons parlé ci-devant. Je prie Dieu qu'il vous conserve en bonne santé, et je suis, etc.

Jouffrouw, Ik vind geene reden van my te verschoonen, om vertrokken te zyn, zon-

Mademoiselle, Je ne trouve aucune raison qui puisse m'excuser d'être parti sans vous

der u verzogt te hebben van my met uwe beveélen te vereeren, en ben daer over zoo versteld, dat ik my zelve t'eenemael veroordeelen moet ; maer den eenigen troost, die my overblyft naer zoodaenige onbeleéfdheyd, is, dat ik my de gelégentheyd bezorgt heb om u te verpligten, eenen brief van myne hand te ontfangen; en indien ik eenen van de uwe mag genieten, zoo zou ik eenen misslag begaen hebben, die my zeer voórdeelig zou weézen, terwylen ik uwe letteren en uytdrukkingen ziende, my ter zelver tyd zou verwonderen over de zuyverheyd van uwe pen en schoonheyd van uwe gedagten. Dit is het grootste geluk dat ik wensche, en het geéne gy my niet zult weygeren, indien gy my toelaet u te betuygen, dat ik ben, etc.

avoir prié de m'honorer de vos ordres, et j'en demeure si confus qu'il faut que je me condamne absolument; mais la seule consolation qui me reste après une pareille incivilité, c'est que je me suis fourni l'occasion de vous mettre dans l'obligation de recevoir une lettre de ma main; et si j'en recevais une de la vôtre, j'aurais commis une faute qui me serait fort avantageuse, puisqu'en voyant de vos caractères et de vos expressions, j'admirerais en même temps la délicatesse de votre plume et la beauté de vos pensées. Voilà le plus grand bonheur que je souhaite, et que vous ne me refuserez pas, si vous me permettez de protester que je suis, etc.

Mynheer, Naer zoo langen tyd geweést te hebben zonder u te schryven, ik verwerp alle soórten van verschooningen, en ben bereyd om allerhande verwyt te verdraegen. Inderdaed, aengezien gy my toegelaeten hebt, u zoo dikwils en met zoo veél vryheyd te bezoeken, zonder

Monsieur, Après avoir été si long-temps sans vous écrire, je renonce à toute sorte d'excuses, et je suis prêt à souffrir toute sorte de reproches. En effet, puisque vous m'aviez permis de vous voir si souvent, et avec tant de liberté, vous auriez sans doute reçu mes lettres avec autant de faveur. Et si je

twyffel zoud gy myne brieven met zoo veél gunst hebben ontfangen. En indien ik my zelven vergeéten hebbe, zoo heéft my geen berigt ontbroken, raekende de verbintenis die ik had, om u te vernieuwen de getuygenis van myne eerbieding en genégentheyd. Ik voórkome uw oórdeel, in de meyning, dat gy het zelve minder streng sult willen. Indien gy u geweérdigt my voór deézen keer genaede te doen, ik verzéker u, dat ik in 't toekomende zorgvuldiger op myne pligt denken zal, u volkomentlyk te overtuygen dat ik ben, enz.

me suis oublié moi-même, je n'ai pu manquer d'avertissement, touchant l'obligation que j'avais de vous réitérer les témoignages de mon respect, et de mon affection. Je préviens votre jugement, dans la croyance, que vous le rendrez moins rigoureux. Que si vous daignez me faire grâce pour cette fois, je vous proteste, qu'à l'avenir je serai tout-à-fait soigneux de mon devoir, afin de vous persuader parfaitement que je suis, etc.

Mynheer, Alwaer 't dat uwe deugd en de goede faem, die gy in de weéreld verworven hebt, my niet hadden aengewakkert tot het bekomen van de eére uwer kennis; de zaeken, die ik staen met u aen-te-vangen, zouden my het zelve met drift doen wenschen. Ik ben verblyd, dat zy my de gelégentheyd bezorgen, om met u in onderhandeling van brieven te treéden, en u te toonen, hoe seer ik ben, enz.

Monsieur, Quand votre mérite et la réputation que vous vous êtes acquise dans le monde, ne m'auraient pas fait souhaiter l'honneur de votre connaissance; les affaires que je suis sur le point d'avoir avec vous, me le feraient désirer avec passion. J'ai de la joie qu'elles me servent de moyen pour lier un commerce de lettres avec vous, et vous témoigner combien je suis, etc.

TABLE.

DE LA PRONONCIATION.

Pag.

Du Nombre et de la division des Lettres. 1
De la prononciation des Voyelles. 2
De la prononciation des Consonnes. 3
De la prononciation des Diphtongues et des Triphtongues. 5
Remarques sur la Prononciation. 6

DE L'ORTHOGRAPHE.

Des Lettres et des Syllabes. 9
Des Mots d'une Syllabe. 10
Des Accens. 15
De l'Apostrophe. 16
Des Marques qui servent à distinguer le Discours. . . 17

DE L'ÉTYMOLOGIE.

De l'Origine des Mots flamands que cette langue forme
   de ses propres racines. 18

DES DÉCLINAISONS.

De l'Article. 26
Des Noms. 27
De la comparaison des Noms. 36
Des Nombres. 38
Observations sur les Noms, leurs Nombres, leurs Décli-
   naisons et leurs Genres. 40
Des Pronoms. 79

DES CONJUGAISONS.

Des Verbes. 93
Conjugaison du Verbe auxiliaire *Hebben*, Avoir. . . . 96

TABLE.

Conjugaison du Verbe auxiliaire *Worden, zyn, weezen,* Être. 100
Conjugaison du Verbe auxiliaire *Worden,* Devenir, accompagné d'un Adjectif. 103
Conjugaison du Verbe auxiliaire *Zullen* et *Zouden.* .. 107
Conjugaison du Verbe actif *Leeren,* Apprendre. ... 108
Conjug. du Verbe passif *Geleerd worden,* Être instruit. 111
Conjug. du Verbe réciproque *Zich Streelen,* se Flatter. 115
Conjugaison du Verbe irrégulier *Konnen,* Pouvoir. .. 118
Conjugaison du Verbe impersonnel *Régenen,* Pleuvoir. 121
Observations sur les Conjugaisons des Verbes. 123
Racines des Verbes et Exemples de la formation de leurs Temps. 137
Des Participes. 150

DES AUTRES PARTIES DE L'ORAISON.

Des Adverbes. 151
Des Prépositions. 159
Des Conjonctions. 166
Des Interjections. 167

DE LA SYNTAXE.

De l'Article. 168
Des Noms et des Pronoms. 171
Des Verbes. 183
Règles touchant les Adverbes, Prépositions, Conjonctions et Interrogations. 190
De l'Ordre ou de l'Arrangement des Mots. 191
Vocabulaire flamand et français. 197
Dialogues familiers, flamands et français. 218
Lettres flamandes et françaises. 257

FIN.

www.ingramcontent.com/pod-product-compliance
Lightning Source LLC
Chambersburg PA
CBHW062234180426
43200CB00035B/1728